U0893754

借贷担保与法律风险防控

Jiedai Danbao Yu Falü Fengxian Fangkong

◎王惠民 编著

河北科学技术出版社

图书在版编目（CIP）数据

借贷担保与法律风险防控 / 王惠民编著. -- 石家庄:
河北科学技术出版社，2020.6
ISBN 978-7-5717-0350-9

Ⅰ. ①借… Ⅱ. ①王… Ⅲ. ①借贷－经济纠纷－中国
－问题解答②担保－经济纠纷－中国－问题解答 Ⅳ.
①D923.25

中国版本图书馆CIP数据核字(2020)第073242

借贷担保与法律风险防控

王惠民　编著

出版发行	河北科学技术出版社
地　　址	石家庄市友谊北大街330号（邮编：050061）
印　　刷	北京军迪印刷有限责任公司
经　　销	新华书店
开　　本	787 × 1092　1/16
印　　张	20
字　　数	295千字
版　　次	2020年6月第1版 2022年8月第2次印刷
定　　价	78.00元

序

在我认识的律师朋友中，王惠民律师是经历丰富、业务全面的一位。他曾任政府官员，后辞官从事律师职业，迄今已20余年。王惠民律师专业主要涉及金融、房地产和刑事辩护领域，已办理各类案件逾千件。他是河北明杰律师事务所创始人、主任律师，还担任石家庄市金融专业委员会副主任、石家庄市政法委案件评查专家、石家庄仲裁委员会仲裁员，受聘于多家企事业单位担任法律顾问和高等院校做兼职教授等，兼任众多社会职务。

众所周知，承办疑难、复杂案件，是对律师的考验。而王惠民律师独到、娴熟的办案技巧总能使复杂案件化繁为简；即使毫无头绪的疑难案件经他点拨，也能从“山重水复疑无路”的困境，走向“柳暗花明又一村”的境地。王惠民律师不仅具有深厚的法学理论功底，丰富的实践经验，而且还有疾恶如仇的正义感和“心系家国”的社会责任心，一直秉承和践行“做好事、做善事”的信念，曾多次荣获河北省、石家庄市优秀律师、石家庄市人民满意的诚信律师等荣誉称号。

现在，他在从事繁忙的律师业务的同时，又不辞辛苦，潜心研究学问，著书立说。这对一个律师来说，是一种升华。在我与他多年的相处中，我感觉他确实是一位德才兼备的好人。他以德立身，为人处世德为先，待人诚恳，脚踏实地，做事认真，兢兢业业，不务虚名。为人为事，谦虚谨慎，虚心好学，毫无骄浮之气，从不说大话、空话和假话。任何人与他相处，都会感觉到，他是一个可以信赖、能够真诚合作共事的好同志、好同事和好朋友。这也是我愿意为其书作序的主要原因。

从人类社会发生商品交换时就出现了借贷（担保），与之相伴的风险也随之而生。借贷担保是一个古老话题。历史发展到现在，尤其是在我国社会主义市场经济的今天，借贷担保及风险防控，显得尤为重要。利息不合法有之、担保无效者亦有之；借款人“失踪”，致使出借人债权落空；出借人、借款人非法集资致使身陷囹圄更是屡见不鲜……凡此种种，不胜枚举。在市场经济条件下，如何在法律框架内安全借贷、担保？在借贷、担保中如何防止和控制风险？目前许多人不甚了解。通读王惠民律师新作《借贷担保与法律风险防控》一书文稿后，我认为他的著作恰恰详细地解答了上述问题，对借贷担保中常见的法律问题和当事人的疑惑做出了详细解析，对涉及借贷担保的法律法规进行了清楚的归纳和解释，对办理借贷担保案件取得的经验进行了科学的总结。本书既不是刻板的法言法语，也不是简单的法条罗列，而是从理论和实践的结合上深刻地阐述了一系列法律问题和实践问题，充分体现了一位资深律师分析、化解专业问题，深入浅出、游刃有余的功力。

此书既是作者理论研究的成果，又是其实战经验的结晶，是一部理论联系实际的佳作。原则上属于注释法学的范畴。

此书信息量大，既有理论上的深度，又有实践上的广度。实用性强，可操作性强。它既是公民学法、用法、排忧解难、维护自身合法权益的良师益友，又是教学科研工作者和法律实务工作者的重要参考著作。为使本书发挥更大的社会效益，现郑重地推荐给大家，希望大家能够喜欢。

是为序。

河北省社会科学院原秘书长　李学斌

2020年2月24日于琼乐东江北家园

前　言

随着我国社会主义市场经济的构建，“借贷”“担保”已经成为经济生活中不可或缺的一部分。从个人到企业，借钱、贷款、抵押等担保司空见惯。生产经营离不开法律，日常生活也离不开法律，法律对于维护自身的合法权益，防范法律风险显得十分重要。而不易理解的法律法规和晦涩难懂的专业术语使人们感到望而生畏。尤其当下因借贷担保产生的纠纷、无奈不胜枚举，如果我们多了解一些借贷担保的法律知识，无疑会减少纠纷；即使纠纷发生也可以有效解决，保障财产安全。

为此，根据《中华人民共和国民法总则》《中华人民共和国合同法》《中华人民共和国担保法》《中华人民共和国企业破产法》等法律法规并结合实践经验，以普及借贷担保知识，减少纠纷为宗旨；以防控法律风险，有效保护当事人的合法权益为目的，我们编写了这本《借贷担保与法律风险防控》。同时为最大限度突出该书的实用性和易用性，以问答的形式做了详细的介绍，以供广大读者参考使用。

本书共用四个部分阐述了借贷、担保行为应遵循的法律规定，以及由此引发的法律风险的防范与控制。本书克服了现有法律类图书体系不够科学、问题不够全面、回答笼统抽象等缺陷，从常见的实际问题出发，用通俗易懂的语言，结合最新的法律法规精心打造，为广大读者提供切实可行的指导和帮助。本书具有以下特点：

一是体例独特、科学合理。本书打破法律分类，围绕借贷、担保涉及的法律问题，划分单元，包括借款合同、担保合同、个人信用、逾期不良贷款催收、法律风险防控及借贷担保涉及的违法犯罪行为等，分类明确，便于读者快速查找。

二是内容丰富、系统全面。本书收录借贷担保案件中常见易发的问题，并附有相关的名词解释、法律规定和法律实务，全面涵盖相关的金融、法律知识。

三是以案说法，生动直观。问题解答配以法院判例和典型案例，阐述分析深入浅出，易于接受，易于理解。

四是直击问题，简洁权威。问题解答直击要害，用浅显易懂的语言说明法律适用的关键点，直接援引法条内容，专业权威。

鉴于编者水平有限，错漏在所难免，敬请读者批评指正。在编著过程中得到有关领导和同事们的大力支持，在此一并表示感谢！

编者

2020 年 2 月

目 录
CONTENTS

第一部分　借贷与担保 / 1

一、关于借款合同法律实务 / 1

001. 什么是合同？ / 1
002. 什么是借款合同？ / 1
003. 什么是借款人？ / 1
004. 什么是贷款人？ / 1
005. 什么是自然人？ / 1
006. 什么是法人？ / 3
007. 《合同法》中的其他组织指的是什么？ / 4
008. 借款合同有什么特征？ / 4
009. 借款合同的形式有哪些？ / 5
010. 借款合同有哪些种类？ / 6
011. 什么是借款利率？ / 7
012. 什么是借款期限？ / 7
013. 借款合同都有哪些主要条款？ / 8
014. 什么是借款合同的担保？ / 9
015. 借款合同的订立应当遵循哪些原则？ / 9
016. 借款合同订立的程序有哪些？ / 12
017. 借款合同发生争议时应如何解释？ / 14
018. 订立借款合同应当注意哪些问题？ / 15
019. 借款人不按约定用途使用借款或挪用借款时，贷款人应当如何处理？ / 16
020. 如何认定以贷还贷，其效力如何？ / 16

021. 以贷还贷对保证人有何影响？ / 17
022. 借款人的权利有哪些？ / 17
023. 借款人的义务有哪些？ / 17
024. 什么是借款合同中的表见代理？ / 18
025. 借款人或者出借人的借贷行为涉嫌犯罪，或者生效的判决认定构成犯罪，民间借贷合同是否无效？ / 19
026. 当事人通过签订买卖合同作为民间借贷合同的担保，该买卖合同是否能起到担保的作用？ / 19
027. 哪些情形下，民间借贷合同会被认定无效？ / 19
028. 借贷双方没有约定利息，或利息约定不明，出借人是否有权主张借款人支付借期内利息及逾期利息呢？ / 19
029. 借款人是否可以提前还款？如果可以提前还款，如何计算利息？ / 20
030. 当事人约定在本金中扣除利息，到期如何处理？ / 20
031. 企业间的借贷合同是否具有效力？ / 20
032. 原告能否仅依据金融机构的转账凭证提起诉讼？ / 20
033. 借条在民间借贷中的法律效力如何？ / 21
034. 什么是不安抗辩权？ / 21
035. 不安抗辩权的适用条件是什么？ / 21
036. 行使不安抗辩权的情形有哪些？ / 22
037. 行使不安抗辩权的当事人有哪些附随义务？ / 22
038. 不安抗辩权行使的法律效力有哪些？ / 23
039. 什么是债权人的代位权？ / 23
040. 债权人的代位权具有哪些特点？ / 23
041. 债权人行使代位权应具备的条件？ / 24
042. 债权人的代位权如何行使？会产生什么效力？ / 25
043. 出借人如何理解撤销权？ / 25
044. 出借人行使撤销权应具备哪些条件？ / 26
045. 撤销权的行使会产生什么法律后果？ / 26
046. 什么是合同的变更？ / 27
047. 合同变更应具备哪些条件？ / 27
048. 什么是合同权利的转让？其构成要件是什么？ / 27

049. 什么是合同义务的转移，其构成要件是什么？ / 28
050. 什么是借款合同的终止？ / 29
051. 引起借款合同终止的情形有哪些？ / 29
052. 借款合同终止后的法律效力如何？ / 31
053. 什么是借款合同的清偿？清偿应注意什么问题？ / 31
054. 什么是借款合同的解除？ / 32
055. 什么是借款合同的抵销？ / 32
056. 什么是提存？ / 32
057. 什么是借款合同的免除？ / 33
058. 什么是借款合同的混同？ / 33
059. 什么是民间借款合同？ / 33
060. 关于民间借款合同的形式和生效条件，法律上有哪些规定？ / 33
061. 关于民间借款合同的利息是如何确定的？ / 34
062. 关于借款合同的效力，是如何规定的？ / 34
063. 什么是以存单为表现形式的借款合同纠纷？如何处理？ / 35
064. 对委托贷款和信托贷款应如何认定和处理？ / 35
065. 什么是借款利息中的复利？ / 36
066. 什么是贷款的展期？申请展期有何规定？ / 36
二、关于担保法律实务 / 37
067. 什么是债（债的法律概念）？ / 37
068. 什么是债权人？什么是债务人？ / 37
069. 债发生的原因是什么？ / 37
070. 什么是债权担保？ / 38
071. 债权担保的方式有哪些？ / 38
072. 什么是约定担保？ / 38
073. 什么是法定担保？ / 38
074. 什么是人的担保？ / 38
075. 什么是物的担保？ / 39
076. 什么是部分担保？ / 39
077. 什么是最高额担保？ / 39
078. 什么是全额担保？ / 39

079. 什么是共同担保？ / 39
080. 担保人必须具备什么资格？ / 39
081. 担保合同的生效要件有哪些？ / 40
082. 担保合同的无效情形有哪些？ / 41
083. 担保合同无效时担保人的法律责任是什么？ / 42
084. 如何理解担保合同的成立与不成立、生效与未生效、有效与无效的区别？ / 43
085. 如何理解《中华人民共和国担保法》的时间效力问题？ / 43
086. 如何理解《最高人民法院关于中华人民共和国担保法若干问题的解释》的法律效力问题？ / 43
087. 什么是让与担保？如何设定让与担保？ / 44
088. 让与担保有什么法律效力？ / 45
089. 如何行使让与担保权？ / 46
090. 让与担保权在什么情形下消灭？ / 46
091. 什么是保证？ / 47
092. 保证合同都有哪些形式？ / 47
093. 保证合同应包括哪些内容？ / 47
094. 出现哪些情形会使保证合同无效？ / 48
095. 保证合同无效时，保证人会承担什么责任？ / 49
096. 什么是共同保证，它有哪些种类？ / 50
097. 共同保证的法律效力是什么？ / 51
098. 债权人放弃共同保证中的一人或数人保证时，其他保证人应如何承担民事责任？ / 52
099. 保证方式是指什么？ / 52
100. 什么是一般保证？法律对一般保证有何规定？ / 52
101. 什么是连带责任保证？法律对连带责任保证有何规定？ / 53
102. 一般保证与连带责任保证有何异同？ / 53
103. 什么是一般保证中的先诉抗辩权？ / 53
104. 在一般保证中，对保证人行使先诉抗辩权有什么限制？ / 54
105. 什么是保证期间？ / 54
106. 什么是一般保证的保证期间？ / 54

107. 什么是连带责任保证的保证期间？ / 55
108. 保证期间与诉讼时效期间的关系如何？ / 55
109. 什么是债权让与？债权让与对保证人有何影响？ / 55
110. 什么是债务转让？债务转让对保证人有何影响？ / 56
111. 主合同内容变更对保证人有何影响？ / 56
112. 什么是保证人的抗辩权？ / 57
113. 保证人享有债务人的抗辩权有哪些？ / 57
114. 物保与人保同时存在时，保证人享有什么样的抗辩权？ / 57
115. 法律规定保证人不承担民事责任的情形有哪些？ / 58
116. 注册资金不实时，保证人应承担的法律责任是什么？ / 59
117. 验资机构提供虚假验资报告要承担什么样的法律责任？ / 59
118. 什么是抵押？ / 59
119. 什么是抵押权？ / 59
120. 抵押权如何分类？ / 61
121. 抵押权的取得方式有哪些？ / 62
122. 抵押合同的主要内容有哪些？ / 62
123. 什么是抵押物？抵押物的范围是什么？ / 63
124. 哪些财产禁止作为抵押物？ / 63
125. 什么是抵押登记？抵押登记有什么作用？ / 64
126. 抵押登记有什么样的法律效力？ / 64
127. 抵押登记部门都有哪些？ / 65
128. 同一物之上重复设立抵押时，各抵押权顺序如何确定？ / 65
129. 什么是抵押期间？ / 66
130. 什么是除斥期间？ / 66
131. 如何理解抵押权行使的除斥期间？ / 66
132. 抵押权的效力主要表现在哪些方面？ / 66
133. 如何理解抵押权与租赁权的关系？ / 69
134. 抵押权对抵押物转让有何效力？ / 70
135. 抵押权所担保的债权范围包括哪些？ / 71
136. 如何理解抵押权的追及效力？ / 71
137. 抵押权人对抵押物价值享有哪些权利？ / 72

138. 什么是抵押权的优先受偿权？ / 73
139. 抵押权与质权并存时，两者的优先顺序如何确定？ / 73
140. 抵押权与留置权并存时，两者的优先顺序如何确定？ / 73
141. 抵押权实行的条件有哪些？ / 73
142. 抵押权实行的途径和方法有哪些？ / 74
143. 抵押房产被处分时，房屋承租人有优先购买权吗？ / 75
144. 抵押权实现的优先受偿顺序如何确定？ / 75
145. 拍卖抵押的房地产时，地上新增房屋如何处理？ / 76
146. 抵押的集体土地使用权，实现抵押权后，土地的性质、用途能否变更？ / 76
147. 抵押权人对拍卖划拨的国有土地使用权所得价款应如何受偿？ / 76
148. 什么是最高额抵押？有何特征？ / 77
149. 最高额抵押的构成要素都有哪些？ / 77
150. 抵押权人可否撤销债务人的财产转让行为？ / 78
151. 借款人隐瞒借款真实用途的，担保人能免除担保责任吗？ / 78
152. 不动产抵押未经登记能否发生物权效力？ / 79
153. 以耕地、宅基地、自留地、自留山等集体所有的土地使用权设定抵押有效吗？ / 80
154. 房屋被抵押后是否还可以出售？ / 81
155. 最高额抵押的效力如何？ / 81
156. 什么是质押？质物？ / 82
157. 什么是质权？质权有何特征？ / 82
158. 质押如何分类？ / 83
159. 质押与抵押有何区别？ / 83
160. 质押合同应当包含哪些内容？采用哪些形式？ / 85
161. 法律对质物都有什么规定？ / 85
162. 质押合同何时生效？ / 86
163. 什么是流质契约，其效力如何？ / 86
164. 什么是动产质权的转质权？ / 87
165. 转质的法律效力如何？ / 87
166. 什么是质权的善意取得？ / 87
167. 什么是动产质权？ / 88

168. 动产质权所担保的债权范围都包括哪些？ / 88
169. 动产质权人的权利有哪些？ / 88
170. 动产质权人的义务有哪些？ / 90
171. 动产出质人的权利有哪些？ / 90
172. 动产出质人的义务有哪些？ / 91
173. 动产质权实行的条件有哪些？实行的方法有哪些？ / 92
174. 动产质权的消灭情形有哪些？ / 92
175. 什么是权利质权？ / 93
176. 可以作为权利质权客体的权利有哪些？ / 94
177. 债权质权的效力如何？ / 94
178. 债权质权人的权利有哪些？义务有哪些？ / 95
179. 债权出质人的权利和义务有哪些？ / 95
180. 权利质权如何实现？ / 95
181. 票据质押的生效要件是什么？ / 96
182. 什么是债券质押？ / 96
183. 什么是仓单质押？ / 97
184. 什么是提单质押？ / 97
185. 什么是一般债权质押？ / 97
186. 什么是存单质押？ / 98
187. 以虚开的存单进行质押应如何处理？ / 98
188. 以伪造、变造的假存单做质押应如何处理？ / 99
189. 质权人对存单进行核押有何法律意义？ / 99
190. 如何处理以借用的存单进行质押的问题？ / 99
191. 如何行使存单质权？ / 100
192. 真实存单质押后，出质人挂失将款项支取，存款的金融机构承担什么责任？ / 100
193. 什么是股权质权？ / 101
194. 股权质权应如何设定？ / 101
195. 哪些情况会导致股权质押合同无效？ / 102
196. 股份质权的效力表现在哪些方面？ / 103
197. 知识产权质权应如何设定？ / 104

198．动产质权与权利质权有何区别？ / 104
三、关于个人信用法律实务 / 105
199．什么是个人信用报告？ / 105
200．信用报告与银行“贷”与“不贷”是什么关系？ / 106
201．个人的信用报告中有哪些信息？ / 106
202．不良信息是指哪些信息？ / 106
203．什么是“逾期”行为？ / 106
204．不良信息在信用报告中保留多久？ / 106
205．如何确保个人良好信用记录？ / 107

第二部分　不良贷款法律风险防控 / 108

一、诉讼法律手段及实务 / 108
206．借款人发生哪些情况出借人应立即采取诉讼手段清收解决？ / 108
207．借款人如果歇业、被撤销或被吊销营业执照的，出借人应起诉谁？ / 108
208．借款人如果破产，出借人应起诉谁？ / 109
209．借款人变更名称，出借人应起诉谁？ / 109
210．借款人进行公司制改造，出借人应起诉谁？ / 109
211．如果借款人进行股份合作制改造，出借人应起诉谁？ / 109
212．如果借款企业分立的，出借人应起诉谁？ / 110
213．如果借款人被兼并，出借人应以谁为被告？ / 110
214．借款人注册资本不实时，出借人向谁主张自己的权利？ / 110
215．借款企业被承包、租赁经营，出借人起诉谁？ / 110
216．如果借款人为分支机构，出借人起诉谁？ / 111
217．如果借款企业为合伙企业，出借人应如何起诉？ / 111
218．借款人为个体工商户的，出借人如何起诉？ / 111
219．借款人为自然人且死亡的，出借人应如何起诉？ / 111
220．出借人对借款人起诉后，如何查找借款人的财产？ / 111
221．出借人对借款人申请诉讼保全后，人民法院什么时候开始执行？ / 112
222．查找借款和担保人的财产对出借人有什么作用和意义？ / 112
223．什么是财产保全？ / 112
224．出借人如何进行诉前保全？ / 112

225. 出借人如何进行诉讼保全？ / 113
226. 出借人如何使用重复（轮候）保全措施？ / 113
227. 出借人对担保人财产的保全应注意哪些事项？ / 113
228. 什么是诉讼时效？ / 114
229. 出借人如何计算诉讼时效？ / 114
230. 什么是诉讼时效的中断？ / 115
231. 出借人引起诉讼时效中断的方式都有哪些？ / 115
232. 出借人如何理解和处理保证人的保证期间与诉讼时效？ / 116
233. 出借人如何理解抵押物押、质押的诉讼时效？ / 116
234. 出借人如何对贷款诉讼时效丧失进行补救？ / 117
235. 出借人如何审查担保？ / 117
236. 出借人如何审查担保人的资格？ / 118
237. 出借人如何对抵押物、质押物进行审查？ / 118
238. 什么是保证期间，出借人如何对保证期间进行认定？ / 119
239. 保证期间丧失后，出借人应采取哪些补救方式？ / 120
240. 出借人应如何对保证方式进行审查？ / 120
241. 什么是撤销权？ / 121
242. 出借人如何行使撤销权？ / 121
243. 什么是代位权？ / 121
244. 出借人行使代位权应注意哪些问题？ / 122
245. 什么是抵销权？ / 122
246. 出借人如何行使抵销权？ / 122
247. 出借人在行使抵销权时应注意哪些问题？ / 123
248. 什么是证据？ / 123
249. 出借人如何收集证据？ / 123
250. 出借人收集证据的方法有哪些？ / 124
251. 证据应具备哪些条件？ / 124
252. 什么是民事诉讼的管辖？ / 125
253. 出借人如何选择管辖的人民法院？ / 125
254. 出借人如何处理担保纠纷的民事诉讼管辖？ / 125
255. 出借人如何处理借贷纠纷的民事诉讼管辖？ / 126

256. 出借人如何书写民事起诉状？ / 126
257. 什么是举证及举证责任？ / 126
258. 什么是举证时限及应注意的问题？ / 127
259. 出借人如何提交证据材料？ / 127
260. 什么是当事人自认，自认情形有哪些？ / 127
261. 出借人如何向人民法院申请调查收集证据？ / 128
262. 出借人在举证中应注意的问题有哪些？ / 128
263. 什么是质证？如何质证？ / 129
264. 出借人在涉及司法鉴定时应注意些什么问题？ / 129
265. 什么是上诉？如何确定上诉请求？ / 130
266. 上诉期限如何计算？ / 130
267. 出借人上诉时应注意哪些事项？ / 130
268. 什么是二审询问？ / 130
269. 什么是发回重审？ / 130
270. 什么是撤诉？如何撤诉？ / 131
271. 申请撤诉有什么法律后果？ / 131
272. 人民法院在什么情况下会按撤诉处理？按撤诉处理的法律后果是什么？ / 131
273. 什么是再审？ / 132
274. 在什么情况下当事人可以申请再审？ / 132
275. 出借人在再审中应注意哪些问题？ / 132
276. 什么是申诉？ / 132
277. 出借人向人民检察院申请检察建议或者抗诉应注意哪些问题？ / 133
278. 什么是支付令？如何使用支付令？ / 133
279. 出借人如何申请执行？ / 134
280. 什么是公证债权文书？ / 134
281. 出借人如何申请公证债权文书的执行？ / 134
282. 出借人如何执行被执行人的到期债权？ / 135
283. 出借人如何追加、变更被执行人？ / 135
284. 什么是参与分配？ / 137
285. 在执行和解与恢复执行中的法律规定有哪些？ / 137

286. 出借人如何理解执行终结与债权凭证？ / 137
二、以物抵贷（债）中的法律实务 / 138
287. 什么是以物抵贷（债）？ / 138
288. 出借人在以物抵贷中应注意哪些法律问题？ / 138
289. 出借人应如何管理抵贷资产？ / 139
290. 出借人如何加强对抵贷资产的日常管理？ / 139
291. 出借人抵贷资产处置方式有哪些？ / 140
三、改制企业的债务承担及法律实务 / 140
292. 企业改制包括哪些形式？ / 140
293. 什么是企业分立？企业分立后应如何承担出借人债务？ / 141
294. 什么是企业合并？企业合并后应如何承担出借人债务？ / 141
295. 企业改制都包括哪些形式？ / 144
296. 国有企业公司制改造后如何承担债务？ / 144
297. 企业股份合作制改造后如何承担债务？ / 145
298. 国有小型企业出售后如何承担债务？ / 146
299. 企业法人解散后如何承担出借人债务？ / 147
四、破产企业的债务承担及法律实务 / 147
300. 什么是企业破产法律制度？ / 147
301. 目前我国法律对破产案件的申请是如何规定的？ / 148
302. 出借人如何防范贷款企业恶意申请破产，逃废债务？ / 149
303. 我国法律对人民法院受理企业破产案件是如何规定的？ / 149
304. 企业破产案件被人民法院受理后会产生什么样的法律后果？ / 150
305. 什么是破产债权？具体都包括哪些内容？ / 150
306. 出借人如何申报破产债权？ / 151
307. 什么是破产中的别除权？ / 152
308. 什么是破产中的取回权？ / 153
309. 什么是破产抵销权？ / 153
310. 何为破产管理人？它有什么职责？ / 154
311. 破产费用主要指哪些费用？ / 154
312. 什么是破产程序中的共益债务？ / 154
313. 破产财产的分配顺序如何排列？ / 154

第三部分　借贷担保涉及的违法犯罪行为 / 155

314. 什么是银行卡持卡人的“恶意透支”？ / 155
315. 银行卡“恶意透支”应具备哪些构成要件？ / 155
316. 持卡人“恶意透支”将会受到哪些刑事处罚？ / 155
317. 有哪些情形可认定为“以非法占有为目的”？ / 155
318. 什么是非法集资？ / 156
319. 非法集资有哪些基本特征？ / 156
320. 非法集资有哪些主要形式？ / 156
321. 如何“火眼金睛”识别非法集资？ / 157
322. 如何防范非法集资风险？ / 157
323. 非法集资常见的有哪些手段？ / 157
324. 严禁发布涉及非法集资的广告范围有哪些？ / 158
325. 非法集资有何社会危害性？ / 159
326. 参与非法集资会形成什么风险，其损失如何承担？ / 159
327. 什么是金融犯罪？ / 159
328. 破坏金融管理秩序罪的犯罪主要有哪些？ / 160
329. 我国目前金融诈骗犯罪主要有哪些类型？ / 161
330. 银行工作人员常见的犯罪罪名有哪些？ / 161
331. 什么是拒不执行生效判决、裁定罪？ / 161
332. 什么是洗钱？ / 162
333. 清洗什么钱将构成洗钱罪？ / 162
334. 为什么要反洗钱？ / 162
335. 国家反洗钱行政主管部门是指哪个部门？其主要职责是什么？ / 162

第四部分　案例应用——以案释法 / 163

336. 作为出借人的银行直接扣划借款人未到期存款偿还贷款，是否构成对借款人的侵权？ / 163
337. 没约定还款日期，借款人该何时还款？ / 164
338. 自然人之间借款没事先约定利息，出借人还能主张利息吗？ / 165
339. 自然人之间借款，未约定借款利息的支付期限，如何偿还利息？ / 166

340. 自然人间的无息借贷逾期还款的，出借人能否索要利息？ / 167
341. 借款人提前还清借款，利息能相应减少吗？ / 167
342. 自然人之间的借款合同什么时候生效？ / 168
343. 自然人之间借款合同都需写明哪些内容？ / 169
344. 借款提存后，贷款人能否再向借款人追索？ / 170
345. 出借人可以要求借款人的继承人承担偿还借款的责任吗？ / 171
346. 出借人能否将自己的债权转移给第三人？ / 172
347. 作为被告的借款人对仅有的借据复印件不予认可的，如何处理？ / 173
348. 借款合同无效的，如何处理？ / 174
349. 谁来承担无权代理人签订的借款合同中的还款责任？ / 176
350. 婚前个人贷款，婚后共同还贷房屋如何分割？ / 177
351. 最高额担保抵押物被查封后，银行是否继续发放贷款？ / 178
352. 为未成年人名下房产设定抵押，抵押法律效力如何？ / 179
353. 抵押物被征收后，不及时行使权利会产生什么法律风险？ / 180

第五部分 附录 / 182

附录一 中华人民共和国民法总则 / 182
附录二 中华人民共和国合同法（节录） / 208
附录三 中华人民共和国担保法 / 226
附录四 中华人民共和国企业破产法 / 240
附录五 最高人民法院关于适用《中华人民共和国合同法》若干问题的解释（一） / 264
附录六 最高人民法院关于适用《中华人民共和国合同法》若干问题的解释（二） / 269
附录七 最高人民法院关于适用《中华人民共和国担保法》若干问题的解释 / 274
附录八 最高人民法院关于审理民间借贷案件适用法律若干问题的规定 / 291

第一部分　借贷与担保

一、关于借款合同法律实务

001. 什么是合同?

根据《中华人民共和国合同法》(以下简称《合同法》)第二条之规定,所谓合同是指平等主体的自然人、法人、其他组织之间设立、变更、终止民事权利义务关系的协议,又称契约。依法成立的合同对当事人具有法律约束力。

002. 什么是借款合同?

根据《合同法》第一百九十六条之规定,借款合同是指借款人向贷款人借款,到期返还借款并支付利息的合同。

003. 什么是借款人?

借款人是指在借款合同法律关系中,借入资金的一方当事人。在我国,法律对借款人的资格未做任何限制,只要是经过工商行政管理机关(或主管机关)核准登记的企(事)业法人,其他经济组织和自然人,均可成为借款人。

004. 什么是贷款人?

根据法律规定,贷款人是指依法经中国人民银行批准设立的银行或者非银行金融机构,主要包括政策性银行和各类商业银行农村信用社及其联社、城市信用社及其联社、信托投资公司、财务公司、融资租赁公司等,这些机构都持有金融监管机关颁发的《金融机构法人许可证》或《金融机构营业许可证》并经工商行政管理部门核准登记。但自然人作为贷款人与其他自然人所签订的借款合同(俗称民间借贷)也都受国家法律保护。

005. 什么是自然人?

自然人是因出生而取得民事主体资格的人。《中华人民共和国民法总则》

（以下简称民法总则）采用了“自然人”这一概念。我国《中华人民共和国宪法》第三十三条第一款规定：“凡具有中华人民共和国国籍的人都是中华人民共和国公民。”可见，公民概念强调了国籍上的归属而自然人概念强调了此类民事主体的自然属性，既包括本国公民，也包括外国人和无国籍人。两个概念在内涵上并不相同，但在我国民法上这两个概念是通用的。而《合同法》第二条则用“自然人”的提法。

自然人的民事能力包括自然人的民事权利能力和民事行为能力。自然人的民事权利能力是指法律赋予自然人享有民事权利、承担民事义务的资格。我国《民法总则》第十三条规定：“公民从出生时起到死亡时止，具有民事权利能力，依法享有民事权利，承担民事义务。”因此，在现代文明社会，人人享有权利能力，权利能力是自然人的生存资格，剥夺其权利能力，无异于剥夺其生存资格。

自然人的民事行为能力是指自然人能够以自己的行为行使民事权利和设定民事义务，并且能够对自己的违法行为承担民事责任，从而使民事法律关系发生、变更和消灭的一种资格。具备权利能力，并不意味着自然人都能正确地运用这种能力，要正确地运用权利能力，自然人必须具备成熟的理智，能认识自己行为的意义，如此才能在民事活动中维护自己的利益，承担自己行为的后果。因此《民法总则》根据我国自然人的具体情况，按照智力发育的不同年龄阶段和理智是否正常，将民事行为能力分为完全民事行为能力、限制民事行为能力和无民事行为能力三类。所谓完全民事行为能力，《民法总则》第十八条规定，成年人为完全民事行为能力人，可以独立实施民事法律行为。十六周岁以上的未成年人，以自己的劳动收入为主要生活来源的，视为完全民事行为能力人。当然，这里还要求当事人精神健康，智力健全。第十九条规定，八周岁以上的未成年人为限制民事行为能力人，实施民事法律行为由其法定代理人代理或者经其法定代理人同意、追认，但是可以独立实施纯获利益的民事法律行为。第二十条规定，不满八周岁的未成年人为无民事行为能力人，由其法定代理人代理实施民事法律行为。第二十一条规定，不能辨认自己行为的成年人为无民事行为能力人，由其法定代理人代理实施民事法律行为。第二十二条规定，不能完全辨认自己行为的成年人为限制民事行为能力人，实施民事法律行为由其法定代理人代理或者经其法定代理人同意、追认，但是可以独立实施纯获利益的民事法律行为或者与其智力、精神健康状况相适应的民事法律行为。第二十三条规定,无民事行为能力人、限制民事行为能力人的监护人是其法定代理人。《合同法》是《民法总则》的特别法,作为合同主体的自然人,不仅要具有民事权利能力,而且要具有民事行为能力,才能成为适格的合同主体。

006. 什么是法人?

法人是与自然人相对应的另一种民事主体。《民法总则》第五十七条规定:"法人是具有民事权利能力和民事行为能力,依法独立享有民事权利和承担民事义务的组织。""人"在民法中即为民事主体之意。自然人是自然形成的民事主体,法人则是由法律创设的民事主体。《民法总则》中关于法人的规定揭示了法人是社会组织的人格化,确认了法人的主体地位,并且说明了只有那些被法律赋予法人主体资格的社会组织才能成为法人。法人一旦成立,便作为一种团体性的民事主体在社会上活动,对社会生活好的影响和坏的影响都是重大的,因此,承认法人制度有一定的风险。为了维护交易安全,扩大法人的有利影响,限制其不利影响,立法规定了严格的法人成立条件。《民法总则》第五十八条规定,法人应当依法成立。第五十九条规定,法人的民事权利能力和民事行为能力,从法人成立时产生,到法人终止时消灭。法人成立必须具备下列条件:

1. 依法成立

(1)法人组织的设立必须合法,其设立目的和宗旨要符合国家和社会公共利益的要求,其组织机构设立形式、经营范围、经营方式等要符合国家法律的要求。简言之,法人的活动内容必须合法。

(2)法人成立的审核和登记程序必须合乎法律的要求,即法人的设立程序必须合法。

2. 有必要的财产或经费

这里的"财产",是对企业法人和捐献法人的要求;"经费",是对机关、社会团体、事业单位法人的要求。法人本质上是一种经济实体,财产是其人格的基础。在民法领域无财产即无人格。法人拥有必要的财产或经费,是其享有民事权利和承担民事义务的物质基础,也是其承担民事责任的物质保障。

3. 有自己的名称、组织机构和场所

名称是法人拥有独立于其成员的人格之人格的标志,也是将其特定化,以区别于其他法人的标志。法人的名称应包括其所在地、责任形式、经营范围等内容，以便于交易相对人联系和识别。组织机构是法人开展正常活动的必要条件，一般包括权力机关、执行机关和监察机关三类机关。场所是法人从事经营活动的地点，法人可能有一处场所，也可能有多处场所。

4. 能够独立承担民事责任

即法人能以自己的财产作为债务的担保手段，而不以法人成员和其他法人的财产担保债务。法人独立承担财产责任，一方面表明了法人财产的独立性，另一方面表明了法人成员和创立人的有限责任。在司法实践中，我们往往把是否能够独立承担民事责任作为衡量一个企业是否具有法人资格的最终标准。作为民事主体的法人，必须能够独立承担民事责任，才能独立地参与民事活动，为自己取得权利，设定义务，并对自己的行为后果承担民事责任。

007.《合同法》中的其他组织指的是什么?

对于《合同法》中“其他组织”的认定，应当按照《民法总则》《最高人民法院关于适用中华人民共和国民事诉讼法若干问题的意见》的规定，是指合法成立，有一定的组织机构和财产，又不具备法人资格的组织，包括：①依法登记领取营业执照的私营独立企业合伙组织；②依法登记领取营业执照的合伙型联营企业；③依法登记领取我国营业执照的中外合资经营企业、外资企业；④经民政部门核准登记领取社会团体登记证的社会团体；⑤法人依法设立并领取营业执照的分支机构；⑥中国人民银行、各专业银行设在各地的分支机构；⑦中国人民保险公司设在各地的分支机构；⑧经核准登记领取营业执照的乡镇、街道、村办企业；⑨符合本条规定条件的其他组织。

008. 借款合同有什么特征?

借款合同具有以下特征：

（1）借款合同的标的具有特定性。即借款合同以货币为标的，故称货币借贷合同。

（2）借款合同是转移标的物所有权的合同。借款合同的标的物是种类物，借款人依借款合同取得了所借的货币后可以自主行使处分权，独立支配所借用的资金。虽然贷款人可以检查和监督借款人对该资金的使用情况，如果借款人违反合同约定的用途使用借款，贷款人可以提前收回借款或者解除合同，但这是依合同的约定享有的合同权利，而非是行使所有权的延伸。合同期满后，借款人偿还的是同种类和数量的货币。而不是原标的物。

（3）借款合同一般为有偿合同，依照中国人民银行规定，商业银行贷款应当计付利息。非金融机构的借款可以是有偿合同，也可以是无偿合同。有些公民之间的生活借款是一种互助互补性质，当事人往往不约定支付利息，这类合同属无偿合同，约定支付利息的，其约定的利息支付标准应当符合国家规定的利率幅度范围。

（4）借款合同为双务合同。合同双方当事人分别享有权利，又各自承担义务，他们的权利义务是相互对应的，只有在一方履行义务时，另一方的权利才能实现。即合同成立后，借款人有权取得货款，到期负有义务偿还贷款；贷款人有义务交付贷款，有权请求到期偿还贷款和支付利息。

（5）借款合同一般为诺成合同。借款合同的成立一般不以货币的实际交付为要件，借款合同依法签订后即对贷款人和借款人双方具有法律约束力，贷款人未按照合同约定的日期和数额提供借款，或者借款人未按照合同约定的日期和数额收取借款，都要承担相应责任。而自然人之间的借款合同由于属于互助性质，不应对贷款人规定过严的义务。因此，《合同法》中规定自然人之间的借款合同为实践合同，自提供借款时生效。

（6）借款合同一般是要式合同。根据我国法律规定，借款合同须采用书面合同。借款申请书、有关贷款的凭证、协议书和当事人双方同意修改贷款合同的有关书面材料，都是借款合同的组成部分。但自然人之间的借款合同也可以采用口头形式。

009. 借款合同的形式有哪些?

根据《合同法》第一百九十七条第一款规定：“借款合同采用书面形式，但自然人之间借款另有约定的除外。”依此规定，借款合同的主要形式有：

（1）书面形式：即合同书、信件和数据电文（包括电报、电传、传真、电子数据交换和电子邮件）等有形地表现所载内容的形式。借款合同一般是要式合同，应当采用书面形式。特别是金融机构的借款合同必须采用书面形式。在现实生活中，金融机构未采用书面形式的借款合同，是十分少见的，即使借贷双方未签订借款合同，只要借款人在现金付出传票上签字，也应该视为采用了书面形式。书面形式的订立和履行虽不及口头形式迅速、直接，但却具有口头形式所不具备的优点：第一，内容明确，权利、义务关系清楚便于履行和监督；第二，合同内容以文字记载，有据可查，一旦发生纠纷，易于取证和分清责任，便于双方履行合同，有利于减少和防止合同争议的发生。借款申请书、有关借款的凭证、协议书、当事人双方同意签订借款合同的有关书面材料和其他双方同意作为合同附件的材料，如董事会同意企业借款的决议等都可作为借款合同的组成部分。

（2）口头形式：是指当事人双方以对话的方式达成协议而成立的合同。它一般适用于标的数量不大、内容不复杂而能及时清结的合同关系。合同采用口头形式的优点是简便易行、直接迅速，这对加速商品流转、满足社会的需求有着十分重要的作用，是必不可少的一种合同形式。但是这种合同形式也有明显的缺点：不易分清责任。所以，依据我国法律规定，一般自然人之间的借款才可以采取口头形式，这是考虑到自然人之间的借款大多是出于临时性的生活消费需求，借款数额一般较小，还款期限相对较短，如果强调都要采用严格的书面合同形式，不利于人们之间简便及时地解决现实问题。另外，受我国传统的亲情友情等民间习俗的影响，自然人之间借款合同采用口头形式的为多，因此，《合同法》从我国的具体实际出发，对自然人之间产生的借贷行为，允许采用口头形式，以利于个人消费信用的发展。

010. 借款合同有哪些种类？

根据不同的标准，借款合同可分为不同的种类：

（1）根据参加法律关系的主体不同，借款合同可以分为金融机构自营贷款、企业委托贷款和特定贷款。金融机构自营贷款是指金融机构以合法方式筹集的资金自主发放的贷款，其风险由金融机构即贷款人承担，并由贷款人收回本金和利息。企业委托贷款是指企业委托人提供资金，由贷款人（即受托人）根据委托人定的贷款对象、用途、金额、期限、利率等代为发放，监督使用并协助收回的贷款。贷款人（受托人）只收取手续费，不承担贷款风险。特定贷款，是指经国务院批准并对贷款可能造成的损失采取相应补救措施后责成国有独资商业银行发放的贷款。

（2）根据有无担保的情况，借款合同可分为信用借贷合同和担保借贷合同。

信用借贷合同是没有设立担保的借款合同；担保借款合同是指依据《中华人民共和国担保法》（以下简称《担保法》）设立了担保的借款合同。

（3）按照借款合同的担保方式不同，可分为保证担保借款合同，抵押担保借款合同、质押担保借款合同。保证担保借款合同是指借款合同以保证的形式设定的担保，保证人和债权人约定，当债务人不履行债务时，保证人按照约定履行债务或者承担责任。抵押担保借款合同是指借款合同以抵押的形式设定的债权担保，是债权人与债务人或第三人之间为担保债权的实现，而就特定的财产约定在债务人不履行义务时，债权人就该财产进行拍卖或折价变卖、并从其价款中优先受偿的意思表示一致的行为。质押担保借款合同是指借款合同以质押的形式设定的债权担保，是出质人与质权人就质物移交给质权人占有以作债权的担保而明确相互之间的权利和义务关系的协议。

（4）根据借款资金投向的领域不同，借款合同可以分为工业借款合同、农业借款合同、基本建设借款合同等。

（5）根据借款的币种不同，借款合同可分为人民币资金借款合同和外币资金借款合同。

（6）根据借款的用途不同，借款合同可分为固定资产借款合同和流动资产借款合同。

（7）根据借款合同的期限不同，借款合同可分为短期借款合同（1 年以内），中期借款合同（1 年以上 5 年以内），长期借款合同（5 年以上）。

011. 什么是借款利率?

借款利率是指借款人在一定时期内应付利息的数额与借入金额的比率。借款利率是计算利息的依据。根据国家有关规定或双方约定，借款人、贷款人均应严格按照中国人民银行规定的借款利率或双方约定的利率计算，任何一方不得随意变更、变动。

012. 什么是借款期限?

借款期限是指贷款人同意让借款人使用借款的期限。当事人双方一般根据借款的种类、用途、借款人的还款能力和贷款人的资金借给能力等因素商议确定贷款期限。到了借款期限，借款人应按约定还款付息，不得拖延。

013. 借款合同都有哪些主要条款？

依据《合同法》第一百九十七条第二款的规定借款合同包括下列条款：

（1）借款种类。根据贷款行业、贷款用途等不同、借款可分为工商借款、农业借款、基本建设借款等。不同种类的借款，其期限、数量及利率都有不同的规定，而其风险和法律后果也不同，因此，金融机构对不同种类的借款，在审批和发放的程序以及检查监督管理方面采取了不同的方法，以保证出借资金的安全性。

（2）币种。对我国的金融机构来说，大多以经营人民币贷款业务为主，但经批准也可经营外币贷款业务，外资银行除经营外币外，经批准也可以经营人民币业务。由于人民币和外币在利率和汇率上存有差异，因而借贷双方在利益上会受到一定的影响。所以，借款合同对借款和还款的币种应有明确的约定。

（3）借款用途。借款用途是指贷款人对借入资金的使用范围。常见的借款一般用于企业生产经营中资金周转需要的流动资金贷款以及用于固定资产和项目资金贷款等。根据现行的国家金融政策规定和银行等机构的要求，借款人对所借资金，特别是政策性借款，必须做到专款专用，不得挪作他用，并将借款用途在合同中写明。根据《合同法》第二百零三条规定："借款人未按照约定的借款用途使用借款的，贷款人可以停止发放借款，提前收回借款或者解除合同。"

（4）借款数额。即借款金额，指借款货币数量的多少，是借款合同的数量条款。贷款人是否按期足额提供贷款，利息的计算和确定，借款人是否及时归还借款本金和利息，都和借款数额有关，它是确定双方当事人权利义务大小的根据，应在合同中准确无误载明。

（5）借款利率。借款利率是指借款人在一定时期内应付利息的数额与借入金额的比率。借款利率是计算利息的依据，根据《合同法》第二百零四条规定："办理贷款业务的金融机构贷款的利率，应当按照中国人民银行规定的贷款利率的上下限确定。"双方均应严格执行，不得随意变动。

（6）借款期限。借款期限是指贷款人同意让借款人使用借款的期限。当事人双方一般根据借款的种类、用途、借款人的还款能力和贷款人的资金借给能力等因素商议确定借款期限。《合同法》第二百零六条规定："借款人应当按照约定的期限返还借款。对借款期限没有约定或者约定不明确，依照本法第六十一条的规定仍不能确定的，借款人可以随时返还。贷款人可以催告借款人在合理期限内返还。”

（7）还款方式。在借款合同中，应明确在合同期限届满时一次性偿还借款，还是分期偿还借款，是本息一次性偿还，还是本息分别偿还。

（8）担保条款。贷款担保以财产担保为原则，特定场合下也可以采取保证担保。由保证人担保时，应在借款合同中明确规定保证人的担保责任。

（9）违约责任。即因违反合同应当承担的民事责任。借款合同双方应在借款合同中明确约定贷款人不按约定提供借款和借款人不按约定收取借款或者不按约定归还借款时所应承担的具体法律责任。违约条款的设定，对督促当事人自觉而适当地履行合同，保护非违约方的合法权益都有重要的意义。

（10）其他。即当事人还可以约定双方认为应当约定的其他事项。

014. 什么是借款合同的担保？

借款合同的担保是保证借款合同履行的一种法律形式。因借款合同的担保而发生的权利，对于合同的债权人来说是从属于其主债权的一种从权利。《合同法》第一百九十八条规定：“订立借款合同贷款人可以要求借款人提供担保。担保依照《中华人民共和国担保法》的规定。”依据《担保法》的规定，担保的方式有保证、抵押、质押、留置定金等五种，其中除保证属人的担保外，其余几种皆属物的担保。而适用于借款合同的担保有三种，即保证、抵押、质押。担保可有效地促进资金融通，保障借款合同的履行，避免或减少贷款风险，维护债权人的利益。

015. 借款合同的订立应当遵循哪些原则？

借款合同的订立须遵循的原则是指借贷双方当事人在订立借款合同时所必须遵循的基本原则。根据《民法总则》《合同法》《贷款通则》等法律、法规、规章的规定，当事人双方签订借款合同时应当遵守如下基本原则：

（1）平等原则。所谓平等原则，是指当事人的民事法律地位平等，一方不得将自己的意志强加给另一方。《民法总则》第四条规定：“当事人在民事活动中的地位平等。”《合同法》第三条也规定：“合同当事人的法律地位平等，一方不得将自己的意志强加给另一方，”这更突出了平等原则。平等原则是我国民法首要的核心原则，反映了民事法律关系的本质特征。平等原则贯穿于合同法律关系的全过程，反映在合同关系的各个方面。就借款合同而言：是订立借款合同时双方当事人地位完全平等。在订立借款合同时，贷款人金融单位不得故意刁难、强迫对方，当然，借款人也不得“逼贷”。合同的内容只能由双方平等地商定，任何一方都不能把自己提出的条款强加给对方，或强迫对方与自己签订借款合同。二是在履行合同过程中地位平等。合同成立后，无论是借款方还是贷款方都平等地受合同约束，都必须严格履行合同规定的义务。要变更或者解除合同时，除法律另有规定外，都必须经双方当事人协商一致才能确定。任何一方当事人都不能擅自变更或解除合同。三是双方当事人承担合同责任平等。任何一方当事人不履行或不完全履行合同的义务，都应当依法承担违约责任。

（2）自愿原则。所谓自愿原则是指在社会生活的交往中，民事主体从事民事活动时，依照自己的判断，选择民事事务，自主设立、变更终止民事法律关系，不受其他人的非法干预。《民法总则》第五条规定：“从事民事活动应当遵循自愿原则。”《合同法》第四条规定：“当事人依法享有自愿订立合同的权利，任何单位和个人不得非法干预。”自愿原则要求保障当事人从事活动时意志自由，不受国家权力和其他当事人的非法干预，是对人的意志自由本质的尊重，每个当事人被假定为自己利益的最佳判断者，能够利用自己和他人的能力和知识做出有利于自己的判断，享受自己行为带来的利益，同时承担自己行为的风险，否认自愿原则，无疑使行为能力制度形同虚设。同时，自愿原则不仅是民法的基本原则，也是市场经济的基本原则。合同自愿原则是《合同法》的精髓和灵魂，反映了商品经济的运行规律。合同自愿原则也是私法自治（意思自治）的核心部分，其实质是合同的成立以当事人的意思表示一致为必要，合同权利义务仅依当事人的意志而成立时，才具有合理性和法律上的效力。根据自愿原则，在借贷过程中，任何单位和个人不得强令商业银行、信用合作社签订借款合同和发放贷款，任何单位和个人不得阻挠法人、其他组织、自然人提出符合贷款条件的贷款申请。

（3）公平原则。所谓公平原则，是指当事人应根据社会公认的公平观念进行民事活动，设定民事权利和民事义务，又称为公平正义原则、合同正义原则。《民法总则》第六条明确规定：“从事民事活动应当遵循公平原则。”《合同法》

第五条明确规定："当事人应当遵循公平原则确认各方的权利和义务。"公平原则一般有这样几方面含义：一是民事主体参加民事活动的机会要均等。二是民事主体在民事权利的享有及民事义务的承担上要对等，不能显失公平。三是民事主体在承担民事责任上要合理，一般是有过错才承担，一方过错则单方承担，双方都有过错各自承担，双方都无过错则可合理分担。四是司法机关调处民事纠纷案件要公正，不偏不倚，依法保护民事主体各自的合法民事权益。《合同法》将公平原则确定为合同当事人的行为准则，可以防止当事人滥用合同权利，以维护及平衡当事人之间的利益。对签订借款合同而言，应从以下方面体现公平原则：①明确借款合同当事人的法律地位平等；②借款合同的利率、违约责任应体现公平，对于"在订立合同时显失公平的合同"和"一方以欺诈、胁迫的手段或乘人之危，使对方在违背真实意思的情况下订立的合同"，依据《合同法》第五十四条予以否定，利益受损人有权请求人民法院或者仲裁机构变更或者撤销合同。

（4）诚实信用原则。所谓诚实信用原则，是指依照市民社会商品交换的互惠性原理，民事主体在参与民事法律关系时，诚实行事，注重信用。诚实信用原则具体表现为：①民事主体在订立合同或从事其他民事活动时不得有欺诈、胁迫等行为；②民事主体在合同履行和其他民事活动中，应自觉履行合同的义务或其他民事活动；③民事法律关系的当事人，应恪守诺言，讲究信用，不得损害他人和消费者权益；④民事主体以善意的方式行使权利，在获得利益的同时应充分尊重他人的利益和社会利益。《民法总则》第七条规定："民事主体从事民事活动，应当遵循诚信原则，秉持诚实，恪守承诺。"《合同法》第六条明确规定："当事人行使权利、履行义务应当遵循诚实信用的原则。"即我国《合同法》中诚实信用原则的基本要求是：从合同的订立到合同终止的全过程中，双方当事人都应当抱着真诚的态度，相互配合，全面履行合同所规定的义务。贷款人应按期提供贷款，借款人应按期归还借款本息。

（5）守法原则。所谓守法原则，是指民事活动的当事人在从事民事活动时不得违反行政法规的强制性规定。《民法总则》第八条规定："民事主体从事民事活动，不得违反法律，不得违背公序良俗。"第十条规定："处理民事纠纷，应当依照法律；法律没有规定的，可以适用习惯，但是不得违背公序良俗。"《合同法》第七条规定:“当事人订立、履行合同，应当遵守法律、行政法规、尊重社会公德，不得扰乱社会经济秩序，损害社会公共利益。”《中华人民共和国商业银行法》(以下简称《商业银行法》)第八条规定:“商业银行开展业务，应当遵守法律、行政法规的有关规定，不得损害国家利益、社会公共利益。”此外，《贷款通则》第三条亦规定:“贷款的发放和使用应当符合国家的法律、行政法规和中国人民银行发布的行政规章，应当遵循效益性、安全性和流动性原则。”这项原则的具体内容是：第一，民事活动的目的必须合法，即当事人从事民事活动旨在实现某种民事法律后果的意图须不违反法律规定。比如以合法形式掩盖非法目的的民事行为即应确认无效。第二，民事活动的内容必须合法，即当事人参与民事关系所设定的民事权利和民事义务以及标的必须符合法律的规定。第三，民事活动的形式和程序必须符合法律的要求。因此，订立借款合同必须遵循守法原则，即：①借款合同的形式须符合法律、行政法规的规定，即采用书面形式；②借款合同的内容必须符合有关法律、行政法规、中国人民银行发布的行政规章等具体规定。

(6)担保原则。订立借款合同，应当由借款人提供相应的担保。《合同法》第一百九十八条规定:“订立借款合同，贷款人可以要求借款人提供担保。担保依照《担保法》的规定。”《中华人民共和国商业银行法》第三十六条:“商业银行贷款，借款人应当提供担保。”所以，担保原则也应是借款合同订立的一项重要原则。只有借款人提供相应的担保，才能有效地防范和化解借款风险。

016. 借款合同订立的程序有哪些?

合同的成立必须基于当事人的合意，即意思表示一致。合同订立的过程就是当事人双方使其意思表示趋于一致的过程。这过程在合同法上称为要约和承诺。《合同法》第十三条规定:“当事人订立合同采取要约、承诺方式。”第二十五条规定:“承诺生效时合同成立。”该法第三十二条规定:“当事人采用合同书形式订立合同的，自双方当事人签字或者盖章时合同成立。”从《合同法》上述规定看，合同的订立所需的程序，即要约和承诺。

1. 要约

要约又称发价、发盘等，是指一方当事人向他人作出的以一定条件订立合同的意思表示。前者称为要约人，后者称为受要约人。要约是订立合同所必须经过的程序。要约要取得法律效力，应该具备一定的条件，依据《合同法》第十四条规定："要约是希望和他人订立合同的意思表示，该意思表示应当符合下列规定：①内容具体确定；②表明经受要约人承诺，要约人即受该意思表示约束。"

具体到借款合同中，要约实际上就是借款人提出的借款申请其中借款人为要约人，贷款人为受要约人。借款人提出的借款申请即要约应当包括：①借款人情况；②借款金额；③借款用途；④还款方式；⑤担保方式等。另外，根据《贷款通则》第二十五条的规定，借款人还必须提交以下资料：①借款人及保证人基本情况；②财务报告；③抵押物、质物清单和有处分权人同意抵押、质押的证明及保证人拟同意保证的有关证明文件；④贷款的项目可行性报告；⑤贷款人认为需要提供的其他有关资料。

2. 承诺

承诺又称接盘，接受等。是指受要约人在有效期间内完全同意要约内容的意思表示。《合同法》第二十一条规定："承诺是受要约人同意要约的意思表示。"承诺的意义在于，受要约人的承诺一经作出并送达要约人后，合同即为成立，即《合同法》第二十五条规定的："承诺生效时合同成立。"根据《合同法》的规定及合同法理论，一个有效的承诺，必须具备如下条件：

（1）承诺必须由受要约人做出。要约和承诺是一种有相对人的意思表示，因此，承诺非受要约人作出不可。受要约人以外的任何第三人即使知道要约的内容并对此作出同意的意思表示，也不能认为是承诺。

（2）承诺必须是在有效期间内作出。《合同法》第二十三条规定："承诺应当在要约确定的期限内到达要约人。要约没有确定承诺期限的，承诺应当依照下列规定到达：①要约以对话方式作出的，应当即时作出承诺的意思表示，但当事人另有约定的除外；②要约以非对话方式作出的，承诺应当在合理期限内到达要约人。"

（3）承诺的内容应当和要约的内容一致。若受要约人对要约的内容作出实质性变更者则是一种新的要约。所谓"实质性变更"是指有关合同标的、数量、质量、价款或者报酬、履行期限、履行地点和方式、违约责任和解决争议方法等的变更。

（4）承诺须向要约人作出。承诺人如果向要约人之外的人作出，则成了一个新的要约，而非承诺。

具体到借款合同中，贷款人对借款人提出的借款要约，经过审查和评估后，在符合贷款要求的情况下所作出的贷款意向书就是对借款要约的承诺。贷款人对借款人的借款要约在做出承诺前应审查下列内容：

（1）审查借款人资格。

（2）对借款人的信用等级评估。

（3）贷款调查。应当对借款人的信用等级以及借款的合法性、安全性、营利性等情况进行调查，核实抵押物、质物、保证人的情况，测定贷款人的风险度。

（4）货款审批。

（5）签订借款合同。借款合同应当约定借款种类，借款用途、金额、利率，借款期限，还款方式，借、贷双方的权利、义务，违约责任和双方认为需要约定的其他事项。

017. 借款合同发生争议时应如何解释？

依据《合同法》第一百二十五条规定："当事人对合同条款的理解有争议的，应当按照合同所使用的词句、合同的有关条款、合同的目的、交易习惯以及诚实信用原则，确定该条款的真实意思。合同文本采用两种文字订立并约定具有同等效力的，对各文本使用的词句推定具有相同含义。各文本使用的词句不一致的，应当根据合同的目的予以解释。"《合同法》第三十九条"对格式条款理解发生争议的，应当作出不利于提供格式条款一方的解释。格式条款和非格式条款不一致的，应当采用非格式条款"之规定，当存款合同存在争议时应遵循以下原则进行解释：

（1）文义解释原则。即按合同所用文字、词句、用语的使用方式来解释合同，阐明合同的意义和内容。合同的条款由语言文字构成，确定合同条款的含义，必须首先确定词句的含义。文字是当事人意思之外在的表现形式，通常情况下，文字能够较为准确地表达当事人的意思。

（2）整体解释原则。又称为体系解释原则，《合同法》第一百二十五规定："当事人对合同条款理解有争议的，应当按照……合同的有关条款……，确定条款的真实意思。"它要求以有争议的条款在整个合同中的地位，相关条款为依据，从该合同条款与其他条款的关系入手来阐释合同用语的真实意思。

（3）目的解释原则。是指以合同规定的目的为依据阐明合同条款的意义。合同的解释应当符合当事人缔约的目的，这是合同解释的核心原则。适用这一条原则时：①在合同条款有不同意思时，应当按照符合合同目的的含义解释，排除与合同目的相反的含义，即使在合同内容出现不明确或矛盾时，也应当通过解释予以协调统一，使之符合合同目的；②在合同用语表达的意思与合同目的相反时，应当通过解释更正合同用语；③合同文本采用两种文字订立并约定具有同等效力时，各文本使用的词不一致的，应当根据合同目的予以解释。

（4）习惯解释原则。即按照“交易习惯”确定合同争议条款的真实意思的原则。所谓“交易习惯”包括两层意思：一是合同当事人双方的交易习惯，即双方当事人之间已确立的任何习惯做法，包括在以前的系列交易中形成的习惯做法。二是其他交易习惯，即人们在长期反复实践的基础上形成的。能够被广大合同当事人所认知、接受、遵从的，在某一领域、某一行业或某一类经济流转关系中普遍采用的做法。

（5）诚信解释原则。即按照“诚实信用原则”确定合同争议条款的真实意思，在合同用语有疑义时，应依诚实信用原则确定其正确意思，合同内容有漏洞时，应依诚实信用原则予以补充。诚信解释原则要求合同解释的结果不得显失公平。

（6）不利解释原则。不利解释原则主要是针对格式合同而言的。即当事人对格式条款发生争议时，应作出不利于提供标准条款一方的解释。《合同法》第四十一条规定：“对格式条款的理解发生争议的，应当按照通常理解予以解释。对格式条款有两种以上解释的，应当作出不利于提供格式条款一方的解释。格式条款和非格式条款不一致的，应当采用非格式条款。”

018. 订立借款合同应当注意哪些问题？

订立借款合同应当注意以下两方面的问题：

1. 明确对方当事人的主体资格和缔约能力

《合同法》第二条规定：“合同是平等主体的自然人、法人、其他组织之间设立、变更、终止民事权利义务关系的协议。”该法第九条规定：“当事人订立合同，应当具有相应的民事权利能力和民事行为能力。”因此，订立合同的主体必须是具有民事权利能力和民事行为能力的自然人、法人和其他组织。另外，《合同法》第八条第二款规定："当事人依法可以委托代理人订立合同。"因此，合同当事人还可以通过委托代理的形式订立合同。在委托代理中：一是要注意必须是在代理权限内；二是要由被代理人出具授权委托书；三是代理人应具备相应的民事行为能力。

2. 盖章中应当注意的问题

《合同法》第三十二条规定："当事人采用合同书形式订立合同的，自双方当事人签字或盖章时合同成立。"因此，在实务中，一是合同书或者确认书上只有签名，或者只有盖章的，应认定两者具有同等的法律效力。二是一方当事人的签字还是盖章，哪个在前，就哪个为准，除非双方另有约定。三是只有法人或者其他组织的公章，而没有法定代表人或者负责人的签字，盖章，或者只有法定代表人的签字、盖章，而没有法人或者其他组织的公章，在这种情况下，都应当确认该方当事人已经确认合同的成立。四是法人或者其他组织，以及他们的法定代表人或者负责人的签字、盖章不在同一时间的，除非当事人另有特别的约定，否则合同都成立，成立的时间应当以首先签字或者盖章的完成时间为准。

019. 借款人不按约定用途使用借款或挪用借款时，贷款人应当如何处理？

在借款合同的履行过程中，贷款人有权利对借款人使用借款的情况进行检查、监督，如果有证据证明借款人不按约定用途使用借款或挪用借款时，依据《合同法》第二百零三条，贷款人可行使如下权利：

（1）停止发放借款。对于连续性借款或不是一次交付的借款合同，在已交付部分借款后，贷款人可以停止向借款人发放其余借款。

（2）提前收回借款。对于已经交付借款的合同，贷款人可以通知借款人在合同到期前收回借款。

（3）解除合同。对于因借款人不按约定用途使用借款而严重危及借款安全的合同，贷款人可以解除合同。

020. 如何认定以贷还贷，其效力如何？

所谓以贷还贷，是指金融机构与借款人约定以新贷款偿还旧贷款的行为。在现实操作中，对以贷还贷的认定，一般看金融机构与借款人之间是否存在以贷还贷的共同意思表示，如果存在，则可认为是以贷还贷，如果不存在，则不能简单认定为是以贷还贷。以贷还贷是借贷双方当事人的真实意思表示，虽与《贷款通则》的精神不相符，但并不违反现行的法律和行政法规，所以，应认定为有效的民事行为。

021. 以贷还贷对保证人有何影响？

《最高人民法院关于适用中华人民共和国担保法若干问题的解释》（以下简称担保法解释）第三条规定："主合同当事人双方协议以新贷偿还旧贷，除保证人知道或者应当知道的外，保证人不承担民事责任。新贷与旧贷系同一保证人的，不适用前款规定。"从这条的规定可以看出，以贷还贷对保证人的影响应分情况而定：

（1）在旧贷和新贷均有保证人，且保证人为同一人的情况下保证人原则上应当承担保证责任。因为在旧贷和新贷是同一个保证人的情况下，债务人用新贷偿还了旧贷，从而免除了保证人对旧贷的保证责任，所以从公平的角度看，对保证人也不会有什么不公平的结果。

（2）在旧贷没有担保或旧贷与新贷的保证人不是同一人的情况下，新贷的保证人如果不知道主合同双方当事人在搞以贷还贷的，免除保证人的保证责任。因为在这种情况下让保证人承担保证责任，有违民法上的公平原则。

（3）如果主合同写明是以贷还贷的，或者金融机构、债务人能够提供证据证明保证人知道以贷还贷的事实还提供担保的，保证人仍然要承担保证责任。

022. 借款人的权利有哪些？

借款人的权利主要有：

（1）有权自主申请借款并依金融机构规定的条件取得借款。

（2）有权按照合同约定的时间和数额提取和使用借款。

（3）有权拒绝借款合同以外的任何附加条件。

（4）有权向贷款人的上级反映和举报贷款人违反法律或者合同的有关情况。

023. 借款人的义务有哪些？

借款人的主要义务是：

（1）借款人负有如实提供真实业务活动和财务状况的义务。《合同法》第一百九十九条规定："订立借款合同，借款人应当按照贷款人的要求提供与借款有关的业务活动和财务状况的真实情况。"

（2）及时受领贷款。按照《合同法》第二百〇一条第二款规定："借款人未按约定的日期、数额受领贷款的，应当按照约定的日期、数额支付利息，"可见，借款人应按照约定的日期、数额领受借款。

（3）支付利息的义务。借款人应当按照约定的期限支付利息。

（4）按期偿还贷款本金。借款人应当按照约定的期限返还货款。

（5）逾期还款时应承担违约责任。借款人应当按照借款合同约定的或者经展期后的还款期限，或者按照经双方协商另行确定的期限，向贷款人返还借款，如逾期不能返还的，即构成违约，应承担违约责任。《合同法》第二百零七条规定："贷款人未按照约定的期限返还借款的，应当按照约定或国家有关规定支付逾期利息。"

（6）按照约定的用途合理使用贷款。借款人未按照约定的借款用途使用借款的，贷款人有权停止发放借款，提前收回借款或者解除合同。

024. 什么是借款合同中的表见代理?

所谓表见代理，是指被代理人的行为足以使诚信第三人相信无权代理人具有代理权，基于此项信赖与无权代理人进行交易，由此造成的法律效果由法律强制被代理人承担的代理。表见代理为无权代理之一种，属广义的无权代理。表见代理与狭义的无权代理之不同，在于后者的发生，出于无权代理人的原因；前者的发生，却出于被代理人的原因。表见代理制度之设，是为了保护诚信第三人的信赖利益与交易安全，并对疏于注意的代理人，令其自负后果。表见代理须符合一定的条件：

（1）客观上存在使诚信第三人相信无权代理人拥有代理权的理由。如无权代理人持有被代理人的授权委托书，不论这一证书的来源如何，皆足以使第三人相信其拥有代理权。

（2）第三人为诚信且无过失。即第三人无从知道无权代理人没有代理权，而且这种不知情并非由第三人的疏于注意所致。

（3）无权代理人与第三人所为的法律行为，符合法律行为的一般有效要件和代理行为的表面特征。如果两者间的法律行为不具备有效要件或不符合代理行为的表面特征，也不发生由被代理人承担其法律效果之问题。符合构成要件的表见代理具有与有权代理同样的效力，即代理行为的法律效果直接归属于被代理人。

025. 借款人或者出借人的借贷行为涉嫌犯罪，或者生效的判决认定构成犯罪，民间借贷合同是否无效？

当借贷行为涉嫌犯罪或是已被认定为犯罪时，民间借贷合同并不当然无效，而应当根据《中华人民共和国合同法》第五十二条和《最高人民法院关于审理民间借贷案件适用法律若干问题的规定》第十四条规定的内容确定民间借贷合同的效力。

026. 当事人通过签订买卖合同作为民间借贷合同的担保，该买卖合同是否能起到担保的作用？

当事人通过签订买卖合同作为民间借贷合同的担保，借款到期后借款人不能还款，出借人请求履行买卖合同的，人民法院应当按照民间借贷法律关系审理。按照民间借贷法律关系审理作出的判决生效后，借款人不履行生效判决确定的金钱债务，出借人可以申请拍卖买卖合同标的物，以偿还债务。

027. 哪些情形下，民间借贷合同会被认定无效？

（1）套取金融机构信贷资金又高利转贷给借款人，且借款人事先知道或者应当知道的。

（2）以向其他企业借贷或者向本单位职工集资取得的资金又转贷给借款人牟利，且借款人事先知道或者应当知道的。

（3）出借人事先知道或者应当知道借款人借款用于违法犯罪活动仍然提供借款的。

（4）违背社会公序良俗的。

（5）其他违反法律、行政法规效力性强制性规定的。

028. 借贷双方没有约定利息，或利息约定不明，出借人是否有权主张借款人支付借期内利息及逾期利息呢？

借贷双方没有约定利息，或者个人、法人、其他组织之间借贷对利息约定不明，出借人无权主张借款人支付借期内利息。也就是说，民间借贷合同只有当事人约定了利息，借款人才承担偿还利息的义务。

借贷双方没有约定利息，视为不支付利息，但这并不代表被告在任何情况下都不需要返还利息，如果借款人逾期不履行义务，出借人有权要求借款人偿付逾期利息。

029. 借款人是否可以提前还款？如果可以提前还款，如何计算利息？

债务人提前履行义务的，债权人可以拒绝受领，不损害债权人利益的，债权人不得拒绝。具体到借款合同而言，借款人提前向贷款人归还借款的，通常既不损害贷款人的利益，又有利于资金的及时回笼和流通。事实上，借款人提前还款的行为，往往是借款人放弃了自己的期限利益。所以除借贷双方另有约定的外，借款人可以提前偿还借款。至于利息计算问题，依合同法规定，如果合同没有约定或者约定不明的，应依照实际借款期限计算。

030. 当事人约定在本金中扣除利息，到期如何处理？

预扣利息的行为属于变相提高贷款利率的行为，它是出借人以牟取超过法定利息以上的非法高额利息为目的借合同形式发放的高利贷。在合同中预先扣除利息，从形式上看，借款方有自愿接受预扣利息条款的意思表示，给人造成平等交易、两厢情愿的错觉。而事实上，这种平等只是一种假象，对于急需资金的借款人而言，很多时候是不得不接受这样的条款，否则无法顺利筹集资金，在签订这样的借款合同时，很难说意思表示完全自由。所以，如果预先在本金中扣除利息的，人民法院应当按照实际出借的金额认定为本金。

031. 企业间的借贷合同是否具有效力？

企业之间为了生产经营需要签订的民间借贷合同，相互拆借资金，只要不违反《中华人民共和国合同法》第五十二条和《最高人民法院关于审理民间借贷案件适用法律若干问题的规定》第十四条规定内容的，应当认定民间借贷合同的效力。

另外，企业因生产、经营的需要在单位内部通过借款形式向职工筹集资金签订的民间借贷合同有效。

032. 原告能否仅依据金融机构的转账凭证提起诉讼？

原告仅依据金融机构的转账凭证提起民间借贷诉讼，被告抗辩转账系偿还双方之前借款或其他债务，被告应当对其主张提供证据证明。被告提供相应证据证明其主张后，原告仍应就借贷关系的成立承担举证证明责任。

033. 借条在民间借贷中的法律效力如何？

（1）民间借贷案件当事人之间由于借贷关系发生前存在某种信赖关系，往往不签订书面借款合同，借款人只给出借人打一张借条作为双方借贷关系成立的凭证。但一旦双方之间产生矛盾，彼此关系恶化，借款人很可能矢口否认，出借人起诉到法院时也往往只有张借条作为直接证据。在这种情况下，如何对借条进行证据认定，对案件的处理就具有决定性的作用。

（2）民间借贷案件的借贷事实发生非常复杂，情况各不相同，在审理中，要将具体案件具体分析。尤其是原被告双方和证人的证言存在诸多相互矛盾的时候，要进一步调查借款人的出借能力及贷款人的还款能力、借贷的起因及用途、出借人交付的时间和地点以及交付的形式综合考量债权债务人之间的关系、交易习惯以及证人的证言可信度等因素予以认定。民间借贷是实践性合同，原告应当就履行了“提供借款”义务承担举证责任，被告否认借款事实或主张已经将债务偿还的，应对相应事实承担举证责任。如果原告没有提供证据证明自己已实际交付借款，双方的借贷关系不成立。

034. 什么是不安抗辩权？

不安抗辩权，又称中止履行权或拒绝权、先履行抗辩权，是指在双务合同中应当先为履行债务的当事人在有确切证据证明后序履行债务的当事人于缔约后出现足以影响其对待给付的情形下，可以中止合同履行并有条件地可解除合同的权利。不安抗辩权是大陆法系合同法的一项特殊制度，《合同法》第六十八条之规定即为不安抗辩权的法律规定，对保护先履行债务的一方当事人的利益，避免蒙受损失有很重要的意义。

035. 不安抗辩权的适用条件是什么？

根据我国《合同法》第六十八条和第六十九条规定，不安抗辩权的适用条件有：

（1）必须是互为对价的双务合同当事人各自债务履行有先后履行顺序，且先序履行一方尚未履行债务。不安抗辩权的基础是双务合同当事人的义务具有牵连性，在单务合同中不可能存在不安抗辩权。虽属双务合同，但若双方义务须同时履行，或先序履行一方已履行了，则不能主张不安抗辩权。

（2）后序履行一方当事人在合同订立后丧失了履行合同的能力，即后序履行方的“履行不能”。这一条件亦即不安抗辩权适用的实体条件。这一条件的具体情形包括：①经营状况严重恶化；②转移财产，抽逃资金，以逃避债务；③丧失商业信誉；④有丧失或可能丧失履行债务能力的其他情形。当然这里所说的“履行不能”情形，是指发生在合同订立之后，如果发生在合同订立之前，则一般适用欺诈等规则。

（3）先序履行合同一方当事人有确切证据证明后序履行方丧失履约基础，即先序履行一方负举证责任。这一条件亦即不安抗辩权的行使所使用的程序要件。为了保障不安抗辩制度价值的真正实现，防止不安抗辩权的滥用，行使不安抗辩权的一方必须有确切证据证明对方丧失履约基础。否则，当事人没有确切证据而中止履行的，应当承担违约责任。

036. 行使不安抗辩权的情形有哪些？

根据《合同法》第六十八条之规定，后履行义务的当事人有下列情形之一的，先履行义务的当事人可以行使不安抗辩权：

（1）经营状况严重恶化。经营状况严重恶化，极有可能使该方当事人无力清偿债务，因此先履行的当事人可以行使不安抗辩权。

（2）转移财产、抽逃资金，以逃避债务。后履行债务的当事人在履行期届至前，转移财产、抽逃资金，以逃避债务，其用意是十分明显的，在这种情况下，先履行债务的当事人如仍按约定履行，则可能使自己的债权不能实现，造成损失，因此，先履行债务的当事人可行使不安抗辩权。

（3）严重丧失商业信誉。严重丧失商业信誉意味着其履约能力必然受到影响，已构成先期违约危险。对此，先履行债务的当事人可以行使不安抗辩权。

（4）其他丧失或可能丧失履行债务能力的情形。即只要后履行债务的一方当事人表现出丧失或者可能丧失债务履行能力的情形，先履行债务的当事人就可以行使不安抗辩权。

037. 行使不安抗辩权的当事人有哪些附随义务？

为兼顾合同双方利益得以受到公平保护，《合同法》在赋予合同的一方当事人享有不安抗辩权的同时，又为主张不安抗辩权的当事人规定了两项附随义务：

（1）通知义务，即不安抗辩权人须及时通知后序履行一方其将中止履行合同的情况。及时通知，应为在最短时间书面形式通知后序履行方，从而避免对方因不知应当先履行债务一方当事人中止履行的情形而蒙受损失。同时，也是为了对方在获得通知之后采取措施，及时提供充分担保，以消灭此不安抗辩权，使自己的合同债权得以实现。

（2）举证义务。《合同法》第六十八条规定，当事人没有确切证据中止履行的，应当承担违约责任，因此，主张不安抗辩权的当事人应当举出对方有法定的不能履行债务或者有不能履行债务可能情形之一存在的确切证据，否则，没有确切证据的，不安抗辩权不能成立，并构成违约。

038. 不安抗辩权行使的法律效力有哪些？

不安抗辩权行使的法律效力依据《合同法》第六十九条规定，有以下两项：

（1）暂时中止履行合同债务。即当对方当事人出现不能对待给付的现实危险后，享有不安抗辩权的当事人暂时中止履行或者延期履行合同债务，但并非终止合同债务或消灭合同债务，因此如果对方当事人提供了适当担保或者作了对待履行，主张抗辩权的当事人就应当恢复履行自己的债务，不安抗辩权即行消灭。

（2）解除合同。享有不安抗辩权的当事人中止履行后，对方当事人在合理期限内未恢复履行能力，也未提供适当担保的，中止履行的一方可以解除合同，即终止合同关系，就是终止合同之债，消灭对方的请求权。

039. 什么是债权人的代位权？

代位权是指债务人享有对第三人的权利而又不积极行使，致使其财产应能增加而不增加，危害债权实现时，债权人有权向法院请求以自己的名义代位行使属于债务人的权利的一种权利。简言之，代位权是指债权人以自己的名义行使债务人权利的权利。代位权的范围以债权人的债权为限，且债权人行使代位权的必要费用，由债务人负担。债权人的代位权既不是代理权，也不是优先受偿权，而是债权的法律效力的表现，是债权人的固有权利。但是，债权人以自己的名义代位行使债务人的债权，必须通过诉讼形式即向人民法院请求，而不能直接行使。

040. 债权人的代位权具有哪些特点？

债权人的代位权具有如下特点：

（1）代位权是债权人代替债务人向债务人的债务人主张权利的权利。一般情况下，债权债务关系只能拘束债权人和债务人，即债权人只能向债务人主张权利，而不能向债务人之外的第三人主张债权，而赋予债权人代位权，即赋予债权人向债务人的债务人主张权利的权利，体现了债权的对外效力。

（2）代位权是一种法定的权利。即代位权是法律直接规定的权利，不需当事人的特别约定。

（3）代位权是债权人以自己的名义行使债务人的权利。代位权是债权人的权利，因此也是以自己的名义来行使权利的。

041. 债权人行使代位权应具备的条件?

根据《合同法》第七十三条，《合同法解释》第十一条、第十二条、第十三条等规定，债权人行使代位权应具备以下四个条件：

（1）债务人须享有对第三人的权利。若债务人与第三人的合同被认定无效、被撤销、已过诉讼时效或第三人并非债务人的债务人，则不存在代位的行使问题。

（2）债务人享有权利却不积极行使，并且不及时行使权利将有丧失的可能。即债务人怠于行使其到期债权且给债权人造成损害。如何理解“债务人怠于行使其到期债权，对债权人造成损害的”这句话，根据《合同法解释》第十三条，是指债务人不履行其对债权人的到期债务，又不以诉讼方式或者仲裁方式向其债务人主张其享有的具有金钱给付内容的到期债权，致使债权人的到期债权未能实现。

（3）债务清偿期限届满而未清偿。即《合同法解释》第十一条第三款的：“债务人的债权已到期。”履行期是否届满，应依债务人与其债务人之间关于履行期限约定来确定，若对履行期未予约定或约定不明，则应依《合同法》第六十二条第四项的规定来确定，即以债务人第一次向债务人提出履行请求中所确定的履行期限为届满的期限，自此时开始视为的债务人债权已到期，债权人可以行使代位权。如果债务人的债权尚未到期，债务人尚不能对其债务人行使请求权，则债权人不能对债务人的债务人行使代位权。

（4）应是非专属于债务人自己行使的专属权。如果是专属于债务人自身的债权，则债权人不能行使代位权。专属于债务人自身的债权，依据《合同法解释》

第十二条规定，是指基于认养关系、抚养关系、赡养关系、继承关系产生的给付请求权和劳动报酬、退休金、养老金、抚恤金、安置费、人寿保险、人身伤害赔偿请求权等权利。这些权利不得代位行使。

042. 债权人的代位权如何行使？会产生什么效力？

债权人的代位权行使是指债权人通过法院，以自己的名义代位行使债务人的权利。具体是：

（1）债权人以自己的名义行使代位权。即债权人是行使代位权的主体，所以必须以自己的名义来行使代位权。

（2）代位权应通过诉讼形式行使。即债权人行使这一权利时必须向人民法院请求，而不能直接行使。

（3）代位权行使的范围以债权人的债权为限。即行使代位权的债权人仅限于保全自己的债权，并由此而取得直接清偿，至于抵偿债权人的债权后的剩余部分，应扣减债权人因行使代位权支出的律师代理费、差旅费等必要费用，如再有剩余，则交债务人或予以提存。

（4）债务人的债务人对债务人的抗辩权可以向债权人主张，债权人的代位权，实际上是行使债务人的权利，因此，债务人的债务人对债务人的一般抗辩事由，都可直接向债权人主张。关于代位权行使的效力问题，设立债的保全制度的国家或地区一般都规定：债权人行使代位权的效果直接归属于债务人；若债务人仍怠于受领，债权人可代位受领。但我国《合同法解释》第二十条规定："债权人向次债务人提起的代位权诉讼经人民法院审理后认定代位权成立的，由次债务人向债权人履行清偿义务，债权人与债务人，债务人与次债务人之间的相应的债权债务关系即予消灭。"根据这一规定，债权人有权直接受领通过代位权诉讼取得的财产。

043. 出借人如何理解撤销权？

撤销权也称撤销诉权，是指因债务人的行为害及债权，债权人有权依诉讼程序，申请法院予以撤销的一种权利。所谓债务人行为害及债权，一般是指债务人负债后，另有所图或陷于绝境时，以其财产之一部分或全部以低廉价格让与第三人，或无偿送于其亲朋故旧，致使债权人的利益受到损害。法律为保护债权人起见，对于债务人的这些行为，特许其诉讼，请求撤销，以免债权人的合法利益受到损害。《合同法》第七十四条明确规定了撤销权:“因债务人放弃其到期债权或者无偿转让财产，对债权人造成损害的，债权人可以请求人民法院撤销债务人的行为。债务人以明显不合理的低价转让财产，对债权人造成损害，并且受让人知道该情形的，债权人也可以请求人民法院撤销债务人的行为。撤销权的行使范围以债权人的债权为限。债权人行使撤销权的必要费用，由债务人承担。”

044. 出借人行使撤销权应具备哪些条件?

依据《合同法》第七十四条、第七十五条之规定，债权人行使撤销权须具备如下要件：

（1）债权人对债务人必须存在有效的债权。这是债权人行使撤销权的前提和基础。

（2）债务人实施了一定的处分财产的行为。包括合同行为、遗赠、捐助、债务免除等，均可成为撤销权的标的。

（3）债务人的行为必须有害于债权。即因债务人的行为导致其清偿能力的减少，以至于无法满足债权的要求，给债权的实现造成了损害，这是债权人撤销权构成的一个重要判断标准。否则，即使债务人实施减少其财产的处分行为，但其资产雄厚，足以清偿全部债权时，债权人不能行使撤销权。

（4）债务人与第三人进行有偿转让行为必须具有恶意。即债务人与第三人为法律行为时，第三人明知行为有害于债权而仍为之。倘若受让人不知道“债务人以明显不合理的低价转让财产，对债权人造成损害”的情形，则为善意，债权人对其受让行为不享有撤销权。

（5）债权人行使撤销权应以其债权为限。即只要撤销债权结果能够使债权人的债权得以保全，使债权人的债权完全实现，债权人就不能再对债务人的其他处分财产的行为行使撤销权。

（6）债权人的撤销权应在法定期间内行使，否则撤销权消灭。《合同法》第七十五条规定:“撤销权自债权人知道或者应当知道撤销事由之日起一年内行使。自债务人的行为发生之日起五年内没有行使撤销权的，该撤销权消灭。”

045. 撤销权的行使会产生什么法律后果?

撤销权的行使，将会引起以下法律后果：①被撤销的债务人行为（包括单方行为和与第三人的双方行为）归于消灭；②被撤销前受益人已领受债务人财产的，负有返还不当得利的义务；③撤销人则有权请求受益人向自己返还所受利益，并有义务将收取的利益加入债务人的一般财产，作为全体一般债权人的共同担保，而无优先受偿之权。另外，由于撤销之诉是因为债务人实施危害债权人利益的行为而引起的，故债权人因提起撤销权之诉而发生的律师代理费、差旅费等必要费用，应当由债务人承担。

046. 什么是合同的变更？

合同的变更，通常是指依法成立的合同尚未履行或未完全履行之前，当事人就其内容进行修改和补充而达成的协议。

047. 合同变更应具备哪些条件？

合同进行变更需具备以下条件：

（1）合同变更的前提是早已存在一个有效的合同。合同变更是在原合同的基础上，通过双方当事人协商而对原合同的内容进行修改或补充，如原合同关系不有效存在，也就不会有合同的变更。

（2）合同的变更须经双方当事人协商一致。《合同法》第七条规定：“当事人协商一致，可以变更合同。”因此合同的变更须经双方的协商，任何一方未经协商不得单方面变更合同的内容，否则将构成违约。

（3）合同的变更必须遵循法定的程序和方式。《合同法》第七条第二款规定：“法律、行政法规规定变更合同应当办理批准、登记等手续的，依照其规定。”这就要求合同的变更必须遵循法定的程序和方式。

（4）合同的变更须为合同内容的变更。合同的变更仅指内容变更，不涉及当事人变更问题。合同的变更，可能表现为标的数量和质量的变更，也可能表现为履行的期限、地点和方式的变更，还可能表现为价款或酬金的变更等。

048. 什么是合同权利的转让？其构成要件是什么？

合同权利转让是指不变更合同的内容，债权人以订立合同方式将债权让与他人的行为。其中原债权人称为转让人，接受转让的人称受转让人，转让合同一经成立，受转让人即取代了原债权人的地位而成为债权人。合同权利转让应在转让人与受让人之间达成协议，订立债权转让合同，该合同构成要件是：

（1）须有有效的合同债权存在。若债权人让与债权为无效或根本不存在，即为给付不能，让与合同则不能成立，受让人因此而受到损害的，得请求让与人予以赔偿。

（2）合同权利转让须转让人与受让人之间达成协议。即债权转让须经转让人与受让人之间订立债权转让合同，且债权转让合同应符合订立合同的要约、承诺规则。

（3）合同转让的债权须具有可让与性。《合同法》第七十九条规定："债权人可以将合同权利全部或者部分转让给第三人，但有下列情形之一的除外：①根据合同性质不得转让；②按照当事人的约定不得转让；③依照法律规定不得转让。"即属于这三种情况的债权不能转让。

（4）合同权利转让须合法且不得损害社会公共利益。合同权利转让时须符合法律规定，否则合同转让无效。遵守社会公共利益也是合同权利转让应当遵循的原则，如果合同权利转让违背了社会公共利益，亦应当被宣告无效。

（5）合同权利转让须通知债务人。《合同法》第八十条规定："债权人转让权利的，应当通知债务人，未经通知，该转让对债务人不发生效力。"即如果债权人未将合同权利转让的情况通知债务人，该转让对债务人不发生效力，债务人仍然可以向原债权人履行义务，因此而使受让人遭受损失的，让与人应负赔偿的责任。

049. 什么是合同义务的转移，其构成要件是什么?

合同义务转移是指第三人为承担合同债务人既存的债务而与债务人或债权人达成协议的行为。合同义务转移又叫债务的承担。其中愿意接受债务的人叫承担人。可见，合同义务转移实际上可以通过承担人与债务人或承担人与债权人所订立的合同来实现。如果债务转移通过承担人与债权人的合同来实现的，自合同成立时起，债务即转移于承担人，同时原债务人即脱离债务关系。利用这种方式转移债务的，不必征得原债务人同意，也无须通知原债务人。但是，如债务转移是通过承担人与债务人订立的合同来实现时，则必须由债权人同意，方为有效。根据《合同法》第八十四条之规定，债务人转让其合同债务应当具备如下条件：

（1）须有有效债务存在。无效合同之债不受法律保护，其转让自然也不受法律保护。

（2）合同义务转移的债务须具有可转移性。

（3）债务人转移义务须征得债权人的同意。承担债务的第三人是否具有履行能力和信用如何，与债权人的权利能否实现直接相关，所以，只有经债权人的同意，债务人转移义务的行为才能对债权人发生效力，否则债务人转移合同义务的行为对债权人不发生效力，债权人有权拒绝第三人向其履行，同时有权要求债务人继续履行义务。

050. 什么是借款合同的终止？

借款合同的终止，是指借款合同依法成立后，因出现法定情形而使合同所确定的权利义务关系归于消灭，合同不再具有法律效力，它无须再履行或已无法再履行。

051. 引起借款合同终止的情形有哪些？

我国《合同法》第九十一条对引起合同终止的情形作了明确规定："有下列情形的合同的权利义务终止：①债务已经按照约定履行；②合同解除；③债务相互抵消；④债务人依法将标的物提存；⑤免除债务；⑥债权债务同归于一人；⑦法律规定或当事人约定终止的其他情形。"

具体而言，贷款合同可因下列情形而终止：

（1）清偿。即债务已按照约定履行。借款合同的债务包括：借款本金、利息、逾期罚息。借款合同以借款合同的债务全部履行而终止。

（2）解除。合同解除有约定解除和法定解除之分。约定解除，是指当事人通过其约定或行使约定的解除权而导致合同解除。我国《合同法》第九十三条的内容，就是关于合同约定解除的内容。该条规定："当事人协商一致，可以解除合同。当事人可以约定一方解除合同的条件。解除合同的条件成就时，解除权人可以解除合同。"根据这一规定，在我国，合同约定解除又可分为两种情况，一是协议解除，即合同成立后，在未履行或未完全履行前，当事人双方通过协商解除合同，从而使合同的效力归于消灭。二是约定解除权，即当事人双方在合同中约定，在合同成立后，没有履行或没有完全履行之前，由当事人一方在某种情况出现后有解除权，并可以通过行使合同解除权，使合同关系消灭。法定解除是指在合同成立以后，没有履行或没有完全履行之前，当事人一方行使法定的解除权而使合同效力消灭的行为。其特点在于：由法律直接规定解除的条件，当此种条件具备时，当事人可以解除合同。根据《合同法》第九十四条规定，在我国，合同的法定解除条件有：①不可抗力致使不能实现合同目的；②在履行期限届满之前，当事人一方明确表示或以自己的行为表示不履行主要债务；③当事人一方迟延履行主要债务，经催告后在合理期限内仍未履行；④当事人一方迟延履行债务或者有其他违约行为致使不能实现合同目的；⑤法律规定的其他情形。以上几种，只要有其中一种，当事人就可解除合同。《合同法》第七条规定："合同解除后，尚未履行的，终止履行已经履行的，根据履行情况和合同性质，当事人可以请求恢复原状、采取其他补救措施，并有权要求赔偿损失。"

（3）抵销。所谓抵销，是指同类已届履行期限的对待债务，因当事人相互抵充债务而同时消灭。当事人主张抵销的，应当通知对方，通知自到达对方时生效。在借款合同中因债务互相抵销而使合同终止的情形极为少见。

（4）提存。指债权人无正当理由拒绝接受履行或其下落不明或数人就同一债权主张权利，债权人一时无法确定，致使债务人难以履行债务，经公证机关证明或法院的裁决，债务人可将履行的标的物提交有关部门保存。简言之，提存是指债务人以消灭债权为目的而将履行的标的提存于提存场所。提存实际上也是债的履行的一种形式。它有助于防止和解决债务关系久悬的状态，既维护债权人的债权，也使债务人免受不应有的损失。提存应依照法律规定的程序进行，提存人于提存后，应即通知债权人，否则提存不生效力。在提存中涉及三方当事人，一是提存人，一般是债务人，但是，得为清偿的第三人也可为提存人；二是提存受领人，一般是债权人；三是提存机关，即负责保管提存物的法律规定的机关，根据司法部颁布的《提存公证规则》，公证机关是提存机关。债务人经合法手续办妥提存后，从提存之日起即发生法律效力：债务人与债权人之间的债的关系即行终止，债务人已履行了其义务；债权人则对提存物保管人享有提取标的物的请求权。但须承担提存期间标的物毁损的风险并支付因提存所需要的保管或拍卖等费用。自提存之日起五年内，债权人不领取提存标的物的，其请求权消灭，提存物应收归国库所有。

（5）免除。即债权人放弃债权，从而解除债务人的承担义务。《合同法》第一百〇五条规定"债权人免除债务人部分或全部债务的，合同的权利义务部分或全部终止。”从规定上看，免除属单方的法律行为，只需债权人为意思表示即可成立，无须征得对方的同意。债务人的债务一经债权人免除，债的关系即行消灭。

（6）混同。指某一具体之债的债权人和债务人合为一体。由于原债务人和债权人合为一体，这就不存在谁向谁履行义务的问题。在这种情况下，原来所设立的债的关系也就自行消灭。

052. 借款合同终止后的法律效力如何？

借款合同终止后，其法律效力主要表现在：

（1）借款合同经一定程序消灭后，就失去了法律上的效力，从而终止了原来的债权债务关系。除法律另有规定外，原债权人不得再主张债权，原债务人也不再负有法律义务。另外，随着借款合同的终止，从属于该合同的从合同，如保证，抵押、质押等合同也随之终止。

（2）借款合同终止后，当事人应当遵循诚实信用原则，根据交易习惯履行通知、协助、保密等义务。通知即当事人一方负有将终止事宜通知他方当事人。协作即基于诚实信用原则的要求，需要一方当事人协助另一方当事人为一定行为或不为一定行为。保密即当事人一方对因合同关系而获得秘密，在一定期限、一定范围内负有保密的义务。

（3）借款合同权利义务终止后，并不影响结算和清理条款的效力。

053. 什么是借款合同的清偿？清偿应注意什么问题？

所谓清偿，指的就是履行债务。债的清偿，意味着债权人的权利已经实现了，设立债的目的已经达到；债的关系自然也就消了。在实践中，清偿是债消灭的最为主要的原因。关于清偿应注意以下问题：

（1）清偿地，即履行债务的场所。作为借款合同，当事人有约定的，按当事人的约定；当事人没有约定的，履行地点不明确，给付货币的，在接受给付的一方的所在地履行。

（2）清偿期，即履行债务的期限。对此，当事人有约定的，从其约定，约定不明确的，依据《合同法》第六十二条第四项规定：“履行期限不明确的，债务人可随时履行，债权人也可以随时要求履行，但应给对方必要的准备时间。”

（3）清偿费用，即履行债务的全部费用。清偿费用原则上应由债务人负担，但是，法律另有规定或当事人另有约定的除外。

054. 什么是借款合同的解除？

借款合同的解除，是指在借款合同有效成立后，当具备法律规定的合同解除条件时，因当事人一方的意思表示或者当事人双方协议，使借款合同关系归于消灭的行为。合同解除有两种，即约定解除和法定解除。前者是指根据当事人双方的约定给一方或双方保留解除权的一种解除。《合同法》第九十三条就是关于合同约定解除的内容，该条规定："当事人协商一致，可以解除合同。当事人可以约定一方解除合同的条件。解除合同的条件成就时，解除权人可以解除合同。"后者亦称法律上的解除，是指法律的原因出现时，合同当事人可依法行使解除权，消灭已生效的合同关系。《合同法》第九条规定了合同的法定解除之情形："有下列情形之一的，当事人可以解除合同：①因不可抗力致使不能实现合同目的的；②在履行期限届满之前，当事人一方明确表示或者以自己的行为表明不履行主要债务的；③当事人一方迟延履行主要债务，经催告后在合理期限内仍未履行的；④当事人一方迟延履行债务或者有其他违约行为致使不能实现合同目的的；⑤法律规定的其他情形。

055. 什么是借款合同的抵销？

所谓抵销，是指同类已届履行期限的对待债务，因当事人相互抵充其债务而同时消灭。《合同法》第九十九条，第一百条对抵销制度做了规定。第九十九条规定："当事人互负到期债务，该债务的标的物种类、品质相同的，任何一方可以将自己的债务与对方的债务抵销，但依照法律规定或者按照合同性质不得抵销的除外。当事人主张抵销的，应当通知对方。通知自到达对方时生效。抵销不得附条件或者附期限。"第一百条规定："当事人互负债务，标的物种类、品质不相同的，经双方协商一致，也可以抵销。"

056. 什么是提存？

所谓提存，是指债权人无正当理由拒绝接受履行或其下落不明，或数人就同一债权主张权利，债权人一时无法确定，致使债务人难以履行债务，经公证机关或法院的裁决，债务人可将履行的标的物提交有关部门保存。即指债务人以消灭债权为目的而将履行的标的提存于提存场所。依据司法部颁布的《提存公证规则》的规定，公证机关即提存机关。债务人将合同标的物提存后，不论债权人受领与否，依法发生合同终止的效力：债务人与债权人之间的债的关系即行终止，债务人已履行了其义务；债权人则对提存的保管人享有提取标的物的请求权，但须承担提存期间标的物毁损风险并支付因提存所需要的保管或拍卖等费用。自提存之日起五年内债权人不领取提存标的物的，其请求权消灭，提存物扣除提存费用后归国家所有。

057. 什么是借款合同的免除？

所谓免除，就是债权人放弃债权，从而解除债务人所承担的义务。《合同法》第一百零五条规定："债权人免除债务人部分或者全部债务的，合同的权利义务部分或者全部终止。"债务人的债务一经债权人免除，债的关系即行消灭。

058. 什么是借款合同的混同？

所谓混同，是指某一具体之债的债权人和债务人合为一体《合同法》第一百零六条规定："债权和债务同归于一人的，合同的权利义务终止，但涉及第三人利益的除外。"由于原债务人和债权人合为一体，就不存在谁向谁履行义务的问题。在这种情况下，原来所设立的债的关系也就自行消灭。

059. 什么是民间借款合同？

所谓民间借款合同，是指自然人、法人、其他组织之间及其相互之间因进行资金融通行为的借款合同。它和一般的借款合同相比，所不同的是贷款人，一般借款合同的贷款人只能是依法经中国人民银行批准设立的银行或者非银行金融机构，持有中国人民银行颁布的《金融机构法人许可证》或《金融机构营业许可证》，并经工商行政管理部门核准登记；而民间借款合同的贷款人则是自然人、一般的法人、其他组织。

060. 关于民间借款合同的形式和生效条件，法律上有哪些规定？

（1）关于民间借款合同的形式。《合同法》第一百九十七条规定："贷款合同采用书面形式，但自然人之间借款另有约定的除外。"由此规定可以看出，民间借款合同既可以采用书面形式，也可以采用口头形式。

（2）关于民间借款合同的生效。《合同法》第二百一十条明确规定："自然人之间的借款合同自贷款人提供借款时生效。"由此规定可知，民间借款合同为实践性合同，只有当贷款人向借款人提供借款时才生效。

061. 关于民间借款合同的利息是如何确定的?

《合同法》第二百一十一条规定:“自然人之间的借款合同对支付利息没有约定或者约定不明确的，视为不支付利息。自然人之间的借款合同中约定支付利息的，贷款的利率不得违反国家有关限制借款利率的规定。”因此，在实践中，如果当事人在借款合同中对利息没有约定或约定不明确的，应当推定确认借款人不必向贷款人支付借款利息，如果当事人在借款合同中明确约定利息的，则应当按约定利息支付，但借款的利率“不得违反国家有关限制借款利率的规定”。《最高人民法院关于审理民间借贷案件适用法律若干问题的规定》第二十九条规定:“借贷双方对逾期利率有约定的，从其约定，但以不超过年利率24% 为限。”

062. 关于借款合同的效力，是如何规定的?

(1)借款合同的有效。借款合同属合同的一种，因此也要具备合同有效的一般要件，即当事人主体资格合法，当事人意思表示真实，合同内容合法。具备上述要件，则借款合同即为有效合同，但民间借款合同属实践性合同，故需贷款人提供借款时生效。

(2)借款合同的无效。《合同法》第五十二条规定了合同无效的五种情形，均适用于借款合同。另外，借款合同又有其特殊性，因此结合《商业银行法》及相关法律，以下情形的借款合同无效:①商业银行违反《商业银行法》第四十三条规定，从事信托投资签订的信托贷款合同和委托贷款合同;委托贷出的款项应由借款人返还，金融机构不承担责任。

(3)商业银行违反《商业法》第四十条的规定向关系人发放信用借款签订的贷款合同，应认定无效，但借款人仍应承担返还贷款和利息的民事责任。

(4)金融机构、法人、其他经济组织从事以存单为表现形式的借贷形成的借款合同。

(5)金融机构未履行法定的批准手续向境外借款签订的借款合同，应认定无效，但借款人仍应承担返还贷款和利息的民事责任。

(6)企业向单位职工集资形成的借贷关系一般应认定有效，但借贷双方以从事非法活动为目的进行借贷的，认定为无效。

(7)借款合同损害国家、集体、第三人合法权益的，该合同无效。

063. 什么是以存单为表现形式的借款合同纠纷？如何处理？

根据《最高人民法院关于审理存单纠纷案件的若干规定》，所谓以存单为表现形式的借款合同纠纷是指在出资人直接将款项交与用资人使用，或通过金融机构将款项交与用资人使用，金融机构向出资人出具存单或进账单、对账单或与出资人签订存款合同，出资人从用资人或从金融机构取得或约定取得最高利差的行为中发生的存单纠纷。

具体可分以下几种情况处理：

（1）出资人将资金交付给金融机构，金融机构给出资人出具存单或进账单、对账单或与出资人签订存款合同，并将资金自行转给用资人的，金融机构与用资人对偿还出资人本金及利息承担连带责任；利息按人民银行同期存款利率计算至给付之日。

（2）出资人未将资金交付给金融机构，而是依照金融机构的指定将资金直接转让给用资人，金融机构给出资人出具存单或进账单、对账单或与出资人签订存款合同的，首先由用资人偿还出资人本金及利息，金融机构对用资人不能偿还出资人本金及利息部分承担补充赔偿责任；利息按人民银行同期存款利率计算至给付之日。

（3）出资人将资金交付给金融机构，金融机构给出资人出具存单或进账单、对账单或与出资人签订存款合同，出资人再指定金融机构将资金转给用资人的，首先由用资人返还出资人本金和利息。利息按照人民银行同期存款利率计算至给付之日。金融机构因其帮助违法借贷的过错，应当对用资人不能偿还出资人本金部分承担赔偿责任，但不超过不能偿还本金部分的40%。

（4）出资人未将资金交付给金融机构，而是自行将资金直接转给用资人，金融机构给出资人出具存单或进账单、对账单或与出资人签订存款合同的，首先由用资人返还出资人本金和利息。利息按照人民银行同期存款利率计算至给付之日。金融机构因其帮助违法借贷的过错，应当对用资人不能偿还出资人本金部分承担赔偿责任，但不超过不能偿还本金部分的20%。

064. 对委托贷款和信托贷款应如何认定和处理？

依据《最高人民法院关于审理存单纠纷案件的若干规定》第七条规定，在存单纠纷案件中，出资人与金融机构、用资人之间按有关委托贷款的要求签定有委托贷款协议的，应认定出资人与金融机构间成立委托贷款关系。金融机构向出资人出具的存单或进账单、对账单或与出资人签订的存款合同，均不影响金融机构与出资人间委托贷款关系的成立。出资人与金融机构间签定委托贷款协议后，由金融机构自行确定用资人的，应认定出资人与金融机构应成立信托贷款关系。委托贷款协议和信托贷款协议应当采用书面形式。口头委托贷款或信托贷款，当事人无异议的，或有其他证据证明金融机构与出资人之间确系委托贷款或信托贷款关系的，都应认定为委托或信托贷款。如果构成委托贷款的，金融机构出具存单或进账单、对账单或与出资人签订的存款合同不作为存款关系的证明，贷款方不能偿还贷款的风险应由委托人承担，如有证据证明金融机构出具上述凭证是对委托贷款进行担保的，金融机构对偿还贷款承担连带担保责任。委托贷款中约定的利率超过人民银行规定的部分无效。构成信托贷款的，按人民银行关于信托贷款的规定处理，风险由信托机构承担。

065. 什么是借款利息中的复利?

复利即贷款人（出借人）将借款利息及罚息计入本金，以此为本金再计算此后所生的利息。对于复利，根据中国人民银行《关于调整各项借款利率的通知》规定，固定资产贷款全部实行按季结息，每季末月的20日为结算日，对不能支付的利息，计收复利。流动资金贷款按季结息，对不能支付的利息，计收复利。因此，金融机构为出借人的借款合同中，只要当事人关于计算复利的约定不违反中国人民银行的上述规定，人民法院应当给予保护。民间借贷的借款合同中，只要当事人关于总的利息（含利息、罚金、复利等）不超年息24%，人民法院也应当给予保护。

066. 什么是贷款的展期？申请展期有何规定?

贷款展期，是指借款人在向贷款银行（出借人）申请并获得批准的情况下延期偿还贷款的行为。根据我国《合同法》第二百零九条的规定，借款人可以在还款期限届满之前向出借人申请展期。出借人同意的，可以展期。

借款人在无法按期还款的情况下，应提前向出借人提出申请，出借人根据借款人的资信、财产情况，决定是否延长贷款期限。一般情况下，短期贷款的展期不得超过原来的贷款期限。

二、关于担保法律实务

067. 什么是债（债的法律概念）？

一般而言，债是指特定当事人之间的一种民事法律关系。根据我国《民法总则》《合同法》的规定："债是按照合同的约定或者依照法律规定，在当事人之间产生的特定的权利和义务关系。"

068. 什么是债权人？什么是债务人？

在债的法律关系中，一方享有请求他方为一定行为或不为一定行为的权利，而他方则负有满足该项请求的义务；享有权利的一方称债权人，负有义务的一方称债务人。

069. 债发生的原因是什么？

债的发生，系指一种新的债权债务关系的产生。同其他民事法律关系一样，它的发生必须以一定的法律事实为根据，根据《民法总则》《合同法》以及有关法律规范的规定，在我国能够引起债发生的法律事实通常认为有以下几类：

（1）合同。也称契约，是指民事主体之间关于设立、变更或终止民事关系的协议。任何一种民事合同的成立，都意味着在当事人之间发生债的关系。因此，合同行为是引起债权债务发生的最主要、最普遍的依据。

（2）侵权行为，指行为人不法侵害他人的财产权利或人身权利的行为。侵权行为一经发生，受损害的人有请求加害人赔偿损害的权利，加害人有赔偿的义务，因此，侵权行为也是我国较为普遍的债的发生原因。

（3）不当得利。凡是没有法律或契约上的根据，有损于他人而取得的利益就叫不当得利，不当得利一旦发生，其利益受损人（受害者）有权请求不当得利人返还不应得的利益，不当得利者则负有返还的义务，所以，不当得利也是债的一种发生根据。

（4）无因管理。即既未受人之托，也不负有法律规定的义务自觉为他人管理事务，称无因管理。无因管理发生后，管理人应像管理自己事务那样尽心管理，并应及时通知或寻找其事务被管理者，一旦知其下落，应将管理的事务及时返还；而其事务被管理者则负有赔负管理者在管理过程中所支付的合理的费用及直接损失的义务，可见，无因管理也是一种债的发生根据。

（5）其他原因，如遗赠、抢救公私财物、抚养、捡遗、发现埋藏物等。

070. 什么是债权担保？

债权担保又称债的担保，是促使债务人履行债务、保障债权人的债权得以实现的法律措施。因债的担保而发生的权利，对于债权人来说是从属于其主债权的一种从权利。这种从权利以主债权的存在为前提，因主债权的变更而变更，因主债权的消灭而消灭。按照民商法理论，债权担保分为一般担保和特别担保。所谓一般担保，是指按债的法律效力，债务人以其信用和全部财产担保债务履行，如债的保全制度。所谓特别担保，是指债务人或者第三人以特定财产（包括第三人的信誉）担保债的履行，保障债权实现的法律制度。根据《中华人民共和国担保法》第二条第二款之规定，特别担保的方式为：保证，抵押、质押、留置、定金。

071. 债权担保的方式有哪些？

根据《中华人民共和国担保法》规定，担保的方式有五种：保证、抵押、质押、留置、定金。

072. 什么是约定担保？

所谓约定担保，是指完全由当事人双方自行约定的担保。担保的方式、担保的条件以及担保的范围和担保权的行使等均可由当事人自行约定，根据《中华人民共和国担保法》的自愿原则，约定担保是担保的主要形态。《担保法》中所规定的保证担保、抵押担保、质押担保、定金担保等担保方式，均为约定担保。

073. 什么是法定担保？

所谓法定担保，是指由法律直接规定而不是由当事人约定的担保，典型的法定担保为留置权。留置权是完全由法律直接规定的担保物权，其成立的条件，担保当事人和担保的范围等均由法律规定。

074. 什么是人的担保？

所谓人的担保，是指债务人以外的第三人以其财产和信用为债务人提供的担保，人的担保以保证担保为基本形式，在性质上属于债的担保方式，即在债务人不能或没有履行债务时，由担保人代为履行债务或者承担连带责任的担保方式。人的担保既包括法人提供的保证担保，又包括自然人、其他组织所提供的保证担保。

075. 什么是物的担保?

所谓物的担保，是指债务人或者第三人以特定的财产为自己或他人债务提供的担保，《中华人民共和国担保法》中规定的抵押、质押、留置等担保方式均为物的担保。定金担保亦属特殊的物的担保，即货币（或称金钱）担保。

076. 什么是部分担保?

所谓部分担保，是指担保人仅为债务人的部分债务提供的担保。部分担保，需担保人与债权人在合同中对担保的债权数额做出明确的约定，若担保人未明确约定为部分担保，则推定为全部担保。

077. 什么是最高额担保?

最高额担保，是指担保人为债权人与债务人在一定期间内连续发生的债务在一定限额内所提供的担保，如《中华人民共和国担保法》第十四条规定的最高额保证、第五十九条规定的最高额抵押等均为最高额担保。

078. 什么是全额担保?

全额担保，是指担保人为债务人的全部债务所提供的担保。只要担保人未约定对部分债务提供担保，即为全额担保，如担保人明确约定对债务人全部债务提供担保，则更是全额担保。

079. 什么是共同担保?

共同担保是相对于一人担保而言，两人或两人以上为债务人的同一笔债务提供的担保，即为共同担保。

080. 担保人必须具备什么资格?

我国《担保法》对担保人的主体资格作了限制性的规定：即具有代为清偿债务能力的法人、其他组织或者公民才能成为担保人。所谓“具有代为清偿债务能力”，是指担保人的财产在价值上足够用以抵偿保证债务。如依照我国的《中华人民共和国担保法》，保证人所担保的债务量，除当事人另有约定外，包括主债权及利息、违约金、损害赔偿金和实现债权的费用。如果保证人所拥有的财产价值大于或等于所担保的债务量，应视为有代偿能力，小于所担保的债务量，则视为不具有代偿能力。所谓法人、其他组织和公民则根据《民法总则》和《中华人民共和国担保法》应当符合下列条件：

（1）自然人（公民）担保资格。自然人的行为能力有完全民事行为能力、限制民事行为能力、无民事行为能力之分。自然人作为保证人，必须具有完全民事行为能力。限制民事行为能力人提供担保时，须经其法定代理人追认，追认后才有效，不经追认的担保无效，债权人可以催告法定代理人在一个月内予以追认，法定代理人未做表示的，视为拒绝追认。无民事行为能力人所提供的担保无效。

（2）法人的担保资格，法人是具有民事权利能力和民事行为能力，依法独立享有民事权利和承担民事义务的组织。根据《中华人民共和国担保法》规定下列法人不得为担保人：一是国家机关原则上禁止其作为担保人，但经国务院批准的在使用外国政府或国际经济组织贷款进行的转贷中，国家机关可以作为担保人。二是学校、幼儿园、医院等以公益为目的的事业单位、社会团体不得为担保人。三是企业法人的分支机构、职能部门也不得为保证人。但是，企业法人的分支机构有法人书面授权的,可以在授权范围内提供保证。四是根据《中华人民共和国公司法》第六十条规定，董事、经理不得以公司资产为本公司的股东或其他个人债务提供担保。

（3）其他组织的担保资格。其他组织，我国法律未做规定，《担保法解释》第十五条将其他组织界定为："①依法登记领取营业执照的独资企业、合伙企业；②依法登记领取营业执照的联营企业；③依法登记领取营业执照的中外合作经营企业；④经民政部门核准登记的社会团体；⑤经核准登记领取营业执照的乡镇、街道、村办企业。"

081. 担保合同的生效要件有哪些?

担保合同的生效，根据其生效要件不同，可分为担保合同生效的一般要件和担保合同生效的特殊要件。根据《民法总则》第一百四十三条规定任何法律行为皆须符合如下要件：①行为人具有相应的行为能力；②当事人的意思表示真实；③不违反法律、行政法规的强制性规定，不违背公序良俗。担保合同作为一种民事法律行为，当然也应具备这几个有效条件。一般说来，具备了《民法总则》规定的这几个有效要件，依法成立的担保合同，自成立时生效。但在特殊情况下，法律行为除具备一般有效要件外，还须具备特别的有效要件，才能产生法律效力。根据《中华人民共和国担保法》规定，下列担保合同须具备特殊要件方可生效：

（1）为使用外国政府或者国际经济组织贷款进行转贷，由国家机关作为保证人的保证合同，应当报国务院批准。否则该保证合同无效。

（2）抵押合同。依《中华人民共和国担保法》第四十一条规定，包括城市房地产或者乡村企业的厂房建筑物、航空器、船舶、林木、无地上定着物的土地使用权、企业的设备和其他动产的抵押都应办理抵押的登记，抵押合同自登记之日起生效。

（3）质押合同。依《中华人民共和国担保法》第六十四条、第七十六条规定，质押合同自质物或权利凭证交付之日起生效，依照该法第七十八条、第七十九条规定，以依法可转让的股票、商标专用权专利权、著作权中的财产权出质的，须向主管部门办理出质登记质押合同自登记之日起生效。

（4）定金合同。《中华人民共和国担保法》第九十条规定，定金合同从实际交付定金之日起生效。

082. 担保合同的无效情形有哪些?

担保合同的无效，是指担保合同因欠缺法律规定的生效要件而不能发生当事人预期法律后果的情形。担保合同的无效大致有这样两种：

1. 主合同无效，担保合同无效

我国《中华人民共和国担保法》第五条第一款规定："担保合同是主合同的从合同，主合同无效，担保合同无效。担保合同另有约定的，按照约定。"主合同的无效，应当依据《合同法》第五十二条规定："有下列情形之一的，合同无效：①一方以欺诈、胁迫的手段订立合同，损害国家利益；②恶意串通，损害国家、集体或者第三人利益；③以合法形式掩盖非法目的；④损害社会公共利益；⑤违反法律和行政法规的强制性规定。"另外，主合同的部分无效，不会影响担保合同效力。所谓"担保合同有约定的"，仅指涉外担保合同，国内担保合同即使作出这样的约定也是无效的。

2. 主合同有效，担保合同无效

根据《民法总则》《合同法》《中华人民共和国担保法》的有关规定，主合同有效，担保合同无效的情形主要有：

（1）担保人主体资格不合格而导致担保合同无效。主要有：一是国家机关作为国内一般担保合同的担保人的；二是学校、幼儿园、医院等以公益为目的的事业单位作为保证人的，但这些单位以其教育设施医疗卫生设施和其他社会公益设施以外的财产为其自身债务设定抵押的除外；三是企业法人的分支机构、职能部门未经法人授权而作为保证人的；四是无民事行为能力人作担保的；五是限制民事行为能力人所提供的担保未被其法定代理人同意或事后追认的；六是法人的法定代表人或其他组织的负责人超越权限订立的担保合同，其相对人知道或者应当知道其超越权限的。以上六种担保的担保合同无效。

（2）当事人恶意串通签订的损害国家、集体或第三人利益的担保合同，为无效合同。

（3）一方以欺诈、胁迫，使对方在违背真实意思的情况下签订损害国家利益的担保合同，应为无效合同。

另外，《中华人民共和国担保法》第三十条规定："有下列情形之一的保证人不承担民事责任……主合同债权人采取欺诈、胁迫等手段，使保证人在违背真实意思的情况下提供保证的。"根据《担保法的解释》第四十条的规定，主合同债务人采取欺诈、胁迫等手段，使保证人在违背真实意思的情况下提供保证的，债权人知道或者应当知道欺诈、胁迫事实的，按照《中华人民共和国担保法》第三十条的规定处理。

（4）担保合同内容违反法律、行政法规强制性规定和社会公共利益的应为无效担保合同。

（5）代理人超越代理权限签订担保合同或者以被代理人名义同自己或同自己代理的其他人签订担保合同、被代理人不予追认、也不构成表见代理的，其担保合同对被代理人不生效力，由行为人自己承担责任。

083. 担保合同无效时担保人的法律责任是什么?

根据《担保法解释》第七条规定："主合同有效而担保合同无效，债权人无过错的，担保人与债务人对主合同的债权人的经济损失，承担连带赔偿责任；债权人、担保人有过错的，担保人承担民事责任的部分，不应超过债务人不能清偿部分的二分之一。"第八条规定："主合同无效而导致担保合同无效，担保人无过错的，担保人不承担民事责任；担保人有过错的，担保人承担民事责任的部分不应超过债务人不能清偿部分的三分之一。"因此，对于担保合同无效后担保人的法律责任应按上述不同情况分别处理。另外《担保法解释》第九条还规定:“担保人因无效担保合同向债权人承担赔偿责任后，可以向债务人追偿。或者在承担赔偿责任的范围内，要求有过错的反担保人承担赔偿责任。”

084. 如何理解担保合同的成立与不成立、生效与未生效、有效与无效的区别?

担保合同的成立与不成立是以担保合同当事人是否意思表示一致为标准而区分的，若双方当事人意思表示未形成一致，则担保合同不成立，若双方当事人意思表示一致，则担保合同成立。因此，担保合同成立属于对担保合同事实的判断问题。担保合同的生效与未生效是以担保合同是否具备生效要件为标准而区分的，一般说来，依法成立的担保合同，自担保合同成立时生效，而法定需要登记或交付标的物方能生效的担保合同，自登记之日起或交付标的物之日起生效。担保合同的有效与无效是对担保合同效力的价值判断问题，而判断的标准只能以法律和行政法规的强制性规定为依据。

085. 如何理解《中华人民共和国担保法》的时间效力问题?

《中华人民共和国担保法》的时间效力问题，即《中华人民共和国担保法》何时生效的问题和《中华人民共和国担保法》有无溯及既往的效力问题。根据《中华人民共和国担保法》第九十六条规定,《中华人民共和国担保法》自一九九五年十月一日起生效，开始实施。另据《担保法解释》第一百三十三条第一款规定:“中华人民共和国担保法施行以前的担保行为，适用担保行为发生时的法律、法规和有关司法解释,”即《中华人民共和国担保法》没有溯及既往的效力。

086. 如何理解《最高人民法院关于中华人民共和国担保法若干问题的解释》的法律效力问题?

《最高人民法院关于中华人民共和国担保法若干问题的解释》自2000年12月13日起施行，即2000年12月13日起生效。根据《担保法解释》第一百三十三条之规定，其法律效力表现在两个方面，一是“中华人民共和国担保法施行以后因担保行为发生的纠纷案件，在本解释公布施行以前已经终审的，不适用本解释。”二是“中华人民共和国担保法施行以后因担保行为发生的纠纷案件，在本解释公布施行后尚在一审或二审阶段的适用中华人民共和国担保法和本解释。”

087. 什么是让与担保？如何设定让与担保？

让与担保是指债务人或第三人为担保债务人的债务，将担保标的物的权利移转于债权人，于债务清偿后，标的物应返还于债务人或第三人，于债务不履行时，担保权人可就该标的物优先受偿的权利。在让与担保关系中，移转担保物的权利的债务人或第三人称为让与担保设定人；取得担保物的权利的人，称为担保权人。让与担保所转移的担保物的权利，一般限于所有权；担保权人一般限于债权人。关于让与担保的设定，“依法律行为设定让与担保时，标的（物）的所有人须与债权人以书面形式订立让与担保合同”。即让与担保的设定须经签订让与担保合同和履行让与担保合同两道程序。

1. 让与担保合同

让与担保权是约定的担保物权，因此让与担保权的设定必须首先由债权人与债务人或者同意为债务人提供财产担保的第三人签订让与担保合同。合同须采用书面形式，其内容应当包括：①让与担保设定人、担保权人的姓名、名称及住所；②被担保债权的种类、数额；③担保标的（物）的名称、种类、数量、状况、处所等；④担保标的（物）的评价额；⑤担保标的物的占有、管理收益及有关费用负担；⑥让与担保权的期限；⑦让与担保权的消灭条件；⑧当事人双方争议的解决方式；⑨双方约定的其他事项。

2. 让与担保的财产权转移

让与担保是以移转标的（物）之权利于债权人的方式来担保债务之清偿，因此，让与担保设定人应当以移转担保标的（物）的财产权于债权人的方式来设定让与担保权，否则依法不产生让与担保权设定的效力。让与担保标的（物）的财产权转移方式依财产性质不同而不同。“凡依法可转让的财产或财产权利，均可以设定让与担保”。详言之，下列财产可作为让与担保的标的：①设定人所有的房屋和其他地上定着物；②设定人所有的机器、交通运输工具和其他财产；③设定人依法有权处分的国有土地使用权、房屋和其他地上定着物；④设定人依法享有处分权的国有机器、交通运输工具和其他财产；⑤设定人依法取得荒山、荒沟、荒丘、荒滩等土地使用权；⑥设定人所有或有处分权的动产；⑦设定人依法拥有的票据、债券、存单、仓单、提单；⑧依法可以转计让的股份、股票；⑨依法可以转让的商标专用权、专利权及著作权中的财产权；⑩在建工程，等等。所以与担保标的（物）财产权的转移以下列方式进行：

（1）以动产为标的物设定让与担保的，应以占有设定的方式移转财产的所有权。即债务人或第三人通过与债权人订立合同而使担保权人取得间接占有，以代替动产标的的交付。

（2）以不动产为标的设定让与担保时，应就标的物所有权之移转进行登记，否则不产生让与担保权设定之效力。

（3）以权利设定让与担保时，应依照各种权利的让与方式完成权利的让与：有权利凭证的，应当将该权利凭证交付让与担保权人占有。根据让与担保移转担保物的财产权为担保手段的，应当公示。第三人可以通过查询而获得有关让与担保权的信息。在对不动产让与担保权进行登记时，登记机关除在不动产登记簿上进行设定让与担保权登记外，还在该不动产权利凭证上作出“设定让与担保”之记载后，将其交还让与担保设定人收执，并向让与担保权人颁发“不动产他项权证”。

088. 让与担保有什么法律效力？

让与担保的效力是指能使他人认为让与担保人围绕让与担保财产所实施的行为为正当行为的法力。具体讲，有以下几种：

（1）让与担保的担保债权范围。让与担保的债权范围应当以让与担保合同的约定为准。若让与担保合同未作约定的，则推定为全额担保。即为债权实际清偿时所存在的范围，包括主债权及利息、违约金、损害赔偿金和实现担保物权的费用。

（2）让与担保的标的范围。原则上让与担保的效力不仅及于让与担保的标的本身，还及于从物。但是流质的让与担保，则除当事人有约定外，应以设定时之物为限，物上代位的原则，于让与担保亦有适用，代替让与担保之标的的物者，亦应归属于让与担保权人。

（3）让与担保标的物占有人应尽的职责。让与担保合同存续期间，让与担保标的物的占有人应以善良管理人的注意保管和使用标的物。若占有人违反了此项法定义务，致使让与担保设定人利益有损害时，应负损害赔偿责任。

（4）让与担保物处分的限制。即让与担保合同存续期间，当事人任何一方不当处分标的物的，另一方可依侵权行为或债务不履行的规定请求损害赔偿。其中，债权人的损害赔偿以债权额为限。

（5）设定人的标的物返还请求权及限制。即债务人在约定的期限内清偿了债务，则让与担保权人理所应当地应将标的物的财产权等返还于设定人，使让与担保权归于消灭。但是，若债务人届期未清偿其债务，且债权人也未实行其让与担保权的，则债务人在一定期间内不行使其返还请求权的，该返还请求权消灭。

089. 如何行使让与担保权？

让与担保权的行使权是指当担保债权的清偿期已到，而债务人不清偿债务时，担保权人为实现自己的债权而为一定行为的权利。所以让与担保权的行使，须以让与担保权所担保的债务届清偿期后，债务人仍不清偿其债务为要件。让与担保权的实行方法主要有：担保权人变卖担保物清偿和估价取得担保物。具体采用哪一种方法，应当遵循让与担保合同约定，如未约定则由担保权人自由选择。应注意的是：担保权人无论采取何种方式实行让与担保权，均负有清算义务。即在采取变卖清偿方式时，变卖标的物所得的价款如超过担保债权额时，或采取归属清偿方式时，标的物估价所得的价款如超过担保债权额时，担保权人均应将超过额返还于设定人。

090. 让与担保权在什么情形下消灭？

引起让与担保权消灭的原因有：

（1）让与担保权因担保的债权消灭而消灭。让与担保权属债权的从权利，当债权因清偿、提存、抵消、免除、混同等原因而全部消灭时，让与担保权随之消灭。

（2）让与担保权因担保物所有权的消灭而消灭。担保权人取得担保物的所有权是让与担保权存在的理由和基础。担保物的所有权因混同、灭失，被征收、权利人的处分权利行为等原因而消灭时，则让与担保亦随之消灭。

（3）让与担保权因让与担保权的实行而消灭。让与担保为担保债权受偿而设定，因担保权人采取变卖担保物受偿或估价取得担保物等方式而实行让与担保权，使让与担保权消灭。

091. 什么是保证?

所谓保证，是指保证人和债权人约定，当债务人不履行债务时，保证人按照约定履行债务或者承担责任的行为。在保证关系中，保证人是以自身信用和不特定财产为他人债务提供担保的人，而债务被担保的是被保证人。

092. 保证合同都有哪些形式?

我国《中华人民共和国担保法》第十三条规定:“保证人与债权人应当以书面形式订立保证合同。”因此，保证合同应当采用书面形式。

保证合同的具体表现形式有以下四种形式:①保证人与债权人签订书面保证合同，明确约定保证的范围、期限和保证方式等;②保证人向债权人递交保证书，表示承诺承担保证义务，并为债权人授受;③主合同中订有保证条款、保证人在主合同上签字或盖章同意为一方保证的;④主合同虽无保证条款，但保证人在主合同保证人栏内表明担保意思，并签字或盖章的。

093. 保证合同应包括哪些内容?

《中华人民共和国担保法》第十五条规定保证合同应包括下列主要内容:①被保证的主债权种类、数额;②债务人履行债务的期限;③保证的方式;④保证担保的范围;⑤保证的期间;⑥保证合同双方当事人认为需要约定的其他事项。现将上述条款简述如下:

(1)被保证的主债权的种类和数额。主债权的种类即指债权人和债务人订立的主合同的债务属何种类型，是给付金钱的债务、交付货物债务，还是指供劳务的债务，主债权的数额是指主合同的标的额。

(2)债务人履行债务的期限。只有债务人到期不履行债务才使保证合同发生效力，因此，在保证合同中明确债务人履行债务的期限。

(3)保证合同须对保证方式有明确约定。如果保证合同对保证方式没有约定或约定不明确的，依据《中华人民共和国担保法》第十九条之规定为连带责任保证。

(4)保证合同对保证担保的范围应有明确的约定。如果保证合同对保证担保的范围没有约定或约定不明确的，依据《中华人民共和国担保法》第二十一条之规定，保证人对主债权、利息、逾期罚息、实现债权的费用等承担责任。

(5)保证合同对保证合同期间应作明确的约定，债权人在约定期限内未要求保证人承担保证责任的，视为债权人抛弃其债权的担保权。保证人即免除担保责任；如保证合同未对保证期限作出约定或约定不明确的，依据《中华人民共和国担保法》第二十五条、第二十六条之规定，保证期间为法定的六个月。

094. 出现哪些情形会使保证合同无效?

保证合同无效的情形大致有以下几条：

1. 主合同无效，导致保证合同无效

从保证合同与主合同的关系看，保证合同属从合同，其目的在于保证主合同债权的实现，因此，如主合同不存在，则从合同无存在的必要，从合同以主合同的存在为前提，既然保证合同依附于主合同，那么，当主合同无效时，保证合同自然也应无效。在司法实践中，应当弄清的是主合同是全部无效还是部分无效。若是主合同部分无效，则有效部分仍受法律保护，保证人仍要对有效部分承担保证责任。

2. 保证人资格不合法，导致保证合同无效

保证作为一种民事行为。要求保证人必须是具有民事权利能力和民事行为能力的法人、其他组织和公民。不具备民事权利能力和民事行为能力的法人的分支机构、职能部门，以及无民事行为能力和限制民事行为能力的公民所为的保证行为无效。关于保证人的资格，《中华人民共和国担保法》第九条到第十二条对保证人的资格作了严格限制。

3. 保证人意思表示不真实，导致保证合同无效

保证合同要求双方当事人意思表示真实并达成一致。若一方当事人意思表示不真实或双方意思不一致，则保证合同无效或不成立。因保证人意思表示不真实而导致保证合同无效的情形有以下几种：

（1）主合同当事人双方串通，骗取保证人提供保证的。即主合同的当事人（即债权人和债务人）非法串通，共同实施某种行为，以骗取保证人提供保证，保证合同无效，保证人不承担民事责任。

（2）主合同债权人采取欺诈、胁迫手段，使保证人在违背真实意思的情况下提供保证的，保证合同无效，保证人不承担民事责任。

（3）主合同债务人采取欺诈、胁迫等手段，使保证人在违背真实意思的情况下提供保证的，债权人知道或者应当知道欺诈、胁迫事实的，保证合同无效。

（4）债务人与保证人共同欺骗债权人，订立主合同和保证合同，债权人可以请求人民法院予以撤销。因此给债权人造成损失的，由保证人与债务人承担连带赔偿责任。但如债权人在知道或应当知道的一年内未行使撤销权的，撤销权消灭，保证合同有效。

4. 不具备法定生效要件，导致保证合同无效

依据《担保法解释》第六条之规定：有下列情形之一的，对外担保合同无效：①未经国家有关主管部门批准或者登记对外担保的；②未经国家有关主管部门批准或者登记，为境外机构向境内债权人提供担保的；③为外商投资企业注册资本、外商投资企业中的外方投资部分的对外债务提供担保的；④无权经营外汇担保业务的金融机构、无外汇收入的非金融性质的企业法人提供外汇担保的；⑤主合同变更或者债权人将对外担保合同项下的权利转让，未经担保人同意和国家有关主管部门批准的，担保人不再承担担保责任。但法律法规另有规定的除外。

095. 保证合同无效时，保证人会承担什么责任？

保证合同无效时，应当根据过错责任原则和保证人对造成保证合同无效的过错程度，结合影响保证合同无效的因素，来确定保证人所应承担的法律责任。

1. 保证合同无效，保证人不承担民事责任

大致有以下几种情形：

（1）保证人对保证合同无效无任何过错，则对债权人因此而产生的损失，不承担赔偿责任：①主合同当事人双方串通，骗取保证人提供保证的；②主合同债权人采取欺诈、胁迫等手段，使保证人在违背真实意思的情况下，提供保证的。

（2）无民事行为能力人提供的保证使保证合同无效，给主合同的债权人造成损害的，因该自然人为无民事行为能力人，故该自然人不承担民事责任。

（3）根据《担保法解释》第八条规定，主合同无效而导致保证合同无效，保证人无过错的，保证人不承担民事责任。

（4）企业法人的职能部门提供保证的，保证合同无效。债权人知道或者应当知道保证人为企业法人的职能部门的，因此造成的损失由债权人自行承担，即保证人不承担民事责任。

（5）债权人知道或应当知道债务人采取欺诈、胁迫等手段使保证人为之提供保证的，则该保证人不承担民事责任。

2. 因债权人请求而使保证合同被人民法院撤销，保证人和债务人承担连带赔偿责任

《最高人民法院关于中华人民共和国担保法解释》第四十一条规定：“债务人与保证人共同欺骗债权人，订立合同和保证合同的，债权人可以求人民法院予以撤销。因此给债权人造成损失的，由保证人与债务人承担连带赔偿责任。”

3. 保证合同无效，保证人承担相应的赔偿责任

（1）主合同无效而导致保证合同无效，保证人有过错的，保证人承担民事责任的部分，不应超过债务人不能清偿的三分之一。

（2）主合同有效而保证合同无效，债权人无过错的，保证人与债务人对主合同债权人的经济损失，承担连带赔偿责任；债权人、保证人有过错的，保证人承担民事责任的部分，不应超过债务人不能清偿部分的二分之一。

（3）主合同债务人采用欺诈胁迫等手段骗取保证人保证时，保证合同无效，保证人应承担因缔约过失而负的责任，即债权人若不知情，债权人不承担责任，应有债务人首先承担清偿责任，债务人清偿债务不足的，由保证人承担赔偿责任。

（4）国家机关、公益性事业单位、社会团体违法提供保证而导致保证合同无效，因此给债权人造成损失的，债务人、保证人、债权人有过错的，应当根据其过错各自承担相应的民事责任。

（5）企业法人的分支机构未经法人书面授权或者超出授权范围与债权人订立保证合同的，该合同无效或者超出授权范围的部分无效，债权人和企业法人都有过错的，应当根据过错各自承担相应的民事责任；债权人无过错的，由企业法人承担民事责任。

096. 什么是共同保证，它有哪些种类?

共同保证是指两个或两个以上的保证人共同对同一债务所作的保证行为。共同保证按不同的标准有不同的分类：

（1）按共同保证的有效成立时间进行分类，可以将共同保证分为同时共同保证和非同时共同保证。

同时共同保证是指两个或两个以上的保证人同时对同一债务所做的保证行为，即共同保证人同时做出保证行为。

非共同保证，是指两个或两个以上的保证人在不同时间对同一债务所做的保证行为。

（2）按共同保证中保证人保证担保的范固和保证方式不同进行分类，可分为：按份保证的一般保证，即保证人在保证合同中约定有保证份额和承担保证责任的方式为一般保证。保证人仅按合同约定的保证份额承担一般保证责任，保证人之间不承担连带责任。

按份保证的连带责任保证，即保证人在保证合同中约定保证份额和承担连带责任保证，保证人之间不负连带责任。

共同保证的一般保证，即保证人在保证合同中未明确约定保证份额，仅约定了承担保证责任的方式为一般保证，当债务人不能执行债务时，债务人有权要求任何一个保证人承担债务人未履行部分的保证责任，该保证人不得拒绝。

共同保证的连带责任保证。即保证人在保证合同中未明确约定保证份额、明确约定了承担保证责任的方式为连带责任保证，当债务人在债务履行届满没有履行债务时，债权人可以要求债务人履行债务，也可以要求任何一个保证人承担全部保证责任，该保证人不得拒绝。

097. 共同保证的法律效力是什么？

共同保证的法律效力表现在保证人与债权人之间，共同保证人之间，共同保证人与债务人之间的法律效力。

（1）共同保证在保证人与债权人之间的法律效力。

共同保证作为一种特殊形态的保证，仍适用一人保证的规定，即按份保证的一般保证和共同保证的一般保证，共同保证人均享有先诉抗辩权；按份保证的连带责任保证或共同保证的连带责任保证，共同保证人不享有先诉抗辩权。

（2）共同保证在保证人之间的法律效力。

如保证合同中约定有保证份额，则保证人承担按份保证责任；若保证合同中未约定有保证份额，则各共同保证人之间负连带责任。若其中一人的保证合同无效，并不影响其他人保证合同的效力。

（3）共同保证在保证人与主债务人之间的法律效力。

保证人在全部或部分偿付了保证债务后，依法享有对主债务人的追偿权。保证人的追偿范围仅以保证人实际承担的保证责任范围和实现追偿权的合理费用为限。

098. 债权人放弃共同保证中的一人或数人保证时，其他保证人应如何承担民事责任?

对债权人放弃共同保证中的一人或数人保证时，其他保证人应承担的民事责任应分情况处理：

（1）在按份保证的共同保证中，其他保证人仅对共同保证合同中约定由自己承担的份额承担责任，对债权人放弃的保证人所应承担的份额不承担责任。

（2）在共同保证的一般保证中，其他保证人仍应当对主债务人不能履行部分承担保证责任，不能因债权人放弃有的保证人而减轻保证责任。

（3）在共同保证的连带责任的保证中，其他保证人仍应当对主债务人没有履行部分责任连带责任。

即在按份保证中，债权人放弃一人或数人保证时，对其他保证人不产生任何影响,由债权人自负责任。而在后两种情形中,债权人放弃一人或数人保证时，其他保证人则被要求承担主债务人不能履行或没有履行部分的保证责任，债权人放弃一人或数人保证的法律后果是对自己无任何影响，反而加大了其他保证人的保证责任。同时，承担了全部保证责任的保证人仍享有对债权人放弃的其中一人或数人保证人追偿权。

099. 保证方式是指什么?

所谓保证方式，是指保证人依法律规定或当事人约定承担责任的方式，依据《中华人民共和国担保法》第十六条之规定，保证方式分为一般保证和连带责任保证。

100. 什么是一般保证？法律对一般保证有何规定?

所谓一般保证，是指当事人在保证合同中约定，债务人不能履行债务时，由保证人承担保证责任的一种保证方式。

根据《中华人民共和国担保法》第十七条规定："一般保证的保证人在主合同纠纷未经审判或者仲裁，并就债务人财产依法强制执行仍不能履行债务前，对债权人可以拒绝承担保证责任。"一般称此为检索抗辩权，又称先诉抗辩权，它是保证人的抗辩权，对债权人是不利的，因此，《中华人民共和国担保法》第十七条规定了三种保证人行使检索抗辩权的限制情况：①债务人住所变更，致使债权人要求其履行债务发生重大困难的；②人民法院受理债务人破产案件，中止执行程序的；③保证人以书面形式放弃检索抗辩权的。即出现上述三种情况，保证人不得行使抗辩权。

101. 什么是连带责任保证？法律对连带责任保证有何规定？

所谓连带保证，是指当事人在保证合同中约定保证人与债务人以债务承担连带责任的一种保证方式。连带责任保证是责任较重的一种保证方式，当债务履行期届满后债务人没有履行债务的，债权人既可以要求债务人履行债务，也可以要求保证人在其保证范围内履行债务。

102. 一般保证与连带责任保证有何异同？

一般保证和连带保证均属保证范畴，二者既有共同之处，也有不同之处：

一般保证与连带保证的共同点：①一般保证和连带责任保证均属于人的担保，二者都具有保证的一般特征；②一般保证和连带保证的保证人均享有债务人的抗辩权。即债权人行使债权时，保证人根据法定事由，对抗债权人行使请求权的权利。

一般保证与连带责任保证的不同点是：承担连带责任的保证人，其责任要重于一般保证人，一般保证的保证人在债务人不能履行债务时，才承担保证责任，而连带保证责任的保证人不论债务人能否履行债务，只要债务人到期未履行债务，就有义务承担保证责任，而且连带责任保证人不享有先诉抗辩权，而一般保证的保证人享有先诉抗辩权。

103. 什么是一般保证中的先诉抗辩权？

一般保证中的先诉抗辩权又称检索抗辩权，是指一般保证中的保证人在主合同纠纷未经审判或者仲裁，并就债务人财产依法强制执行仍不能履行债务时，对债权人可以拒绝保证责任的权利。即在债权人要求保证人代为履行时，保证人可以要求债权人先就主债务人的财产诉请强制执行或设有物的担保时先执行担保物权，如债权人没有这样做，保证人可拒绝其清偿要求。如果债务人的财产足以清偿债务，保证人的保证责任因债务清偿而消灭。若债务人无财产可供执行或者财产被执行但不足清偿时，保证人仅对没有清偿的债务承担保证责任。

104. 在一般保证中，对保证人行使先诉抗辩权有什么限制？

依据《中华人民共和国担保法》第十七条规定，有下列情形之一的，保证人不得行使先诉抗辩权：

（1）债务人住所变更，致使债权人要求其履行债务发生重大困难的。依据《中华人民共和国担保法解释》第二十五条，债权人要求债务人履行发生的重大困难情形，包括债务人下落不明、移居境外，且无财产可供执行，致使一般保证人丧失先诉抗辩权。

（2）人民法院受理债务破产案件，中止执行程序的。

即人民法院受理债务人的破产案件后，意味着破产程序开始，债务人的财产实际上处于冻结状态，债权人无法要求债务人即时清偿债务，且债务人之所以申请破产，是因为无力清偿到期债务，故债权人无须等到破产程序终结，即可直接向保证人要求其清偿债务，保证人应当依据保证合同履行保证责任。

（3）保证人以书面形式放弃先诉抗辩权。即保证人自己以书面形式放弃先诉抗辩权的，当然丧失该权利。

105. 什么是保证期间？

所谓保证期间，是指依照法律规定或者保证合同的约定，保证人对履行期届满的主债务承担保证的期间。保证人只在规定或约定的保证期间内承担保证责任，超过了保证期间，即使债务人未履行债务，保证人也不再承担保证责任。

106. 什么是一般保证的保证期间？

一般保证的保证期间，是指保证合同当事人依照法律规定或者保证合同约定，一般保证的保证人对履行期届满的债务承担保证责任的期间。保证期间是保证人承担保证责任的时间段，应当在保证合同中明确约定，如一般保证的保证人与债权人未约定保证期间的，保证期间为主债务履行期满之日起六个月。此外，依据《担保法解释》第三十二条规定：“保证合同约定的保证期间早于或者等于主债务履行期限的，视为没有约定，保证期间为主债务履行期届满之日起六个月。”保证合同约定保证人承担保证责任直至主债务本息还清时为止等类似内容的，视为约定不明，保证期间为主债务履行期届满之日起两年。依据《中华人民共和国担保法》第二十五条第二款：“在合同约定的保证期间和前款规定的保证期间，债权人未对债务人提起诉讼或者申请仲裁的，保证人免除保证责任；债权人已提起诉讼或者申请仲裁的，保证期间适用诉讼时效中断的规定。”即一般保证的债权人在保证期间届满前对债务人提起诉讼或者申请仲裁的，从判决或者仲裁裁决生效之日起，开始计算保证合同的诉讼时效。

107. 什么是连带责任保证的保证期间？

所谓连带责任保证的保证期间是指连带责任保证合同当事人依照法律规定或者保证合同约定，连带责任保证的保证人对履行期届满的债务承担保证责任的期间。连带责任保证期间一般由保证人与债权人在保证合同中约定，如连带责任保证的保证人与债权人未约定保证期间的，债权人有权自主债务履行期届满之日起六个月内要求保证人承担保证责任。在合同约定的保证期间和前款规定的保证期间内，债权人未要求保证人承担保证责任的，保证人免除保证责任。

108. 保证期间与诉讼时效期间的关系如何？

诉讼时效期间是权利受到损害时请求司法保护的期间。诉讼时效期间是法定的，不能由当事人约定，根据法律规定，保证合同的诉讼时效期间为两年。依据《担保法解释》第三十四条之规定，一般保证的债权人在保证期间届满前对债务人提起诉讼或者申请仲裁的，从判决或者仲裁裁判生效之日起，开始计算保证合同的诉讼时效。连带责任保证的债权人在保证期间届满前要求保证人承担保证责任的，从债权人要求保证人承担保证责任之日起，开始计算保证合同的诉讼时效。根据《担保法解释》第三十六条之规定，主债务的诉讼时效与保证债务的诉讼时效之间的关系表现在三个方面：①在一般保证中主债务的诉讼时效中断，保证债务的诉讼时效中断；②在连带责任保证中，主债务诉讼时效中断，保证债务的诉讼时效不中断；③在一般保证和连带责任保证中，主债务诉讼时效中止，保证债务的诉讼时效同时中止。

109. 什么是债权让与？债权让与对保证人有何影响？

所谓债权让与是指债权人在不改变债的内容的情况下将其债权移转于第三人享有。债权让与分部分转让和全部转让两种。债权部分让与是指受让的第三人加入原债的关系，与原债权人共享债权；债权的全部让与是指原债权人将其债权全部让与第三人，该第三人取代原债权人成为债的关系的新的债权人。

在保证期间，债权人依法向第三人转让主债权时，作为债权人所享有的保证债权，将随之一并转移给新的债权人，在此情况下保证人的保证责任并不免除也无须征得保证人的同意，保证人仍在原保证合同所约定的范围内承担保证责任。当然，若在保证合同中保证人与债权人事先明确约定主债权不得转让，或者在主债权让与的情况下，保证人不再承担保证责任等情况下，则保证人在主债权让与时即可免责。

110. 什么是债务转让？债务转让对保证人有何影响？

所谓债务转让，又称债务移转，是指在保持债的客体、内容同一性的前提下，将原债务人所承担的债务全部或部分地转移于第三人，由第三人代替原债务人或由第三人和原债务人共同履行原债务。债务转让分为债务全部转让和债务部分转让，债务全部转让是第三人取代原债务人而承担全部债务，从而使原债务人脱离债务关系。债务部分转让是指原债务人并不脱离债务关系，而第三人又加入了债务关系，与债务人共同承担债务。

在保证期间内，债权人许可债务人转让债务的，若已取得保证人同意，则保证人应对原债务承担保证责任；若未取得保证人同意，则保证人对原债务不承担保证责任。

111. 主合同内容变更对保证人有何影响？

所谓主合同内容变更，是指债权人和债务人在不改变主合同主体的前提下，在平等协商的基础上达成协议，对合同的标的、质量、数量，履行和其他权利义务条款进行修改、扩张、限制等。

依据《中华人民共和国担保法》第二十四条和《担保法解释》第三十条之规定，主合同内容的变更对保证人保证责任的影响如下：

（1）债权人与债务人协议变更主合同内容时，如已取得保证人书面同意的，保证人继续承担保证责任。

（2）债权人和债务人协议变更主合同内容时，如未经保证人书面同意的，保证人不再承担保证责任。保证合同另有约定的，按照约定。但是，保证期间，债权人与债务人对主合同数量、价款、币种、利率等内容作了变动，未经保证人同意的，如果减轻债务人的债务的，保证人仍应当对变更后的合同承担保证责任；如果加重债务人的债务的，保证人对加重的部分不承担保证责任。如债权人与债务人协议变动主合同内容，但并未实际履行的，保证人仍应当承担保证责任。

112. 什么是保证人的抗辩权？

所谓保证人的抗辩权，是指债权人行使债权时，因出现保证人暂不承担、免除或不承担担保责任的法定事由，保证人因此暂不代为、不代为或不代替债务人履行债务，以抗辩债权人或债务人的一种权利。保证人的抗辩权主要有：①享有债务人的抗辩权；②一般保证人享有的先诉抗辩权；③物保与人保同存时，保证人享有抗辩权；④其他。

113. 保证人享有债务人的抗辩权有哪些？

《中华人民共和国担保法》第二十条第一款规定："一般保证和连带责任保证的保证人享有债务人的抗辩权。债务人放弃对债务抗辩权的，保证人仍有抗辩权。"保证人享有债务人抗辩种类主要有：

（1）同时履行抗辩权。《中华人民共和国合同法》第六十条规定："当事人互负债务，没有先后履行顺序的，应当同时履行。一方在对方未履行之前有权拒绝其履行请求。一方在对方履行债务不符合约定时，有权拒绝其对应的履行请求。"

（2）不安履行抗辩权。《中华人民共和国合同法》第六十八规定："应当先履行债务的当事人，有证据证明对方有下列情形之一的，可以中止履行：①经营状况严重恶化的；②转移财产、抽逃资金，以逃避债务的；③严重丧失商业信誉的；④有其他丧失或者可能丧失履行债务能力情形的。"该法第六十九条规定："当事人依照本法第六十八条的规定中止履行的，应当及时通知对方。对方提供适当担保时，应当恢复履行。中止履行后，对方在合理期限内未恢复履行能力，也未提供适当担保的，中止履行的一方可以解除合同。"

（3）消灭抗辩权。主债务因履行、抵销、免除、混同、提存等原因消灭时，保证人则可主张债权人的请求权消灭，而拒绝履行。

（4）抵销抗辩权。是指主债务人对债权人享有其他债权时，保证人可以据此要求债权人以抵销债务人的债权，而消除自己的其他义务，并同时满足自己的债权，在此情况下，保证人可以拒绝履行自己的保证义务。

114. 物保与人保同时存在时，保证人享有什么样的抗辩权？

《中华人民共和国担保法》第二十八条规定："同一债权既有保证又有物的担保的，保证人对物的担保以外的债权承担保证责任。债权人放弃物的担保的，保证人在债权人放弃权利的范围内免除保证责任。”即保证人享有同一债权因设置物权担保而免除物权担保部分的抗辩权。另外，依据《担保法解释》第三十八条规定：“同一债权既有保证又有第三人提供物的担保的，债权人可以请求保证人或者物的担保人承担担保责任。当事人对保证担保的范围或者物的担保的范围没有约定或者约定不明的，承担了担保责任的担保人，可以向债务人追偿，也可以要求其他担保人清偿其应当分担的份额。同一债权既有保证又有物的担保的，物的担保合同被确认无效或者被撤销，或者担保物因不可抗力的原因灭失而没有代位物的，保证人仍应当按合同的约定或者法律的规定承担保证责任。债权人在主合同履行期届满后怠于行使担保物权，致使担保物的价值减少或者毁损、灭失的，视为债权人放弃部分或全部物的担保。保证人在债权人放弃权利的范围内减轻或者免除保证责任。”

115. 法律规定保证人不承担民事责任的情形有哪些？

依据《中华人民共和国担保法》有关规定，有下列情形之一的，保证人不承担民事责任：

（1）主合同当事人双方串通，骗取保证人提供保证的。

（2）主合同债权人采取欺诈、胁迫等手段，使保证人在违背真实意思的情况下提供的。

（3）主合同债务人采取欺诈、胁迫等手段，使保证人在违背真实意思情况下提供保证的，债权人知道或者应当知道欺诈、胁迫的。

（4）主合同当事人双方协议新贷偿还旧贷，除保证人知道或者应当知道的外，保证人不承担民事责任，新贷和旧贷系同一保证人的不适用该规定。

（5）债权人知道或者应当知道债务人破产，既未申报债权也未通知保证人，致使保证人不能预先行使追偿权的，保证人在该债权人在破产程序中可能受偿的范围内免除保证责任。

（6）保证期间，债权人未经保证人同意，许可债务人转让债务的，保证人对其未同意转让的债务不再承担保证责任。

（7）债权人与债务人协议变更主合同内容未经保证人书面同意，且原保证合同又未约定的，如果加重债务人的债务的，保证人对加重的部分不再承担保证责任。

（8）同一债权既有保证又有物的担保的，保证人对物的担保以外的债权承担保证责任。债权人放弃物的担保，保证人在债权人放弃权利的范围内免除保证责任。

116. 注册资金不实时，保证人应承担的法律责任是什么？

所谓注册资金，是指国家授予企业法人经营管理的财产或法人自有的数额体现。关于注册资金担保的法律责任问题，依据《担保法解释》第二十七条规定："保证人对债务的注册资金提供担保的，债务人的实际投资与注册资金不符，或者抽逃转移注册资金的，保证人在注册资金不足或者抽逃转移注册资金的范围承担连带保证责任。"

117. 验资机构提供虚假验资报告要承担什么样的法律责任？

虚假验资报告是指验资报告中的金额与企业实有资金数额存在着重大差别的验资报告。根据有关法律规定，注册会计师提供虚假验资报告的法律责任可分为三类：

（1）行政责任。指注册会计师违法了法律、法规的有关规定，政府主管部门将依法对其进行行政处罚，包括对会计师事务所给予警告、没收违法所得、罚款、暂停营业、撤销；对注册会计师给予警告、暂停营业和吊销证书。

（2）民事责任。指注册会计师和会计师事务所提供虚假验资报告，给委托人、其他利害关系人造成经济损失的，应承担相应的民事赔偿。

（3）刑事责任。指会计师事务所和注册会计师在验资时犯有刑法禁止的行为，构成犯罪的，应受到刑事追究。

118. 什么是抵押？

关于抵押，《中华人民共和国担保法》第三条对抵押的概念作了明确的规定："本法所称抵押，是指债务人或者第三人不转移对本法第三十四条所列财产的占有，将该财产作为债权的担保。债务人不履行时，债权人有权依照本法规定以该财产折价或者以拍卖、变卖该财产的价款优先受偿。前款规定的债务人或者第三人为抵押人，债权人为抵押权人，提供作担保的财产为抵押物。"

119. 什么是抵押权？

抵押权是指债权人对债务人或第三人提供的，不转移占有而作为债务履行担保的财产，于债务人不履行债务时，得就其价值（折价或变卖所得的价款）

优先受偿的权利。在抵押权关系中，享有抵押权的债权人称为抵押权人；提供担保财产的债务人或第三人，称为抵押人；抵押人提供的担保财产，称为抵押物或抵押财产。

抵押权具有如下特征：

（1）抵押权是物权。主要表现在以下方面：一是抵押权以特定的抵押物为客体；二是抵押权人虽然不占有抵押物，但对抵押物仍有一定的支配力；三是抵押权也具有一定的物上请求效力，在抵押权存续期间，如抵押人的行为导致抵押物价值减少，抵押权人有权请求抵押人停止其行为并修抵押物，以恢复抵押物原有的价值；四是抵押权也具有物权的排他性，如抵押权人可排除抵押人的其他债权人，就抵押物的价值优先受偿。

（2）抵押权为担保物权，抵押权的设立目的在于利用财产的交换价值担保债权获得清偿，故抵押权为担保物权。

（3）抵押权具有从属性，这是由抵押权担保债履行的目的性所决定的，抵押权从属于被担保的债权。其一，成立上的从属性。抵押权的有效成立以被担保的债权的有效成立为前提，没有有效成立的债权，就不可能设定有效的抵押权。其二，移转上的从属性。抵押权随债权的转让而转让。抵押权人既不能单独转让抵押权而保留债权，也不能单独转让债权而保留抵押权。其三，消灭上的从属性。抵押权随债权的消灭而消灭。被担保的债权消灭后，抵押权因失去存在的前提而消灭。

（4）抵押权具有不可分性。抵押权的不可分性表现在抵押权设定后，债权人得就抵押财产之全部行使抵押权，抵押财产分割、部分让与，债权分割、部分让与或部分清偿都不影响抵押权。基于抵押权的不可分性，《担保法解释》第七十一条、第七十二条作了如下规定：“主债权未受清偿的，抵押权人可以就抵押物的全部行使抵押权。抵押物被分割或者部分转让的，抵押权人可以就分割或者转让后的抵押物行使抵押权。”“主债权被分割或者部分转让的，各债权人可以就其享有的债权份额行使抵押权。”

（5）抵押权具有优先受偿权。主要表现在：一是有抵押权的债权人，对抵押物的变价有优先于无抵押权的债权人而受偿的权利。二是在同一标的物上有数个抵押权的，发生在先的抵押权先于发生在后的抵押权而优先就标的物受偿。

（6）抵押权的物上代位性。即当抵押物灭失而使抵押物的所有人（抵押人）获得赔偿请求权时，抵押权人的担保物权可就此请求权而继续存在，即抵押权人可以就该物的赔偿金优先受偿。

（7）抵押权具有追及性。即抵押权所具有的使抵押权人得跟踪抵押财产而行使抵押权的法律效力。《中华人民共和国担保法》第四十九条第三款规定："抵押人转让抵押物所得的价款，应当向抵押权人提前清偿所担保的债权或者与抵押权人约定的第三人提存。超过债权数额的部分，归抵押人所有，不足部分由债务人清偿。"

120. 抵押权如何分类？

抵押权根据不同的标准，可进行不同的分类：

（1）根据抵押人的身份不同，分为债务人提供的抵押权和第三人提供的抵押权。债务人提供的抵押权是指债务人以自己的财产设立抵押，债务人为抵押人。第三人提供的抵押权是指合同当事人之外的第三人提供的财产为合同的债务人提供担保，该第三人为抵押人。

（2）根据被担保的债权是否特定分为普通抵押权和最高额抵押权。

普通押权是指抵押所担保的债权是特定的，在设立抵押时，债权已现实存在。最高额抵押是指抵押人与抵押权人协议，在最高债权额限度内，以抵押物对一定期间内连续发生的债权作担保。

（3）根据抵押权的标的不同，可将抵押权分为不动产抵押权、动产抵押权和权利抵押权。

（4）根据抵押权是否进行登记，可将抵押权分为登记抵押权和非登记抵押权。登记抵押权是指在设定时经过登记机关登记的抵押权。根据《中华人民共和国担保法》第四十一条规定："当事人以本法第四十二条规定的财产抵押的，应当办理抵押登记，抵押合同自登记之日起生效。"以《中华人民共和国担保法》第四十二条所列财产进行抵押时，应办理抵押登记，即属登记抵押权。非登记抵押权，是指在设定时不必经过登记机关的抵押权。即对《中华人民共和国担保法》第四十二条所列财产以外的财产进行规定抵押的，抵押权可以自抵押合同订立之日设立，但当事人未进行抵押权登记的，其抵押权不发生对抗第三人的效力。

（5）根据抵押物的数量不同，可将抵押权分为单一抵押权、共同抵押权和财团抵押权。单一抵押权是指在特定的某一财产上设定的抵押权。共同抵押权是指为了同一债权的担保而在数个不同的财产上设定的抵押权。财团抵押权是指抵押人以其所有的动产、不动产及群体性财产的集中体作为抵押权客体而进行的抵押。

121. 抵押权的取得方式有哪些？

抵押权的取得方式有原始取得和继受取得两种：

（1）原始取得是因一定的事实或行为而产生或创设的抵押权，主要有：

约定抵押权，即当事人通过订立合同而设定的抵押权，民法上的抵押权，一般为约定抵押权。

法定抵押权，是指依照法律规定而取得的抵押权。如《中华人民共和国合同法》第二百八十六条规定："发包人未按照约定支付价款的，承包人可以催告发包人在合理期限内支付价款。发包人逾期不支付的，除按照建设工程的性质不宜折价、拍卖的以外，承包人可以与发包人协议将该工程折价，也可以申请人民法院将该工程依法拍卖。建设工程的价款就该工程折价或者拍卖的价款优先受偿。"即为工程承包人所有的法定抵押权。

（2）抵押权的继受取得是指通过继承、承受或受让而获得已经存在的抵押权，主要有：①抵押权的继承，指当抵押权人死亡后，继承人在继承抵押权的债权的同时，可以继承抵押权人的抵押权；②抵押权的承受，指当抵押权人（法人）发生合并或分立时，由合并后或分立后的法人取得抵押权；③抵押权的受让，指债权发生转让时，抵押权随债权一并转让与受让人享有。

122. 抵押合同的主要内容有哪些？

依据《中华人民共和国担保法》第三十九条规定，抵押合同应当具备下列内容：

（1）抵押合同当事人具体情况，包括抵押人和抵押权的姓名或名称、住址等，表明以谁的财产为谁的债权担保。

（2）被担保的主债权的种类、数额。

（3）债务人履行的期限。因为只有在债务人履行债务期限届满，抵押权人的债权未受清偿，才能行使抵押权，所以债务履行期限对抵押合同来说非常重要。

（4）抵押物的名称、数额、质量、状况、所在地、所有权权属或者使用权权属。

（5）抵押担保的范围。即抵押物担保的债权的范围。

（6）当事人认为需要约定的其他事项。

123. 什么是抵押物？抵押物的范围是什么？

所谓抵押物是指由债务人或第三人享有的，用来在其上设置抵押权的标的物。

依据《中华人民共和国担保法》第三十四条之规定，下列财产可以作为抵押物：

（1）属于抵押人所有的房屋和其他地上定着物，包括树木、庄稼、植被和其他设施，如鱼塘、水利设施、建筑物等。

（2）抵押人依法有权处分的国有土地使用权、房屋和其他地上定着物、国有的机器、交通运输工具和其他财产等。

（3）抵押人所有的机器设备、车辆、船舶、航空器等交通运输工具和其他财产。

（4）抵押人依法承包并经发包方同意抵押的荒山、荒沟、荒丘、荒滩等荒地的土地使用权。但抵押的期限不得超过承包合同中规定的使用期。

（5）法律规定可以抵押的其他财产。

124. 哪些财产禁止作为抵押物？

根据《中华人民共和国担保法》第三十七条之规定禁止作为抵押物的财产有：

（1）土地所有权不得抵押。根据《中华人民共和国宪法》和《中华人民共和国土地管理法》之规定，城市市区的土地属于全民所有即国家所有，农村和城市郊区的土地，除法律规定属于全民所有以外，属于集体所有，使用人只有使用权，没有所有权。故土地所有权不能抵押。

（2）耕地、宅基地、自留地、自留山等集体所有的土地使用权、除依法可以抵押的外，不得抵押。

（3）以公益为目的的事业单位，社会团体的教育设施，医疗卫生设施和其他社会公益设施不得抵押。

（4）所有权、使用权不明或者有争议的财产不能抵押。

（5）被人民法院在审理或者执行过程中查封、扣押的财产，属于海关监管的财产不能抵押。

（6）依法不得抵押的其他财产。如违法、违章建筑物等不得抵押。

125. 什么是抵押登记？抵押登记有什么作用？

所谓抵押登记，是指抵押物登记机关根据当事人申请，依照法定程序，将抵押物上设定的抵押权及抵押权变更、终止等记载于特定的抵押物登记簿上的行为。

抵押登记的主要作用在于体现公示、公信原则。根据我国《中华人民共和国担保法》第四条、第四十二条、第四十三条之规定，无论是以不动产设定抵押权，还是以动产设定抵押权，其公示方式均为登记，根据物权法原理，公示产生公信。即有抵押登记的公示，便会产生抵押登记的公信力。

（1）公示原则。物权的公示是指物权享有及变动的可取信于社会公众的外部表现形式。物权之所以需要公示，是由物权的特性决定的，物权是绝对权，具有排他性。要发挥物权的排他作用、防止人对物的争存、对他人财产的侵犯，法律就必须明确规定物权的公示方法，使人通过一定的外部形态（外观），一见而知某人对某物享有物权，某物的物权在某人之间发生了移转。从而既维护了当事人的利益，也保护了第三人免遭受损害。

（2）公信原则。物权登记的公信力是指物权登记机关在其物权登记簿上所作的各种登记，具有使社会公众相信其正确、全面的效力。基于物权登记的公信力，即使登记错误或有遗漏，因相信登记正确、全面，与登记名义人（指登记簿上记载的物权人）进行交易的善意第三人，其所得利益受法律保护。

126. 抵押登记有什么样的法律效力？

抵押登记的法律效力是指抵押物登记行为所产生的法律效果，即该登记行为在法律上有何效力。在抵押登记的法律效力问题上，我国担保法原则上采用登记成立主义（即非经登记不得设定抵押权），例外采用意思主义（抵押合同依法签订，即产生设定抵押权的效果）。按照《中华人民共和国担保法》第四十一条的规定：①以无地上定着物的土地使用权抵押的；②以城市房地产或者乡（镇）、村企业的厂房等建筑物抵押的；③以林木抵押的；④以航空器、船舶、车辆抵押的；⑤以企业的设备和其他动产抵押的，都必须经过主管部门登记，抵押权才能成立。以其他财产进行抵押的，按《中华人民共和国担保法》第四十三条的规定，抵押权可以自抵押合同订立之日起设立，但当事人未进行抵押权登记的，其抵押权不发生对抗第三人的效力。

127. 抵押登记部门都有哪些？

关于抵押登记的部门，按《中华人民共和国担保法》第四十二条、第四十三条的规定，分别是：

（1）以无地上定着物的土地使用权抵押的，为核发土地使用权证书的土地管理机关。根据《中华人民共和国土地管理法》的规定，核发这些无地上定着物的土地的土地使用权证书，由县级以上人民政府的土地管理部门负责，土地使用证书由哪级的土地管理部门颁发，土地使用者就应在哪个部门办理抵押物登记。

（2）以城市房地产或乡（镇）、村企业厂房等建筑物抵押的，为县级以上的地方人民政府规定的部门。

（3）以林木为抵押的，为县级以上林木主管机关。即核发该林木林地所有权或者使用权证书的县以上人民政府的林木主管部进行登记。

（4）以航空器、船舶、车辆抵押的，为运输工具的登记部门。即分别以该运输工具的登记部门办理抵押登记。

（5）以企业的设备和其他动产抵押的，为财产所在地工商行政管理机关。

（6）当事人以《中华人民共和国担保法》第四十二条所列财产以外的其他财产进行抵押的，为抵押人所在地的公证机关。

128. 同一物之上重复设立抵押时，各抵押权顺序如何确定？

重复抵押时，各抵押权的优先顺序问题，根据《中华人民共和国担保法》第五十四条的规定，应区分两种不同的情况：

（1）抵押权自抵押登记之日设立的，应按照抵押登记的先后顺序确定各抵押权的优先顺序。时间相同的其受偿顺序相同，各抵押权人按照债权比例就抵押物的价值受偿。

（2）抵押权自抵押合同签订之时设立的，已进行抵押登记的按登记时间的先后确定优先顺序；登记时间相同的，顺序相同，各抵押权人按债权比例就抵押物的价值受偿。都未登记的，按抵押合同生效时间的先后确定各抵押权的优先顺序；顺序相同，各抵押权人按债权比例就抵押物的价值受偿。有经登记的，也有未经登记的，已经登记的其顺序先于未经登记的。

但有时也会出现这样的情况：登记在后的抵押权所担保的债权清偿期先于登记在前的抵押权所担保的债权清偿期，在这种情况下，登记在后的抵押权人只能就抵押物价值超出顺序在先的抵押担保债权的部分受偿。

129. 什么是抵押期间?

所谓抵押期间，是指根据法律规定，抵押权人能够行使抵押权的有效期间，系抵押权的有效存续期间。目前我国《中华人民共和国担保法》未规定抵押期间。另据《担保法解释》第十二条第一款规定：“当事人约定的或者登记部门要求登记的担保期间，对担保物权的存续不具有法律约束力，”即当事人约定的或登记部门登记的抵押期间对抵押权没有法律效力。

130. 什么是除斥期间?

所谓除斥期间，是指法律规定的某项权利的存续期间，期间届满后，权利归于消灭。除斥期间为不变期间，不能中止、中断和延长，自权利成立时计算，期间届满时使权利本身消灭。

131. 如何理解抵押权行使的除斥期间?

抵押权行使的除斥期间是指法律规定抵押权在一定时期内不行使，抵押权消灭的法律制度，即除斥期间届满后，无论发生什么情况，抵押权均发生消灭。《担保法解释》第十二条第二款规定：“担保物权所担保的债权的诉讼时效结束后，担保权人在诉讼时效结束后的二年内行使担保物权的，人民法院应当予以支持。”此二年的法定期间，性质上为除斥期间。

132. 抵押权的效力主要表现在哪些方面?

抵押权的效力是指抵押权人就抵押财产在担保债权的范围内优先受偿的效力及对其他财产的限制的影响力。在担保债权的范围内，抵押权人为实现自己利益的行为在法律上均被认为是正当的行为。超过这个范围则否。抵押权的效力源于抵押权法律制度的各种规定，直接表现为抵押权人的法定权利，相应地反应出关系人的法定对应义务。

抵押权的效力主要表现在以下方面：

1. 抵押权的效力范围

抵押权的效力范围问题包括以下两个方面：

（1）抵押权所担保的债权范围。我国《中华人民共和国担保法》第四十六条规定："抵押担保的范围包括主债权及利息、违约金、损害赔偿金和实现抵押权的费用。抵押合同另有约定的，按照约定。"依《中华人民共和国担保法》之规定，抵押权担保的债权范围可以由当事人在合同中约定为全额担保或部分担保；没有明确约定为部分担保的，推定为全额担保。全额担保的范围为债权实际清偿时所存在的范围，包括：主债权又称本债权，原债权，在借款合同中即指借款本金；利息，指由主债权（即借款本金）所生的孳息，利息须为合法的利息，利息率不得超过法定利息率的最高限额，超出部分无效，不得作为抵押担保的债权。同时，须明确利息除借款债权的利息外还应包括其他类似于利息的债权受偿，如租金、使用权及其他定期支付的债权收益；违约金，即债务已届清偿期后，债务人不履行义务而致的向债权人支付一定数量的货币；损害赔偿金，指行为人由于违约行为而给对方造成的损失时，依法承担的赔偿责任；实现抵押权的费用，指用于实行抵押权而为的支出，在借款合同中，主要表现为实现债权时的差旅费用、诉讼费用等。

（2）抵押权效力所及财产范围。抵押权的效力不仅及于抵押物本身，还及于抵押物的从物、添附物以及抵押物扣押期间所生的孳息。关于抵押物的从物，《担保法解释》第六十三条做了这样的规定："抵押权设定前为抵押物的从物的，抵押权的效力及于抵押物的从物。但是，抵押物与其从物为两个以上的人分别所有的，抵押权的效力不及于抵押物的从物。"对于抵押物的添附物，《担保法解释》第六十二条做了这样的规定："抵押物因附合、混合或者加工使抵押物的所有权为第三人所有的，抵押权的效力及于补偿金；抵押物所有人为附合物、混合物或者加工物的所有人的，抵押物的效力及于附合物、混合物或者加工物；第三人与抵押的所有人为附合物、混合物或者加工物的共有人的，抵押权的效力及于抵押人对共有物享有的份额。"关于抵押物扣押期间的孳息，《中华人民共和国担保法》第四十七条规定："债务履行期届满，债务人不履行债务致使抵押物被人民法院依法扣押的，自扣押之日起抵押权人有权收取由抵押物分离的天然孳息以及抵押人就抵押物可以收取的法定孳息。抵押权人未将扣押抵押物的事实通知应当清偿法定孳息的义务人的，抵押权的效力不及于该孳息。前款孳息应当先抵收取孳息的费用。”

2. 抵押权优先受偿效力

抵押权的优先受偿效力是指抵押权所具有的使抵押权人得就抵押财产的价值优先于其他债权人而受清偿的效力。按抵押权的优先受偿效力，抵押财产拍卖后，其拍卖所得价款应优先清偿抵押权人的债权，待抵押权人受抵押财产担保的债权全部清偿后，才能清偿抵押人其他债权人的债权。

当抵押权、质权、留置权并存时，各担保物权的优先顺序问题依《担保法解释》第七十九条规定：“同一财产法定登记的抵押权与质权并存时，抵押权人优先于质权人受偿。同一财产抵押权与留置权并存时，留置权人优先于抵押权人受偿。”

3. 抵押的保全效力

抵押权的保全效力是指抵押权所具有的使抵押权人有采取必要措施以保全抵押财产价值的法力。抵押权为价值物，当抵押财产价值减少时，即意味着抵押权人的抵押权受到侵害，抵押权人也就因此而享有采取必要措施以保全抵押财产价值的权利。我国《中华人民共和国担保法》第五十一条规定：“抵押人的行为足以使抵押物价值减少的抵押权人有权要求抵押人停止其行为。抵押物价值减少时，抵押权人有权要求抵押人恢复抵押物的价值，或者提供与减少的价值相当的担保。抵押人对抵押物的价值减少无过错的，抵押权人只能在抵押人因损害而得到的赔偿范围内要求提供担保。抵押物价值未减少部分，仍作为债权的担保。”《担保法解释》第七十条还进一步补充规定：“抵押人的行为足以使抵押物价值减少的，抵押权人请求抵押人恢复原状或提供担保遭拒绝时，抵押权人可以请求债务人履行债务，也可以请求提前行使抵押权。”

4. 抵押权的物上代位效力

物上代位是指权利标的物之替换，即由一物替代权利的标的物。抵押权为价值权，重在就标的物的价值优先受偿。因此，当抵押物灭失而使抵押物的所有人（抵押人）获得赔偿请求权时，此赔偿请求权为原抵押物的对价，抵押权人的担保物权可就此请求权而继续存在。依据《中华人民共和国担保法》第五十八条："抵押权因抵押物灭失而消灭。因灭失所得的赔偿金，应当作为抵押财产。"即抵押权人有权就该赔偿金优先受偿。

5. 抵押权的追及效力

抵押权的追及效力是指抵押权所具有的使抵押权人得跟踪抵押财产而行使抵押权的法律效力。抵押权的追及效力涉及抵押物的转让与出租两个问题。

（1）抵押物的转让。财产抵押后，只是为债权人设定了具有他物权性质的抵押权，抵押人并不因此而丧失财产所有权，因此，抵押人仍可以出卖方式处分抵押财产。为解决抵押人转让抵押物与维护抵押权人的利益、抵押物受让人利益的矛盾、冲突，我国《中华人民共和国担保法》第四十九条规定："抵押期间，抵押人转让已办理登记的抵押物的，应当通知抵押权人并告知受让人转让物已经抵押的情况；抵押人未通知抵押权人或者未告知受让人的，转让行为无效。转让抵押物的价款明显低于其价值的，抵押权人可以要求抵押人提供相应的担保；抵押人不担保的，不得转让抵押物。抵押人转让抵押物所得的价款，应当向抵押权人提前清偿所担保的债权或者向与抵押权人约定的第三人提存。超过债权数额的部分，归抵押人所有，不足部分由债务人清偿。"《担保法解释》第六十七条进一步规定："抵押权存续期间，抵押人转让抵押物未通知抵押权或者未告知受让人的，如果抵押物已经登记的，抵押权人仍可以行使抵押权；取得抵押物所有权的受让人，可代替债务人清偿其全部债务，使抵押权消灭。受让人清偿债务后可以向抵押人追偿。如果抵押物未经登记的，抵押权不得对抗受让人，因此给抵押权人造成损失的，由抵押人承担赔偿责任。"另据《中华人民共和国担保法》第六条的规定，抵押物的无偿转移，包括赠予、继承和遗赠，对抵押权不产生影响，即抵押权对抵押物的受赠人、继承人、受遗赠人具有追及效力。

（2）抵押物出租。按《担保法解释》第六十五条和第六十六条规定，抵押物出租，无论是抵押前出租的或者抵押后出租的，抵押物的出租均不影响抵押权，同时，抵押权的存在也不影响承租人的权利。

133. 如何理解抵押权与租赁权的关系？

所谓租赁权，是指承租人依据租赁合同所取得的权利，即承租人依据租赁合同约定方法对租赁物有使用、收益权利。

抵押权与租赁权的关系，指一物之上抵押权与租赁权同时存在，当两者发生冲突时，哪个权利效力优先的问题。抵押权和租赁权的关系，有两种情形：

（1）租赁权发生在先，抵押权发生在后。《担保法解释》第六十五条规定："抵押人将已出租的财产抵押的，抵押权实现后，租赁合同在有效期内对抵押物的受让人继续有效。"即在租赁合同有效期间，受让人不能请求承租人返还租赁物。

（2）抵押权发生在先，租赁权发生在后。《担保法解释》第六十六条规定："抵押人将已抵押的财产出租的，抵押权实现后，租赁合同对受让人不具约束力。抵押人将已抵押的财产出租时，如果抵押人未书面告知承租人该财产已抵押的，抵押人对出租抵押物造成承租人的损失承担赔偿责任；如果抵押人已书面告知承租人该财产已抵押的，抵押权实现造成承租人的损失，由承租人自己承担。"即受让人有权请求承租人返还租赁物。

134. 抵押权对抵押物转让有何效力？

抵押权设立的目的，在于担保主债权的实现，抵押人并不因此而丧失财产所有权，因此抵押人仍有权依法处分该财产，但抵押人对抵押物的处分要依法受到抵押权的限制，对此，我国《中华人民共和国担保法》第四十九条做了明确的规定：

（1）抵押物转让在程序上的限制。《中华人民共和国担保法》第四十九条第一款规定："抵押期间，抵押人转让已办理登记的抵押物的，应当通知抵押权人并告知受让人转让物已抵押的情况；抵押人未通知抵押权人或者未告知受让人的，转让行为无效。"《担保法解释》第六十七条规定："抵押权存续期间，抵押人转让抵押物未告知抵押权人或者未告知受让人的，如果抵押物已经登记的，抵押权人仍可以行使抵押权；取得抵押物所有权的受让人，可以代替债务人清偿其全部债务，使抵押权消灭。受让人清偿债务后可以向抵押人追偿。如果抵押物未经登记的，抵押权不得对抗受让人，因此给抵押权人造成损失的，由抵押人承担赔偿责任。"

（2）抵押物在内容上的限制。《中华人民共和国担保法》第四十九条第二款规定："转让抵押物的价款明显低于其价值，抵押权人可以要求抵押人提供相应的担保；抵押人不提供的，不得转让抵押物。”从而维护抵押权人的担保利益。

（3）抵押物转让在后果上的限制。《中华人民共和国担保法》第四十九条第三款规定：“抵押人转让抵押物所得的价款，应当向抵押权人提前清偿所担保的债权，或者向与抵押权人约定的第三人提存。超过债权数额的部分，归抵押人所有，不足部分由债务人清偿。”

135. 抵押权所担保的债权范围包括哪些?

《中华人民共和国担保法》第四十六条规定：“抵押担保的范围包括主债权及利息、违约金、损害赔偿金和实现抵押权的费用。抵押合同另有约定的按照约定。”依本法之规定，抵押权担保的债权范围可以由当事人在合同中约定为全额担保或部分担保；没有明确约定为部分担保的，推定为全额担保。全额担保的范围为债权实际清偿时所存在的范围，包括主债权及利息、违约金、损害赔偿金和实现抵押权的费用。

（1）主债权。主债权又称本债权，在借款合同中即指借款本金。

（2）利息。利息是指主债权所生的孳息。关于利息问题，应注意，抵押权所及利息必须是合法的利息，即利息率不得超过法定利息率的最高限额，超出部分无效，不得作为抵押担保的债权。另外，《中华人民共和国合同法》第二百零七条规定：“借款人未按照约定的期限返还借款的，应当按照约定或者国家有关规定支付逾期利息。”

（3）违约金。指当事人在合同中约定或者由法律所规定的，一方违约时向对方支付一定数量的货币。

（4）损害赔偿会。指违约方不履约给对方造成损失时依法承担的赔偿金。

（5）实现抵押权的费用。指由于实行抵押权而为的支出。主要表现为实现债权时的差旅费用、诉讼费用等。

136. 如何理解抵押权的追及效力?

抵押权的追及效力是指抵押权所具有的使抵押权人得跟踪抵押财产而行使抵押权的法律效力。但这种追及效力并不是绝对的，在法律上为维护交易安全，确立了善意取得制度，使有偿的善意取得人，对原物权人有抗辩权，可阻断其追索。

依我国《中华人民共和国担保法》第四十九条规定：“抵押期间，抵押人转让已办理登记的抵押权的，应当通知抵押权人并告知受让人转让物已经抵押的情况；抵押人未通知抵押权人或者未告知受让人的，转让行为无效。转让抵押物的价款明显低于其价值的，抵押权人可以要求抵押人提供相应的担保；抵押人不提供的，不得转让抵押物。抵押人转让抵押物所得的价款，应当向抵押权人提前清偿所担保的债权或者向与抵押权人约定的第三人提存。超过债权数额的部分，归抵押人所有，不足部分由债务人清偿。”《担保法解释》第六十七条规定：“抵押权存续期间，抵押人转让抵押物未通知抵押权人或者告知受让人的，如果抵押物已经登记的，抵押权人仍可以行使抵押权；取得抵押物所有权的受让人，可以代替债务人清偿其全部债务，使抵押权消灭。受让人清偿债务后可以向抵押人追偿。如果抵押物未经登记的，抵押权不得对抗受让人，因此给抵押权人造成损失的，由抵押人承担赔偿责任。”

另据《担保法解释》第六十八条规定，抵押物的无偿转移，包括赠与、继承和遗赠，对抵押权不生影响，即抵押权对抵押物的受赠人、继承人、受遗赠人具有追及效力。

137. 抵押权人对抵押物价值享有哪些权利?

《中华人民共和国担保法》第五十一条规定：“抵押人的行为足以使抵押物的价值减少的，抵押权人有权要求抵押人停止其行为。抵押物价值减少时，抵押权人有权要求抵押人恢复抵押物的价值，或者提供与减少的价值相当的担保。抵押人对抵押物价值减少无过错的，抵押权人只能在抵押人因损害而得到的赔偿范围内要求提供担保。抵押物价值未减少部分，仍作为债权的担保。”《担保法解释》第七十条进一步规定：“抵押人的行为足以使抵押物价值减少的，抵押权人请求抵押人恢复原状或提供担保遭到拒绝时，抵押权人可以请求债务人履行债务，也可以请求提前行使抵押权。”根据上述规定，在抵押物价值之保全上，抵押权人享有以下权利：

（1）当抵押人的行为足以使抵押财产的价值减少时，抵押权人有权请求抵押人停止其行为。

（2）当抵押人的行为已经使抵押物的价值减少时，抵押权人有权请求抵押人恢复抵押物的价值，或提出与减少价值额相当的担保。

（3）当抵押权人请求恢复抵押物的价值或者提供相当担保遭到拒绝时，抵押权人有权请求债务人提前清偿债务或提前行使抵押权。

138. 什么是抵押权的优先受偿权？

抵押权的优先受偿权是指抵押权所具有的使抵押权人就抵押财产的价值优先于其他债权人而受清偿的权利。按抵押权的优先效力，抵押财产拍卖后，其卖得价款应优先清偿抵押权人的债权，待抵押权人受抵押财产担保的债权全部受清偿后，才能清偿抵押人其他债权人的债权。

139. 抵押权与质权并存时，两者的优先顺序如何确定？

当抵押权与质权并存时，若抵押权人和质权人为同一人，则抵押权对质权不发生影响；若抵押权人和质权人非为同一人，依据《最高人民法院关于中华人民共和国担保法的解释》第七十九条第一款之规定："同一财产法定登记的抵押权与质权并存时，抵押权人优先于质权人受偿。"未经登记的，不得对抗依法设定的质权。

140. 抵押权与留置权并存时，两者的优先顺序如何确定？

根据《担保法的解释》第七十九条第二款规定："同一财产抵押权与留置权并存时，留置权人优先于抵押权人受偿。"即当留置权与抵押权并存时，留置权优先实现。

141. 抵押权实行的条件有哪些？

所谓抵押权实行是指抵押权人于抵押人不按期履行债务时，通过拍卖、变卖、折价等方式处分抵押物并从中实现其债权的行为。抵押权的实行使得抵押权人设立抵押权的目的得以实现，并使主债权得以清偿。抵押权的实行须具备以下条件：

（1）债权的有效存在。债权人和债务人之间的债权合同已经合法有效成立，且尚未消灭，这是债权人得以行使抵押权有了前提条件。

（2）须抵押权有效存在。抵押权的合法有效存在是抵押权实行的前提。

（3）被担保的债权已届清偿期。抵押权的目的在于担保债权受偿。因此债权已届清偿期限为抵押权实行之要件。

（4）债务人未履行债务。债务人未履行债务包括债务人拒绝履行、延迟履行和不适当履行。

抵押权的实行原则上应当同时具备上述四个条件。但也有其他情形，《担保法的解释》第七十条规定："抵押人的行为足以使抵押物价值减少的，抵押权人请求抵押人恢复原状或者提供担保遭到拒绝时，抵押权人可以请求债务人履行债务，也可以请求提前行使抵押权。即为抵押权人提前行使抵押权之例外。"

142. 抵押权实行的途径和方法有哪些?

1. 抵押权实行的途径

依据《中华人民共和国担保法》第五十三条第一款之规定，抵押权实行的途径有两种：即协议实行和诉讼实行。

（1）协议实行。所谓协议实行，是指债务人在履行期限届满时未履行其债务，由抵押权人与抵押人协议决定抵押权实行的情况。依据《中华人民共和国担保法》第五十三条第一款之规定："债务履行期届满后抵押权人未受清偿时，可以与抵押人协议以抵押物折价或者以拍卖、变卖该抵押物所得价款受偿。"

（2）诉讼实行。所谓诉讼实行，是指债务人在履行期限届满时未履行其债务，并且抵押权人与抵押人不能就抵押权实现达成协议时，通过人民法院由诉讼程序实行抵押权的情况。即《担保法》第五十三条第一款："……协议不成的，抵押权人可以向人民法院提起诉讼。"

2. 抵押权实行的方法

依据《担保法》第五十三条之规定，抵押权的实行一般有三种方法：

（1）抵押物协议折价归抵押权人所有。

（2）抵押物拍卖。拍卖又称竞买，是指以公开竞价的方法把标的物卖给出价最高的竞买者的活动或行为。抵押物拍卖受偿是抵押权实行的最为普遍的方式。根据抵押权的实行效力，于债务人到期不履行债务时，抵押权人如不能就抵押权的实行与抵押人达成协议，抵押权人有权请求法院拍卖抵押财产。抵押财产在拍卖时，抵押权人也可以参加竞买。以拍卖方式处分抵押财产，不仅可以使抵押财产通过竞买充分实现其价值，而且拍卖由法院委托的公共拍卖机构进行，对抵押权人与抵押人也最为公平。

（3）抵押物的变卖。指在债务人不履行债务时抵押权人与抵押人协议将抵押物出卖，而以出卖的价格清偿抵押权担保的债权。抵押物变卖简单更易行，省时省力，是抵押权实现的一种较为普遍的方式。在以普通买卖方式处分抵押财产时，如抵押权人或抵押人一方不同意买受人给予的价格，都可以请求增价拍卖，即以买方已给的价格作为拍卖起点进行拍卖，以保证抵押物变卖的价格的公正。

抵押物拍卖、变卖、折价所得价款应先支付实行抵押权的费用，然后清偿主债权的利息，最后清偿主债权。被担保的债权全部清偿后，如有剩余再返回抵押人。如抵押物拍卖、变卖、折价所得不足以清偿被担保的债权，抵押权人有权请求债务人以其他财产清偿；但抵押权人对债务人的其他财产不享有优先受偿权，只与债务人的其他债权人平等受偿。

143. 抵押房产被处分时，房屋承租人有优先购买权吗？

所谓优先购买权，是指作为承租人的公民或法人，在出租人出售租赁房屋的情形下，承租人有权在同等条件下优于第三人行使购买权。根据《城市房地产抵押管理办法》第四十二条规定，抵押权人处分抵押房产时，应当事先书面通知抵押人；抵押房产为共有或出租的，还应当书面通知共有人或承租人；在同等条件下，共有人或承租人依法享有优先购买权。因此房屋承租人有优先购买权。

144. 抵押权实现的优先受偿顺序如何确定？

所谓抵押权实行的优先受偿顺序是对同一财产向两个以上抵押权人重复抵押时，拍卖、变卖抵押物所得的价款应当优先清偿谁的债权问题。

《中华人民共和国担保法》第五十四条规定：“同一财产向两个以上债权人抵押的，拍卖、变卖抵押物所得的价款按照以下规定清偿：①抵押合同以登记生效的，按照抵押物登记的先后顺序；顺序相同的，按照债权比例清偿；②抵押合同自签订之日起生效的，该抵押物已登记的，按照本法第（1）项规定清偿；未登记的，按照合同生效时间的先后顺序清偿，顺序相同的，按照债权比例清偿。抵押物已登记的先于未登记的受偿。”即在具体确定重复抵押时的优先顺序问题时，应区分两种不同的情况：

（1）抵押权自抵押登记的先后顺序确定各抵押权的优先顺序。时间相同的其受偿顺序相同，各抵押权人按照债权比例就抵押物的价值受偿。

（2）抵押权自抵押合同签订之时设立的，已进行抵押登记的，按登记时间的先后确定优先顺序；登记时间相同的，顺序相同，各抵押权人按债权比例就抵押物的价值受偿。都未登记的，按照抵押合同生效时间的先后确定各抵押权的优先顺序；合同订立时间相同的，顺序相同，各抵押权人按债权比例就抵押物的价值受偿。有已经登记的，也有未登记的，已经登记的其顺序先于未经登记的。在这里需说明的是《担保法解释》第七十六条对此有所修正，《担保法解释》第七十六条规定："同一动产向两个以上债权人抵押的，当事人未办理抵押物登记，实现抵押权时，各抵押权人按照债权比例受偿。"

145. 拍卖抵押的房地产时，地上新增房屋如何处理？

《中华人民共和国担保法》第五十五条第一款规定："城市房地产抵押合同签订后，土地上新增的房屋不属于抵押物。需要拍卖该抵押的房地产时，可以依法将土地上新增的房屋与抵押物一同拍卖，但对拍卖新增房屋所得，抵押权人无权优先受偿。"依据该款的规定，虽然土地上新增的房屋不属于抵押物，但由于新增房屋与原有房屋之关联性以及利用上的便利，为了更好地发挥抵押物之经济价值，不至割裂物之使用，需要拍卖抵押之房地产时，可以依法将土地上新增的房屋与抵押物一同拍卖。对于新增房屋拍卖所得之价款，若为债务人所有，则抵押权人无权优先受偿，而只能作为一般债权人受清偿。若为第三人所有，新增房屋的价款，应归第三人所有。

146. 抵押的集体土地使用权，实现抵押权后，土地的性质、用途能否变更？

《中华人民共和国担保法》第五十五条第二款规定："依照本法规定以承包的荒地的土地使用权抵押的，或者以乡（镇）村企业的厂房等建筑物占用范围内的土地使用权抵押的，在实现抵押权后，未经法定程序不得改变土地集体所有和土地用途。"换言之，如土地使用权受让人根据实际情况，需要将土地的集体所有变为全民所有（由集体所有变为私人所有为法律所禁止）或者改变土地的用途，则必须按照法律规定的程序办理土地征用手续或土地用途变更手续。法律之所以作出这样的规定是为了保护耕地，发展农村经济巩固农业在国民经济中的基础地位。

147. 抵押权人对拍卖划拨的国有土地使用权所得价款应如何受偿？

我国担保法第五十六条规定："拍卖划拨的国有土地使用权的所得价款，在依法缴纳相当于应缴纳的土地使用权出让金的款项后，抵押权人有优先受偿权。"土地使用权的取得途径有两种：即以出让方式取得（有偿）和以划拨方式取得（无偿）。《中华人民共和国担保法》第五十六条的规定显然系指以划拨方式取得的国有土地使用权依法抵押后的抵押权实行问题。即在抵押权实行过程中，对拍卖划拨的国有土地使用权所得价款，应首先向国家缴纳土地使用权出让金。抵押权人只能就缴纳土地使用权出让金后的余额优先受偿。土地使用权出让金的数额应当比照当地出让同类国有土地的标准来确定。为什么拍卖国有划拨土地使用权所得价款应首先向国家缴纳土地使用权出让金？这是因为国有土地划拨使用权是一种无偿使用权，拍卖国有土地划拨使用权的过程同时也是使无偿的划拨土地使用转变为有偿的出让土地使用权的过程，拍卖国有划拨土地使用权的价款中包含着应由国家收取的国有土地使用权出让金。

148. 什么是最高额抵押？有何特征？

最高额抵押，是指在预定的最高担保额度内，为将来一定期间内连续发生的交易关系引起的债权设定的抵押。最高额抵押与传统抵押相比，具有以下法律特征：

（1）最高额抵押所担保之债权通常为将来的债权。

（2）最高额抵押必须预定最高限额。

所谓最高限额，是指抵押人基于最高额抵押权，对于抵押物的交换价值就其债权能够优先受偿的最高数额。

（3）对一定期间内连续发生的债权作担保。

（4）最高额抵押适用范围是确定的。

（5）最高额抵押所担保的债权为不确定债权。

149. 最高额抵押的构成要素都有哪些？

最高额抵押由抵押人与抵押权人双方共同意思表示而设定，但其设定与一般抵押有所不同，最高额抵押的设定应由下列要素构成：

（1）原因交往合同。原因交往合同即指债权人与债务人之间就一定期间内连续发生债权债务关系的总合同，它是最高额抵押发生的基础性合同，对于确定最高额抵押的最高限额有重要意义。依据《中华人民共和国担保法》第六十条的规定，最高额抵押的原因交往合同仅限于借款合同和债权人与债务人就某项商品在一定期间内连续发生交易而签订的合同。原因交往合同应当具有连续性和不确定性，它是对将来可能发生的一系列债权的概括性担保，因此其所担保的主债权金额在最后确定之前，可以随时增减变动，只有最高限额是确定的，若缺少最高限额，则不成立最高额抵押。

（2）决算期。决算期是指确定抵押权所担保的债权实际数额的时间。最高额于其设定时，仅确定了抵押权所担保的债权范围，在担保有效期间，抵押权所担保的债权额可能随时发生变动，因此，双方约定的最高限额并非是抵押权实际的担保额，实际的担保债权额必须在决策时另行确定，所以设定的最高额抵押时应当约定决算期。当双方未明确约定决算期的，依照最高额抵押主合同届时日期确定。

（3）最高额抵押转让的限制。《中华人民共和国担保法》第六十一条明确规定："最高额抵押合同的主债权不得转让。"但是《担保法的解释》第八十三条规定："最高额抵押权所担保的不特定债权在特定后，债权已届清偿期的，最高额抵押权人可以根据普通抵押权的规定行使其抵押权。"即在满足"债权特定"和"债权已届清偿期"这两个条件后，最高额抵押所担保的债权可以转让，因此，在涉及最高额抵押所担保的债权转让时要特别注意最高额抵押的期间是否届满。

150. 抵押权人可否撤销债务人的财产转让行为？

债务人出现以下几类行为，抵押权人可主张撤销其财产转让行为：放弃到期债权（或债权担保）或恶意延展到期债权的履行期、无偿转让财产、以明显不合理的低价转让财产或以明显不合理的高价收购他人财产，这些行为须已导致债务人没有足够资产用于清偿债务。

此外，《担保法解释》第六十九条规定，债务人有多个普通债权人的，在清偿债务时，债务人与其中一个债权人恶意串通，将其全部或者部分财产抵押给该债权人，因此丧失了履行其他债务的能力，损害了其他债权人的合法权益，受损害的其他债权人可以请求人民法院撤销该抵押行为。

撤销权须在法定期限内行使。债权人应自知道或应当知道撤销事由之日起1年内行使撤销权。自债务人行为发生之日起5年内仍未行使的，撤销权归于消灭。上述期间均为除斥期间，不适用诉讼时效中止、中断、延长的规定。

151. 借款人隐瞒借款真实用途的，担保人能免除担保责任吗？

在实践中，借款人经常隐瞒借款真实用途，比如"贷款用途名为购买原材料，实为借新还旧"，作为担保人其并未重新办理担保手续，应当免责。免除了保证人的责任，银行因失去担保面临无法全额收回贷款本金风险。

（1）借新还旧，在新借款合同中对贷款用途的表述应当明确约定为以新贷还旧贷，避免写成其他用途或者使用法律含义不清的用语，比如“存量盘活”等，否则人民法院可能会判定贷款用途不符合借款合同约定，视为改变贷款用途，从而免除担保人的担保责任。因此有担保贷款需要借新还旧时，如欲使新担保合法有效，在签署担保合同时应明确告知担保人贷款用途。

（2）依据《担保法解释》的规定，对于加重担保人责任的合同变更应当经担保人同意，对于未加重担保人责任的合同变更无须担保人同意，但是，考虑到合同变更是否未加重担保人责任有时较难判断，而且，实践中授信合同变更一般都会加重担保人的责任，因此，建议授信合同发生变更时，原则上应当取得担保人的书面同意，如果能够确定合同变更内容确实不会加重担保人责任的，可以无须取得担保人书面同意，比如与债务人约定下调贷款利率或减免利息的。取得担保人书面同意的形式可以是银行与债务人，担保人三方签署变更协议，也可以是由担保人单方出具书面承诺函或其他合法形式，无论是采取何种形式，担保人都需明确承诺对变更后的合同继续承担担保责任。

152. 不动产抵押未经登记能否发生物权效力?

以法律规定应当办理抵质押登记的财产设定抵质押的，当事人办理登记始设立抵质押权，未经登记的，抵质押权不成立。

应当登记的抵押财产、质押权利的种类：

（1）自登记时设立的抵押权：①建筑物和其他土地附着物；②建设用地使用权；③以招标拍卖、公开协商等方式取得的土地承包经营权；④正在建造的建筑物。

（2）自有关部门办理出质登记时设立的没有权利凭证的质权，包括但不限于：①记账式国库券；②在证券交易所上市交易的公司债券。

（3）以基金份额、证券登记结算机构登记的股权出质的，质权自证券登记结算机构办理出质登记时设立；以其他股权出质的，质权自工商行政管理部门办理出质登记时设立。

（4）自有关主管部门办理出质登记时设立的质权：注册商标专用权、专利权、著作权等知识产权中的财产权。

（5）自信贷征信机构办理出质登记时设立的质权：应收账款。

实践中，出现未办理抵质押登记的情况一般是由于经办人员错误地以为抵质押合同签订是物权设立的充分条件或者将扣押权利证书作为抵质押权设立的充分条件。因此，签订法律规定需要登记才设立的物的担保合同时，在签订合同后必须依法办理登记手续。

对于权利质押，签订借款合同后，银行应当及时办理出质动产交付。以汇票、本票、支票、债券、存单、仓单、提单等设定权利质押的，必须要求其交付上述先证，以免因未交付权利凭证导致出现权利质押未设立的情形。

153. 以耕地、宅基地、自留地、自留山等集体所有的土地使用权设定抵押有效吗?

根据《担保法》第三十七条的规定，耕地、宅基地等集体所有的土地使用权不得抵押。而以耕地、宅基地、自留地、自留山等集体所有的土地使用权设定抵押，违反了法律的强制规定，该抵押合同为无效合同。无效合同自签订之日即无法律效力。实践中应注意：

（1）审查抵押物是否属于法律、行政法规禁止设定抵押的财产，质押权利是否属于法律、行政法规明确规定可以出质的权利。审查时可通过查证担保物有关权属证书，了解其性质、用途和现状，拒绝法律、行政法规禁止设定抵押的财产以及法律、行政法规明确规定可以出质的权利以外的权利作为担保物。

（2）三农业务中新担保方式的法律风险要引起充分注意。近年来，部分银行开展了以宅基地抵押、农村土地承包经营权抵押、农户财政补贴资金质押、农村经济合作社股权质押、土地出让收益质押等担保方式开展三农对公信贷业务。这类新担保方式的出现大多存在一定的政策背景，有一定的政策依据，比如土地流转试点、新农村建设综合配套改革等，很多地方还配套了担保登记担保物流转等政策，银行处置此类担保物时有所依据，但这类担保方式并不符合我国现行法律规定，出现纠纷能否在司法实践中得到支持未有定论，存在较大法律风险。因此应将这类担保作为信用增级措施或风险缓释措施，而不能视为法律意义上的有效担保。

（3）担保物违反法律规定导致担保无效。根据《担保法》第五条第二款，担保合同被确认无效后，债务人、担保人、债权人有过错的，应当根据其过错各自承担相应的民事责任。根据《中华人民共和国物权法》第一百七十二条第二款，担保合同被确认无效后，债务人、担保人、债权人有过错的，应当根据其过错各自承担相应的民事责任。因此在担保无效的情况下，作为债权人的银行往往需要承担责任。

154. 房屋被抵押后是否还可以出售?

根据《城市房地产抵押管理办法》第三十七条规定，经抵押权人同意，抵押房产可以转让或者出租。房屋转让或出租所得价款，应当向抵押权人提前清偿所担保的债权。超过债权数额的部分,归抵押人所有,不足部分由债务人清偿。因此房屋被抵押后是否还可以出售取决于抵押权人的意思表示。

155. 最高额抵押的效力如何?

最高额抵押的效力主要表现在以下几个方面：

（1）最高额抵押的效力范围。最高额抵押权所担保之债权，于最高额的范围内，决定其实际额。到决算期时，如实际发生的债权额超过了预定额，则仅以预定之最高额作为抵押权所担保的债权额。倘不及预定额度，则以实际发生之金额作为抵押权所担保的债权额。

（2）最高额抵押权的处分。依据《中华人民共和国担保法》第六十一条规定：“最高额抵押合同的主债权不得转让。”由此可见最高额抵押权的处分受到了限制。

（3）最高额抵押权的实行效力。最高额抵押权的实行须具备如下条件：其一，担保债权额须已确定；其二，于决算期外，当事人得自定清偿期，若未约定清偿期者，设定有抵押权的存续期间，期间届满即为清偿期的届至。如果此项存续期间亦未明确，在解释上决算期既视为清偿期。《最高人民法院关于中华人民共和国担保法的解释》第八十三条规定：“最高额抵押权所担保的不特定债权，在特定后，债权已届清偿期的，最高额抵押权人可以根据普通抵押权的规定行使其抵押权。抵押权人实现最高额抵押权时，如果实际发生的债权余额高于最高限额的，以最高限额为限，超过部分不具有优先受偿的效力；如果实际发生的债权余额低于最高限额的，以实际发生的债权余额对抵押物优先受偿。”

（4）最高额抵押权的消灭。最高额抵押权所担保的债权，如确定不发生，则最高额抵押权消灭，即变为普通抵押权。

156. 什么是质押？质物？

所谓质押，是指债务人或者第三人将其动产或者权利凭证移交债权人占有，将该动产或者权利作为债权的担保，在债务人不履行债务时，债权人有权以该动产或权利折价或者以拍卖，变卖所得的价款优先受偿。

质物即债务人或者第三人转移给债权人占有的以担保债的厦行的动产或财产权利。质物是质押担保的核心。

157. 什么是质权？质权有何特征？

质权是指债权人对债务人或第三人移转占有而供担保的动产或权利，就其价值优先受偿的权利。

质权与抵押权一样，均属担保物权，其法律特征如下：

（1）质权为物权，在权利的性质上，质权不是请求某人给付某物的请求权，而是具有排他性的支配某物的支配权，即质权人享有对质物的占有权以及在债务履行期届满后，债务人不履行债务时对质物价值的优先受偿权。质权人的这种权利具有排他性和支配性及物上请求效力等物权的基本性质，因此，质权为物权。

（2）质权具有从属性。这是由质权担保债务履行的目的性所决定，质权从属于被担保的债权。其一，成立上的从属性。质权的有效成立以被担保的债权的有效成立为前提，没有有效成立的债权，就不可能设定有效的质权。其二，移转上的从属性。质权随债权的转让而转让。质权人既不能单独转让质权而保留债权，也不能单独转让债权而保留质权。其三，消灭上的从属性。质权随债权的消灭而消灭，被担保的债权消灭后，质权便因失去其存在的基础而消灭。

（3）质权的不可分性，质权的不可分性表现在质权设定后，债权人得就质押财产的全部行使质权，权利人的债权因清偿、让与、免除等原因而部分消灭的，权利人仍得以其未受偿的债权部分对担保标的物的全部行使权利，担保标的物的分割或者转让，均不影响质权人的权利，权利人仍得可以对担保标的物的全部行使权利，担保标的物部分灭失，权利人仍可以得以其质权对标的物的残留部分行使权利。

（4）质权的物上代位性。物上代位性，是物权的一般共性。在质物灭失或毁损，可以得到赔偿的，或价值形态改变的，质权的效力即可及于质物的代位物上。《中华人民共和国担保法》第七十三条规定：“质权因质物灭失而消灭。因灭失所得的赔偿金，应当作为出质财产。”

（5）质权的优先受偿性，《中华人民共和国担保法》第七十一条第二款规定：“债务履行期届满质权人未受清偿的，可以与出质人协议以质物折价，也可以依法拍卖，变卖质物。”即债权清偿期届满后，在债权未获清偿的情况下，质权人有权实现质物的价值而使自己债权优先受偿。

（6）质权的移转质物的占有性。质权的成立，除签定质押合同外，须出质人依质押合同的约定将质物交于债权人占有，质押合同才能生效，同时这也是质权与其他抵押权的不同之处。

158. 质押如何分类？

按照不同的标准，质押可分为不同的种类：

（1）根据质物的性质不同，可将质物划分为动产质押、权利质押。动产质押的质物为动产，权利质押的质物为财产的权利。

（2）根据出质人的身份不同，质押可分为债务人自己提供的质押和第三人提供的质押。

第三人作为出质人的，一般是受债务人的委托以一定财产作为债务人履行债务的担保。债务人在债务履行期限届满未履行债务的，质权人依法对质押的财产行使权利后出质人有权向债务人追偿。

（3）根据出质人数不同，质押分为普通质押和共同质押。

普通质押即债务人一人或第三人一人为债权人的某一债权设置的质押担保。共同质押即债务人一人和第三人或两个以上的第三人为同一债权人的同一笔债权而设置的质押担保。

159. 质押与抵押有何区别？

质押与抵押虽同属担保物权的范畴，都具有物权性、担保性、从属性、优先性等特征，但却是完全不同的两种担保方式。质押与抵押的区别表现在以下几方面：

（1）标的物有所不同。抵押的标的物范围较为广泛，包括不动产、不动产用益物权（主要指土地使用权）和动产。而质押的标的为动产和除不动产用益物权外的其他财产权利，包括债权、股权、知识产权等财产权利。

（2）占有原则不同。在质押中，质押的标的物必须转移且由质权人占有，由质权人负责保管；而抵押中的标的物则不转移为抵押权人占有，抵押成立后，抵押物仍然由抵押人占有。质押的质物以转移质物的占有作为公示的方式，以达到对抗第三人的担保目的；抵押的抵押物则是以登记为公示方式，不转移占有也可达到对抗第三人的目的。质押中出质人丧失质押物的占有，不得对质押物行使使用权；而抵押中的抵押人仍对抵押物占有、使用和收益。

（3）生效原则不同。在质押中质押的成立，除签订质押合同外，须出质人依质押合同的约定将质物交债权人占有。动产质押以质权人占有质物为原则作为质押合同生效要件；权利质押合同成立后，以有价证券质押的，以权利凭证交付为生效要件；以股权和知识产权质押的，以向有关部门办理出质登记为生效要件；以有限责任公司的股份出质的，质押合同以股份出质记载于股东名册之日起生效。而在抵押中除签订抵押合同外，抵押权的成立原则上以抵押登记为条件。抵押权的成立不以抵押物的交付为条件。依据《中华人民共和国担保法》所规定的必须办理抵押物登记的，抵押合同以登记为生效要件，自愿办理抵押物登记的，抵押合同自签订之日起生效。

（4）设立原则不同。通常情况下，一物只能设立一个质押权，且没有受偿顺序；而一个抵押物可设数个抵押权，抵押合同以登记生效的，按照抵押物登记的先后顺序清偿，顺序相同的按照债权比例清偿。

（5）收取孳息不同。所谓孳息是指原物所产生的收益，包括天然孳息和法定孳息。而在质押中，因为质押的设定以转移对质物的占有为生效要件，所以依据《中华人民共和国担保法》第六十八条规定：“质权人有权收取质物所生的孳息。质押合同另有约定的，按照约定。前款孳息应当先充抵收孳息的费用。”可见质押期间，除当事人在质押合同中另有约定的以外，均由质押权人收取质物所生的天然孳息和法定孳息，孳息应先充抵收取孳息的费用，剩余部分则充抵债权利息及债权。

（6）标的物转让不同。在抵押中，依据《中华人民共和国担保法》第四十九条规定，抵押人转让已办理登记的抵押物的，无须经过与抵押权人的协商程序，也不必经抵押权人的同意。只要通知抵押权人并告知受让人转让物已经抵押的情况后即可转让。但转让抵押物的价款明显低于其价值的，不得转让抵押物。而在质押中，依据《中华人民共和国担保法》第七十八条、第八十条规定，出质人转让已出质的股票或商标专用权、专利权、著作权中的财产权的，必须经过与质权人的协商程序，并应征得质权人同意后才可转让。

160. 质押合同应当包含哪些内容？采用哪些形式？

依据《中华人民共和国担保法》第六十五条规定，质押合同应当具备下列内容：

（1）被担保主债权的种类、数额。主债权的种类、数额必须在质押合同中明确约定。

（2）债务人履行债务的期限。

（3）质物的名称、数量、质量、状况。

（4）质押担保的范围。

（5）质物移交的时间。质押的设立标志是出质人将质物移交于债权人占有。因此，移交质物时间，应当在债务履行期之内，并且要在质押合同中特别加以注明。

（6）当事人认为需要约定的其他事项。

关于质押合同的形式，我国《担保法》第六十四条明确规定：“出质人和质权人应当以书面形式设立质押合同。质押合同自质物移交于质权人占有时生效。”即质押合同应当采用书面形式。

161. 法律对质物都有什么规定？

所谓质物是指出质人转移给债权人占有的以担保债的履行的财产。是质押法律关系的客体,即标的物。质物是质押担保的核心。依据我国担保法有关规定,质物可分为动产质物和财产权利质物。

（1）动产质物,《中华人民共和国担保法》第九十二条规定：“本法所称不动产是指土地以及房屋森林等地上定着物。本法所称动产是指不动产以外的物。”依据该法规定，可作质押的动产，如机器设备、仪器仪表、交通运输工具、原材料、半成品、产成品、家产品，林产品、矿产品、库存商品等。

（2）财产权利质物，根据《中华人民共和国担保法》第七十五条、《担保法解释》第九十七条的规定及法理,可以设置财产权利的质物有：①汇票、支票、本票、债券、存款单、仓单、提单；②依法可以转让的股份、股票；③依法可以转让的知识产权，即商标专用权、专利权、著作权中的财产权；④依法可以质押的其他权利，如公路桥梁、公路隧道、公路渡口等不动产的收益权等。

另外，依据《担保法解释》第八十九条规定："质押合同中对质押的财产约定不明，或者约定的出质财产与实际移交的财产不一致的，以实际交付占有的财产为准。"

162. 质押合同何时生效?

依据《中华人民共和国担保法》的规定，出质人和质权人之间应当以书面形式订立质押合同。当质押合同成立时，质押合同还须限行是书面形式手续才能生效。具体来讲，据《担保法》第六十四条第二款、第七十六条、第七十八条、第七十九条的规定，质押合同的生效时间分别为：

（1）以动产质押的，动产质押合同自质物移交于质权人占有时生效。

（2）以汇票、支票、本票、债券、存款单、仓单、提单出质的，应当在合同约定的期限内将权利凭证交付质权人。质押合同自权利凭证交付之日起生效。

（3）以依法可以转让的股票出质的应向证券登记机构办理出质登记，质押合同自登记之日起生效。以有限责任公司的股份出质的，适用公司法股份转让的有关规定，质押合同自股份出质记载于股东名册之日起生效。

（4）以依法可以转让的商标专用权、专利权、著作权中的财产出质的，应当向其管理部门办理出质登记，质押合同自登记之日起生效。否则质押合同不生效。

163. 什么是流质契约，其效力如何?

所谓流质契约，是指在抵押或质押合同中预先约定债务人到期不履行债务，抵押财产或质物即转归债权人所有。对此，《中华人民共和国担保法》第六十六条、《担保法解释》第五十七条第一款均有明确规定，如《中华人民共和国担保法》第六十六条规定："出质人和质权人在合同中不得约定在债务股行期届满质权人未受清偿时，质物的所有权移转为质权人所有。"法律禁止流质契约的目的，在于维护信用交易的公平，防止债权人利用其有利的经济地位损害债务人的利益。

164. 什么是动产质权的转质权？

所谓转质，是指质权人在质权存续期间，为担保自己债务的履行以其所占有的质物为第三人设定质权。质权人以原质押作为自身债务的担保而将其占有权移转给自己的债权人的权利即为转质权。转质须经出质人同意，转质未经出质人同意的，属无权处分行为，应按民法的涉及无权处分的有关规则处理出质人、质权人、转质权人三方面的关系。即转质应具备下列条件方能成立并生效，否则，转质不生效：①质权人转质时必须经出质人同意，即得到出质人的承诺；②转质时转质权人必须达到一致的意思表示；③转质人必须将质物移交给转质权人占有；④质权人设定转质必须有被担保的债权存在。

165. 转质的法律效力如何？

《最高人民法院关于适用中华人民共和国担保法若干问题的解释》第九十四条第一款规定："质权人在质权存续期间，为担保自己的债务，经出质人同意，以其所占有的质物为第三人设定质权的，应当在原质权所担保的债权范围之内，超过的部分不具有优先受偿的效力。转质权的效力优先于原质权。"由此可见，转质的法律效力表现在如下几个方面：①质权人设定转质权时，应当在原质权所担保的债权范围之内，超过的部分不具有优先受偿的效力；②转质的后果直接影响到出质人，即出质人不但要承担出质的风险，而且还要承受转质带来的风险，并受到转质权的约束；③转质权人的质权优先于原质权人的质权。即质权人受到转质权人的质权优先效力的制约。

166. 什么是质权的善意取得？

所谓质权的善意取得，是指出质人以无处分的第三人财产而设定的质权，质权人系处于善意取得占有质物。即使转让人无转让权，善意的受让人亦能自取得物之占有之时起，立即取得物的质权。《担保法解释》第八十四条对此也作了规定："出质人以其不具有所有权但合法占有的动产出质的，不知出质人无处分权的质权人行使质权后，因此给动产所有人造成损失的，由出质人承担赔偿责任。"善意取得制度的立法目的在于协调由无处分行为产生的善意取得人与物之所有人的利益冲突，维护交易的安全，稳定财产的流转关系和占有关系。为求公平解决善意取得人与所有人利益上的矛盾，动产质权的善意取得应当符合下列条件：

（1）出质人的主体资格受到限制，且必须是虽无处分权但是合法占有人。

（2）质权人已经占有质物，且必须出于善意。

（3）动产质权的善意取得的质物必须为法律所允许流转的动产。

（4）须以设定担保为目的。

167. 什么是动产质权？

动产质权是指以动产为标的物的质权。动产质权基于动产质押而发生。《中华人民共和国担保法》第六十三条规定："本法所称动产质押，是指债务人或者第三人将其动产移交债权人占有，将该动产作为债权的担保。债务人不履行债务时，债权人有权依照本法规定以该动产折价或者拍卖、变卖该动产的价款优先受偿。"

168. 动产质权所担保的债权范围都包括哪些？

动产质权所担保的债权范围，依据《中华人民共和国担保法》第六十七条规定："质押担保的范围包括主债权及利息、违约金、损害赔偿金、质物保管费用和实现质权的费用。质押合同另有约定的，按照约定。"依此规定可以看出在质押担保所担保的债权范围方面，如果当事人之间有约定的，即按约定处理，如未约定的则按法律规定，即《中华人民共和国担保法》第六十七条之规定处理。

169. 动产质权人的权利有哪些？

动产质权人的权利，是指动产质权人在质权法律关系中为保证自己债权的实现，根据质权的法律效力而实施一定行为的可能性，主要是对质物实施一定支配行为的可能性。

根据《中华人民共和国担保法》第六十八条、第七十条、第七十一条第二款、第七十三条的规定，动产质权人在质权法律关系中享有以下权利：

（1）占有质物和收取质物孳息的权利。依动产权的性质，在债权清偿期届满前对质物继续占有是质权人的权利。占有即人对物的实际控制。质权人基于对质物的占有权还进一步享有侵害其占有权的第三人的物上请求权，包括请求侵害人停止侵害，恢复原状，返还质物的权利。

关于质权人收取质物孳息的权利，《中华人民共和国担保法》第六十八条作了如下规定："质权人有权收取质物所生的孳息。质押合同另有约定的，按照约定。前款孳息应当先充抵收取孳息的费用。”但应注意的是，质权人收取质物孳息的权利并非收益权，只具有操作上的意义。实际上，质权人并不能取得质物孳息的所有权，质物孳息的所有权仍属于质物所有人即出质人。

（2）保全质权的权利。保全质权的权利，是指质权存续期间，当出现质物损坏或者价值明显减少的可能性时，质权人为保全质权标的物的价值，依法可以实施一定行为的权利，质权为价值权，质权设定的目的在于运用质物的价值保证质权人的债权得以实现。因此，在质权存续期间，质物能否一直保持质权成立时的价值，事关质权人的债权在质权担保范围内能否全额受偿的问题。为使质权人不因质物价值的减少而受损害，法律赋予了质权人为防止质物的减少而采取一定措施的权利。

对质权人保全质权的权利，《中华人民共和国担保法》第七十条作了如下规定：“质物有损坏或者价值减少的可能，足以危害质权人权利的，质权人可以要求出质人提供相应的担保。出质人不提供的，质权人可以拍卖或者变卖质物，并与出质人协议将拍卖或者变卖所得的价款用于提前清偿所担保的债权或者向与出质人约定的第三人提存。”即这一规定赋予了质权人防止质物价值减少的两种权利：一是请求出质人另外提供相应担保的权利，这权利的发生须有质物有损坏或者价值减少的可能，而且此可能性的出现须出于质物自身的原因而不是质权人保管质物的过失的条件，缺少这一条件则不能行使这一权利；二是拍卖或变卖的权利，这权利的发生须有质物有损坏或价值明显减少的可能，而且出质人拒绝提供相应的担保的条件，否则不能行使这权利。

（3）物上代位的权利。质押法律关系中的物上代位的权利，是指因质物的毁损灭失而使出质人获得赔偿请求权时，质权人得就该赔偿请求权及进而获得的赔偿金行使质权的权利。在此情况下，质权的原标的动产为出质人的赔偿请求权及进而获得的赔偿金所替代，所以称物上代位的权利。关于质权人的物上代位权，《中华人民共和国担保法》第七十三条作了如下规定：“质权因质物灭失而消灭。因灭失所得赔偿金，应当作为出质财产。”

（4）实行质权的权利。实行质权的权利是指债权清偿期届满后，在债权未获清偿的情况上，质权人为实现质物的价值并就质物的价值使自己债权优先受偿，依法可以为一定行为的权利。《中华人民共和国担保法》第七十一条第二款规定："债务履行期届满质权人未受清偿的，可以与出质人协议以质物折价，也可以依法拍卖、变卖质物。"

170. 动产质权人的义务有哪些?

动产质权人的义务是指动产质权人在质权法律关系中依法应当实施一定行为的义务。动产质权为限制物权，受出质人所有权的一定制约，因此动产质权人在行使质权的同时亦须对出质人承担一定的义务。根据《中华人民共和国担保法》第六十九条和第七十一条第一款的规定及《担保法解释》第九十三条、第九十四条的规定，动产质权人在质权法律关系中承担的义务主要有以下三项：

（1）保管质物的义务。在动产质权法律关系中，质物既然由质权人占有，质权人也就理所当然地要对出质人承担保管质物的义务。《中华人民共和国担保法》第六十九条规定："质权人负有妥善保管质物的义务。因保管不善致使质物灭失或者毁损的，质权人应当承担民事责任。"

（2）不得擅自使用和处分质物的义务。质权不包括对质物的使用权和收益权。在被担保债务的履行期届满前，也不包括对质物的处分权。在质物的收益方面，质权人虽可收取孳息，但其收取的孳息仍归出质人所有。在质物的使用和处分方面，质权人未经出质人同意不得使用或处分质物，质权人擅自使用或处分质物的，应对出质人承担损害赔偿责任。

（3）返还质物的义务。《中华人民共和国担保法》第七十一条第一款规定："债务履行期届满债务人履行债务的，或者出质人提前清偿所担保的债权的，质权人应当返还质物。"无论债务履行期届满债务人履行债务，或者出质人提前清偿所担保的债权，质权均因被担保的债权消灭而消灭。质权消灭后，质权人继续占有质物也就失去了法律依据，因此应当将质物返还给出质人。

171. 动产出质人的权利有哪些?

动产出质人的权利是指动产出质人在动产质权法律关系中依法可以实施一定行为的权利。依据《中华人民共和国担保法》和《担保法解释》的有关规定，动产出质人在质权法律关系中享有以下权利：

（1）保全质物所有权的权利。指出质人在质物出现毁损、灭失危险时，为维护质物安全，保全自己对质物的所有权，依法采取一定的措施，实施一定行为的权利。《中华人民共和国担保法》第六十九条第二款规定："质权人不能妥善保管质物可能致使其灭失或者毁损的，出质人可以要求质权人将质物提存，或者要求提前清偿债权而返还质物。”

《担保法解释》第九十二条还规定：“按照担保法第六十九条的规定将质物提存的，质物提存费用由质权人负担；出质人提前清偿债权的，应当扣除未到期部分的利息。”

（2）行使质物所有权的权利。质权设定后，出质人的财产所有权虽然受到质权的限制，但并未因此而丧失，出质人仍可于不损害质权人质权的范围内行使其财产所有权。所有权包括占有、使用、收益、处分四项权能。其中除占有权、使用权因质物由质权人占有而无法行使外，收益权和处分权都是可以行使的。收益权的行使，如将质物出租，以收取的租金清偿被担保的债权。在质物的处分问题上，质权设定后出质人仍可转让质物的所有权，或者就质物再为其他债权人设定担保。但是出质人的转让权与再设定担保权须受已成立的质权的一定制约。在出质人转让质物所有权时，受让人只能取得负质权负担的所有权。如果受让人要想取得不负质权负担的所有权，必须用价款提前清偿质权人的债权或者将价款交质权人同意的第三人提存。在质物上再设定担保物权时，后设定的担保物权也受前面已设定的质权的限制，只有在前质权人受偿后才能就担保物质受偿。

（3）清偿债务，取回质物的权利。在主债权关系中，清偿债务是债务人的义务，而在质权法律关系中，清偿债务并非出质人的，因为出质人可以不清偿债务听任质权人处分质物。这点在出质人为第三人时表现得特别明显。在质权法律关系中，就出质人而言，清偿债务是手段，取回质物是目的，二者结合起来共同构成出质人的一项权利。因此，当出质人向质权人要求清偿债务，取回质物时，质权人不得拒绝。

（4）损害赔偿请求权。当质物因质权人保管上的过失而毁损或灭失时，出质人有请求质权人赔偿损失的权利。

除上述四项权利外，出质人为第三人时，在出质人代替债务人履行债务后对债务人有追偿权。

172. 动产出质人的义务有哪些?

质权设立后，由质权的物权性质所决定出质人的义务主要为容忍义务和不作为义务。所谓容忍义务，是指容忍质权人依法行使质权的行为的义务，如容忍质权人占有质物，收取质权的孳息，容忍质权人实施保全质权的行为，物上代位的行为，实现质权的行为等等。所谓不作为义务，是指出质人在其财产所有权限制的范围内对质物不实施行使财产所有权的行为的义务。如不占有质物，不使用不收取质物的孳息，不对质物为事实上的处分行为等等，此外，出质人如同出卖人，对其出质的财产负有瑕疵担保责任。但是债权人在质物移交时明知质物有瑕疵而予以接受的除外。

173. 动产质权实行的条件有哪些？实行的方法有哪些？

所谓动产质权的实行，又称之为动产质权的实现，是指质权人在债权已届清偿期而债务人不履行债务时，处分质物以优先受偿的行为。

动产质权实行的条件，依据《中华人民共和国担保法》第七十一条第二款规定："债务履行期届满质权人未受清偿的，可以与出质人协议以质物折价，也可以依法拍卖、变卖质物。"可见质权人行使动产质权的前提条件是债务人在债务履行期满时未履行债务。

动产质权的实行方法依据《中华人民共和国担保法》第七十一条第二款的规定："债务履行期届满质权人未受清偿的，可以与出质人协议以质物折价，也可以依法拍卖、变卖质物。"从这些规定我们可以看到，质权人实现其质权有以下三种方法：

（1）质物折价，即与出质人协议以质物折价归质权人所有。质物折价后，如果质物所折价的价格高于质权担保的债权数额，质权人必须向出质人返还差额。如果低于担保的债权数额，质权人仍有权请求债务人清偿差额部分。

（2）拍卖质物并从卖得价款中优先受偿。拍卖质物是指按照法定的拍卖程序，以拍卖质物所得价金清偿债权的方法。

（3）变卖质物并从卖得的价款中优先受偿。

质物拍卖或变卖后，如其价款超过质权数额，超过部分的价款归出质人所有；如其价款不足质物担保的债权数额，不足部分仍由债务人清偿。

174. 动产质权的消灭情形有哪些？

动产质权的消灭，是指动产质权人对特定动产的质权不复存在。引起质权消灭的原因有：

（1）质权担保的债权消灭。《中华人民共和国担保法》第七十四条规定："质权与其担保的债权同时存在，债权消灭的，质权也消灭。"质权为债权的从权利，当债权因清偿、抵销、混同、提存、免除等原因而消灭时，质权随之而消灭。

（2）质权与质物所有权混同，质权与所有权混同。是指质权与质物所有权归于一人，如质权人受让出质人转让的质物所有权，质权人继承了作为第三人的出质人的质物所有权等，质权均归于消灭。

（3）质物灭失。质物的灭失包括质物事实上的灭失与法律上的灭失。事实上的灭失是指质物自身的消灭，法律上的灭失指质物虽然存在，但由于法律上的原因使他人原始取得质物的所有权。质物灭失，无论事实上的灭失或法律上的灭失均使质权因失去标的物而消灭。

（4）质物之抛弃与质物的返还。质权是财产权，可以抛弃。质权之抛弃须返还质物开始发生抛弃的效力；仅有抛弃的意思而不返还质物是不会发生抛弃的效力的。有返还质物的行为而无抛弃质权的意思，质权虽不消灭，但该质权因失去公示形式而不能对抗第三人。《最高人民法院关于中华人民共和国担保法的解释》第八十七条第一款规定："质权人将质物返还出质人后，以其质权对抗第三人的，人民法院不予支持。"

（5）质权人处分质物。在质权存续期间，无论质权人为保全质权而拍卖、变卖质物或者为实现质权而拍卖、变卖质物，都产生质权消灭的法律效果。这意味着，质权人对质物的处分同时发生转移所有权和消灭质权的法律效果。受让人取得不负有质权负担的财产所有权。

（6）质权存续期间届满。《担保法解释》第十二条第二款规定："担保物权所担保的债权的诉讼时效结束后担保权人在诉讼时效结束后的两年内行使担保物权的，人民法院应当予以支持。"而如果质权人不在法定的期间内行使质权，超过法定期间质权自动消灭。

175. 什么是权利质权？

权利质权，是指以所有权，用益物权以外的可转让的财产权利为客体的质权。出质人将该财产权力凭证移交债权人占有，在债务人届期不履行债务时，债权人有权将该权利转让以优先受偿。在权利质押法律关系中，债务人或者第三人为出质人，债权人是质权人。作为权利质权的客体的财产权利，或以金钱、实物给付为标的，或以专利技术商标、作品等智慧财产的专有为标的，与有体物一样具有交换价值，因此，以这些权利设质与以动产设质一样，具有保证被担保债权实现的功能。

176. 可以作为权利质权客体的权利有哪些?

依据《中华人民共和国担保法》第七十五条、《担保法解释》第九十七条的规定，可以作为权利质权客体的权利有:

（1）以汇票、本票、支票、债券、存款单、仓单、提单为表现形式的财产权利。这些有价证券作为财产权利的纸制的代表符号，其记载的是以兑现现金或提取货物为内容的给付请求权，其中即有债权请求权也有物权请求权。

（2）依法可以转让的股权。股权并非都可以抵押，依据《中华人民共和国担保法》第七十五条和第七十八条的规定，股权质权的客体仅为股份公司股东的股票和有限责任公司股东的股份，且受法律的规定限制。

（3）依法可以转让的知识产权。根据知识产权的性质和特点，并非所有的知识产权都能作为质权的客体。首先，知识产权为财产权和人身权两位一体的权利，其中的人身权设有担保的价值，不能质押。其次，知识产权中不能转让的财产权利，也是不能质押的权利。如发明人、发现人领取资金的财产权利，就不能质押。除去上述两种不能质押的权利，可以质押的知识产权实际上只剩下了《中华人民共和国担保法》第七十五条规定的专利权，商标权和著作权中的财产权。

（4）依法可以质押的其他财产权利。

177. 债权质权的效力如何?

债权质权的效力，是指债权质权设定和行使时法律所赋予的法律上的效力。债权质权的设定是为了担保债权的实现，质权人可以于债务人不履行义务时就质权所担保范围内的从被质押的债权标的中优先受偿。

债权质押担保的范围：债权质押担保的范围与动产质权相同。对标的的效力范围：债权质押的标的为债权，对标的的效力范围指的是对该债权的请求权范围。质权质押的效力，及于标的原本债权的全部及利息，标的债权不论比担保债权大或者小，现存的被担保债权即使因一部分清偿而消灭，原有债权质押的效力仍及于全部的标的债权。

178. 债权质权人的权利有哪些？义务有哪些？

债权质权人的权利包括：

（1）优先受偿权。优先受偿权指质权人对于出质的债权，由于其清偿或其他原因而转化为可得之经济利益时，有从这些经济利益中优先受偿的权利。

（2）留置证书权。是指质权人享有占有出质人交付的质权证书并于被担保的债权清偿期内继续留置的权利。

（3）限制出质人与第三人之间行为的权利。债权质权设定后，出质人不经债权人同意，不能以法律行为使该债权消灭或变更。

（4）孳息收取权。债权质权人对于附随于质权标的债权的利息债权，在被担保的债权的清偿期届满以前，可以收取，首先抵充收取费用，其次抵充利息，最后抵充被担保的债权。

（5）对于债权质权被侵害的救济权，是指债权质权人在其质权、质权标的债权占有的债权证书，受到侵害或者有受侵害的可能时，有妨碍排除和妨碍预防的请求权。

债权质权人的义务：质权人负有对出质人交付的债权凭证妥善保管义务，负有在被担保的债权清偿，质权消灭情形下及时返还债权凭证于出质人的义务。

179. 债权出质人的权利和义务有哪些？

债权出质人的权利。出质人的权利主要表现在：债务履行后，请求质权人及时返还出质的债权凭证。若质权人占有不当，造成出质人损害时，出质人可以要求质权人赔偿。

债权出质人的义务出质人在质押合同订立后负有及时移交债权凭证于质权人占有，并负有在质权存续期间不得以法律行为使质权债权得以消灭或变更。

180. 权利质权如何实现？

和其他担保物权一样，权利质权的担保功能的实现主要在于其实行效力。按权利质权的实行效力，被担保的债权清偿期届满后，债务人不为清偿的，质权人有权通过实行权利质权而使其质权优先受偿。权利质权的实行方式有以下几种：

（1）拍卖、变卖、折价等方式依法处分担保物，并从处分所得价款中优先受偿这是担保物权实行的共同方式。这种实行方式同样适用于权利质权。当权利质权担保的债权清偿期届满后，如债务人未为清偿，质权人即有权依法采用拍卖、变卖、折价等方式处分人质权利，并从处分所得价款中优先受偿。

（2）依法行使人质的权利。这是债权质权行使的主要方式。这是所称“债权”既包括非证券化的普通债权，也包括汇票、支票、本票、债券、存款单、仓单、提单等有价证券记载和代表的以兑现现金或提取货物为内容的给付请求权。按照我国担保法第七十七条的规定和《担保法解释》第一百零二条的规定，无论人质债权的清偿期后于或者先于被担保债权的清偿期，只要人质债权的清偿期到来，质权人即可行使人质债权。人质债权的清偿期先于被担保债权清偿期的，质权人应与出质人协商将行使人质债权所得财产提前清偿所担保的债权中第三人提存。人质债权清偿期后于被担保债权清偿期的，质权人只能等到人质债权清偿期到来后，才能行使人质债权，但是质权人可就行使人质债权所得财产直接优先受偿。

（3）收取人质权利的收益。以公路桥梁、公路隧道、公路渡口等公用建筑设施的经营收益权出质的，依法收取出质人的经营收益，是此种权利质权实行的唯一方式。此外，债权质权，股权质权，知识产权质权的效力及于这些权利的法定孳息如债权的利息，股权的股利及分红，知识产权的许可使用费等。因此，收取这些权利的法定单息，也是这些权利质权实行的方式之一。

181. 票据质押的生效要件是什么？

根据《中华人民共和国票据法》第三十五条规定：“汇票可以设定质押，质押时应当以背书记载‘质押’字样。被背书人依法实现其质权时，可以行使汇票权利。”《中华人民共和国票据法》第八十一条、第九十四条分别规定，本票与支票适用于汇票的规定。而《中华人民共和国担保法》第七十六条规定：“以汇票、本票、支票……出质的，应当在合同中约定的期限内将权利凭证交付质权人。质押合同自权利凭证交付起生效。”可见，《中华人民共和国票据法》和《中华人民共和国担保法》在设立票据质押方面的规定不尽一致。《中华人民共和国票据法》要求出质人在票据上为“质押”背书记载并交付，而《担保法》仅要求按合同约定将票据交付后即设立质权。

182. 什么是债券质押？

首先明确债券的概念，所谓债券是由政府、金融机构、企业方筹措资金而发行的，承诺按规定期限向债券持有人支付利息和偿还本金的债权债务凭证。债券由面值、价格、偿还期限和利率四项基本要素构成。所谓债券质押，是指以债券为权利质押标的而划定的质押。债券质押是权利质押的一种。

债券具有：

（1）偿还性。即承诺支付利息和偿还本金。

（2）流动性。即债券的变现能力强。

（3）安全性。投资者的资金安全性受到法律保障。

（4）收益性。债券可以获得固定的、高于存款利率的利息。

183. 什么是仓单质押？

所谓仓单质押，是指以仓单为权利质押标的而设定的质押。

仓单是由仓储保管人填写的证明寄托人寄存物品的凭证（单据）。仓单一般记载有寄托人之姓名及住址、保管场所，寄托物种类、名称、数量、质量，仓单填写地及填发时间、保管期限、保管状况、保管费用等。

184. 什么是提单质押？

提单质押是指以提单为权利质押标的而设定的质押。

所谓提单，依据《中华人民共和国海商法》的规定，是指用以证明海上货物运输合同和货物已经由承运人接受或者装船，以及承运人保证据以交付货物的单据，提单中载明的向记名人交付货物，承运者按照指示人交付货物，或者向提单持有人交付货物的条款，构成承运人据以交付货物的保证，在提单中，记名提单不可转让，因不能作为债权质押的标的；指示提单和不记名提单均可转让，因此可作为债权质押的标的。指示提单，须经过记名背书或空白背书转让；不记名提单，无须背书，即可转让。

185. 什么是一般债权质押？

一般债权质押，又称之为普通债权质押，是指为担保债权的实现而以一般债权为标的设定的质押。这里所称一般债权，是指没有有价证券作为其代表符号的债权，即有价证券以外的债权。因为债权为财产权，原则上都可以质押，但是也有不能质押或不适于质押的债权。单纯以劳务为标的的债权及其他依照法律规定或者当事人约定不能转让的债权，是不能质押的债权。

以下几种债权，或因其担保作用有限，或因其担保作用的发挥取决于一定的条件，或因其不具有强制执行的效力，都是不适宜质押的债权：①基于无因管理不当得利、侵权行为而发生的债权，在标的金额尚未确定前不适于质押；②基于双务合同而发生的债权，除非该债以有优先受清偿的约定，在债权人对债务人之相应义务未履行前不适用于质押；③诉讼时效期间届满的债权。以上述几种债权设定质权的，并非其质押无效，只是其担保有可能不被人民法院认可。一般认为，人质债权应是可转让的以金钱或实物为标的的且已确定的，可以申请法院强制执行的债权。

186. 什么是存单质押？

存单质押，是指以存单为权利质押标的而设定的质押。存单，又称存款单，是存款人将一定数额的金钱交存银行或其他储蓄机构，由银行或储蓄机构签发，约定向存款人支付本金和按利率支付利息的凭证。

187. 以虚开的存单进行质押应如何处理？

所谓虚开的存单是指确属金融机构出具，但无实际存单内容或与实际存款不符的真实存单。无实际存款内容的存单指空存单，即“存款人”根本没存入任何款项。与实际存款内容不符的存单是指套取的存单，如实际存款1000元，在金融机构存款底联上是1000元，但在存单上却记载10 000元。无论是哪一种存单，它们都有一共同的特点即存单外表真实，形式要件齐备，一个普通的局外人，在通常情况下不能辨别存单的真实情况，不能获悉存单持有人实际存款状况。虚开存单属于涉嫌刑事犯罪行为，必须有金融机构的内部工作人员的帮助才能完成。虚开存单，存单持有人和金融机构内部工作人员在主观上属于串通，而且是恶意，存单持有人虽有存单，但也并不表明其与金融机构之间存在任何债权、债务关系，存单持有人不仅没有任何应受法律保护的民事权利，而且应当受到法律的制裁。但存款持有人若以该存单出质向他人借贷或担保某合同履行就可能会造成接受存单出质的当事人的财产损失。对于以虚开存单出质骗取或占有他人财产的处理，根据最高人民法院一九九七年《关于审理存单纠纷案件的若干规定》（以下简称《若干规定》）第八条的规定，该质押关系无效，利用存单骗取或占有他人财产的持有人对侵害他人财产负赔偿责任。至于金融机构应承担的责任，按照《若干规定》的规定，金融机构与出质人承担连带赔偿责任，但如接受存单质押的人明知存单是虚开的而接受质押的，则金融机构不承担民事赔偿责任。

188. 以伪造、变造的假存单做质押应如何处理？

按照最高人民法院《关于审理存单纠纷案件的若干规定》第八条的规定，以伪造、变造的假存单出质的质押合同因标的虚假，质权自始不能设立。质押合同为无效合同，质权不成立。因金融机构与持单人之间没有产生任何法律关系，金融机构对伪造存单的持单人不负清偿责任，因此金融机构对此不承担民事责任，存单出质人单独承担民事责任。

189. 质权人对存单进行核押有何法律意义？

所谓存单核押是指质权人将存单质押的情况告知金融机构，并就存单的真实性向金融机构咨询，金融机构对存单的真实性予以确认并在存单上或以其他方式签章的行为，在存单质押中，当事人向金融机构核押存单对于存单质押具有非常重要的意义，具体如下：

（1）开具存单的金融机构核押存单，即该金融机构对存单的真实性进行再确认，经开具存单的金融机构确认后，无论实际存款情形如何，该存单即具有完全权利内容的权利证书可以成为合法的质押标的。

（2）质权人核押存单也是在向金融机构告知存单被出质的事实，金融机构被告知存单出质后，开具存单的金融机构就不得再向存款人支付存单上的款项，更不允许挂失，此时质权人才是真正的权利享有者。

从上述核押具有的法律意义来看，核押是质权人保护权利安全的最基本的方法。

190. 如何处理以借用的存单进行质押的问题？

借用存单质押是指债务人为实现自己的经济目的，借用他人的存单出质，以他人的存单出质，性质上属于第三人提供出质权利。因此，应当有该第三人以存单债权为他人进行担保的真实愿望，即权利人（该第三人）应当以明示的方式表示自愿以自己的存单为他人提供担保，或权利人虽然在存单被出质时不知，但事后追认该出质行为的，该质押行为属有效。但是如果没有该权利人为他人的债权提供担保的真实意思表示，权利人不知情，事后不予追认并要求确认质押无效，返还存单的，该质押行为是否有效，债权人能否取得质权，则应分情况而定：

（1）债务人以不法占有的他人存单出质，如偷、抢、骗，拾的存单出质的，则无论债权人在主观上对出质人不法占有存单的状态知悉还是不知，因不符合质权的善意取得，这种情况质押行为均为无效行为，债权人不能取得质权。

（2）债务人以合法占有的他人存单出质，如以借用的存单出质的，当债权人对存单的真实所有关系不知情，根据质权的善意取得理论，债权人属于善意接受出质，质权关系应属有效，债权人可以取得质权，但这种情形一般只存在于过去不记名存单的情况下，如果是记名存单，债权人明知存单记载的存款人与出质人不是同一人而接受存单出质的债权人就不属于善意，不能取得质权。

（3）债务人合法占有的存单出质，当债权人在接受存单时对存单的真实所有关系知情，譬如丈夫以妻子的存单出质的，在债权人接受出质时知道存单不属于出质人所有，但出质人与存单权利人之间有关于出质存单的代理关系，出质有真实的代理权，出质的结果由权利人承担，质权关系有效。反之， 如果接受存单出质的债权人知道存单不属于出质人所有，出质人没有代理权，债权人也无任何理由相信出质人有代理权则质押关系无效，债权人不能取得质权。

191. 如何行使存单质权？

质权人的债权到期未受清偿，质权人可直接向存单债务人（即开具存单的金融机构）要求兑付存单，以实现质权。当然质权人必须持有权利凭证即存单，如存单已返还给出质人，则质权消灭，质权人不能主张质权。如果银行拒绝向质权人兑付存单，质权人可以向银行提起给付起诉，既可单独起诉金融机构，也可将债务人、出质人（当第三人出质时的情形）、金融机构一并起诉，这是质权人的诉讼权利，不受限制。

192. 真实存单质押后，出质人挂失将款项支取，存款的金融机构承担什么责任？

真实存款质押后，若出质人又到金融机构办理存款单挂失手续，挂失期满后将款项支取的，依据《担保法解释》第一百条：“以存款单出质的，签发银行核押后又受理挂失并造成存款流失的，应当承担民事责任。”的规定，存款金融机构承担责任的情况如下：

（1）以存单出质的，签发金融机构核押后又受理挂失并造成存款流失的，应当承担民事责任。因为质权人已将存单质押的情况告知了存款金融机构（质权人负有举证责任，即要有存款金融机构的签字回执），存款金融机构仍让出质人将款项支取，则存款金融机构的行为侵害了质权人的质权，应负侵权民事责任，此外，存款金融机构仍负有按质权人所持存款单兑付款项的责任。

（2）以存单出质的，未经签发金融机构核押的，存款人申请挂失并将款项取走的，存款金融机构不承担民事责任。因为存单出质未经存款金融机构核押的，存款金融机构不知存款单被质押，根据“存款自愿，取款自由”的原则，金融机构给存款人支付存款，没有任何过错，因此存款金融机构不应承担民事责任。

193. 什么是股权质权?

所谓股权质权，是指在出资证明书、股票等股权证明上设定的质权。出资证明书、股票所代表的股东权有财产内容，具有交换价值。因此，可以作为质押的标的，但股权作为质权的客体时质权的效力并非及于股东的全部权利，而只及于其中的财产权利。《中华人民共和国公司法》规定：“公司股东作为出资者按投入公司的资本额享有所有者的资产受益、重大决策和选择管理者权利。”股权是一种包括财产权和非财产权在内的综合权利。股权出质后，质权人只能行使其中的资产出益权等财产权利，公司重大决策和选择管理者等非财产权利由出质股东行使。股权质权的效力只能及于股权中的财产权，不能及于股权中的非财产权，这是由质权之价值权性质所决定的。

194. 股权质权应如何设定?

股权质权的标的依据《中华人民共和国担保法》第七十五条第一款中第（二）项规定：“依法可以转让的股份、股票，”可以质押，因此股权分股票质权和股份质权：

（1）股票质权的设定。以股票设定质权除满足一般质押生效要件外，还必须根据《中华人民共和国担保法》第七十八条第一款：“以依法可以转让的股票出质的，出质人与质权人应当订立书面合同，并向证券登记机构办理出质登记，质押合同自登记之日起生效，”之规定的需求办理，即质押合同签定后，应依法向证券登记机构办理出质登记，质权自登记之时设立。

（2）股份质权的设定。股票以外的股份，主要指有限责任公司的股份。我国《中华人民共和国担保法》第七十八条第三款规定：“以有限责任公司的股份出质的，适用公司法股份转让的有关规定。质押合同自股份出质记载于股东名册之日起生效。”根据《中华人民共和国公司法》的规定，股东之间可以相互转让其全部或者部分出资。股东向股东以外的人转让其出资时，也须经全体股东过半数同意，不同意转让的股东应购买该转让的出资，如果不购买该转让的出资，视为同意转让。经股东同意转让的出资，在同等条件下，其他股东对于该出资有优先购买权。由此可见，以有限责任公司的股份设定质押，在获得股东的同意后，应当将质权人的姓名或名称，住所和出资额记载于股东名册，以为公示。质押合同签定后，应将股份出质的情况登记于公司股东名册，质权自股份出质登记于股东名册之时设立。

195. 哪些情况会导致股权质押合同无效？

导致股权质押合同无效的情形很多，大致有以下几种：

（1）主合同无效，股份、股票质押合同无效。《中华人民共和国担保法》第五条明确规定：“担保合同是主合同的从合同，主合同无效，担保合同无效。”股权质押合同属担保主债权实现的从合同，故主合同无效，质权质押合同当然无效。

（2）以依法不得转让的股票设定质押的，质押合同无效。所谓依法不得转让的股票，根据《中华人民共和国公司法》及有关法律规定，有下列几种：①发起人持有的本公司股份自公司成立之日起三年内不得转让；②公司董事、监事、经理所持有的本公司的股票在任职期间内不得转让；③采取发起方式设立的公司，公司股权证的转让必须在法人之间进行，不得向个人转让；④采取募集方式设立的公司，其股权证按其原持有人身份，可在法人之间以及公司内部职工之间转让，但不得向公司以外的任何人转让；⑤本公司内部职工持有的股权证要严格限定在本公司内部，不得向公司以外的任何人转让；⑥各种法人不得将持有的公司股份，认股权证和优先认股权转让给本法人单位的职工，不得将以集体福利基金、奖励基金、公益金购买的股份派送转让给职工；⑦公司内部职工的股份（除去职和死亡者的股份外），在公司配售后三年内不得转让。⑧公司股份自公司清算之日起不得转让。

（3）公司接受本公司的股票质押，质押合同无效。依据《中华人民共和国公司法》规定：“公司不得接受本公司的股票作为抵押权的标的。”因此公司接受本公司的股票质押的，该质押合同无效。

（4）以法律禁止买卖股票的人的股票质押，股票质押合同无效。依据《股票发行与交易管理暂行条例》的规定，法律禁止买卖股票的人有以下三种：①证券业从业人员、证券业管理人员和国家禁止买卖股票的其他人员（包括党政干部）；②为股票发行出具审计报告、资产评估报告、法律意见书等文件的有关专业人员，在该股票承销期内和期满后六个月内，不得购买或者持有该股票；③为上市公司出具审计报告、资产评估报告、法律意见书等文件的有关专业人员，在其审计报告、资产评估报告、法律意见书等文件成为公开信息前，不得购买或者持有该公司的股票；成为公开信息后的五个月内，也不得购买该公司的股票。

（5）未经股东大会讨论通过，以股份为质物的股份质押合同不生效。有限责任公司是人合公司，其经营活动的信用基础在于股东个人信用，如果以股份出质，就有可能更换股东，损害公司的信用基础。根据我国《中华人民共和国公司法》之规定，有限责任公司的股东以其股份出资的该股东并不能独立地做决定，必须经过股东大会讨论决定并获得全体股东过半数的同意。

（6）未将出质情况记载于股东花名册的股份质押合同不生效。《中华人民共和国公司法》规定："股东依法转让其出资后，由公司将受让人的姓名或者名称住所及受让人的出资额记载于股东名册。"另据《中华人民共和国担保法》第七十八条第三款规定："以有限责任公司的股份出质的，适用公司法股份转让的有关规定。质押合同自股份出质记载于股东名册之日起生效。"所以股东以其股份出质时应将质权人的姓名、住所、质权额记载于公司股东花名册，出质人将出资证明书交与质权人占有。质押合同自股份记载于股东花名册之日起生效。否则，质押合同不能产生效力。

196. 股份质权的效力表现在哪些方面?

股份质权的效力主要表现在以下几方面：

（1）质权人的优先受偿权。即在股权质押所担保的债权届期未受清偿时，质权人可以通过转让其占有的股份或股票，并从所得的价款中优先受偿的权利。

（2）质权人对股权凭证的占有权。即在股权质押设定后，质权人有权占有出质人的股权凭证。一旦丧失股权凭证的占有而不能请求返还时，质权即消灭。

（3）质权人享有分配盈余的收取权。因质权人有收取质物孳息的权利，故基于股份而为的盈余分配，属股份所产生的法定孳息，质权人原则上有权收取。

（4）质权人享有对出质人行为的限制权。《中华人民共和国担保法》第七十八条第二款规定：“股票出质后，不得转让，但经出质人与质权人协商同意的可以转让。出质人转让股票所得的价款应当向质权人提前清偿所担保的债权或者向与质权人约定的第三人提存。”

（5）质权人享有股票代表物上的代位权。股份一旦设质，股份上质权的效力，就及于股份的代表物上。

197. 知识产权质权应如何设定？

依据《中华人民共和国担保法》第七十五条第一款第（3）项之规定，在知识产权中，依法可以转让的商标专用权、专利权、著作权中的财产权可以设定质押。《中华人民共和国担保法》第七十九条规定：“以依法可转让的商标专用权、专利权、著作权中的财产权出质的，出质人与质权人应当订立书面合同，并向其管理部门办理出质登记。质押合同自登记之日起生效。”所以知识产权质权设定须具备两个条件：

（1）知识产权质押合同。设立知识产权质权，出质人与质权人应当订立书面质押合同。合同内容包括主债权的种类、数额，债务人履行债务的期限，担保的范围以及因知识产权质权标的不同功能特有的不同内容，如标的为商标专用权的，合同中须注明注册商标专用权人及其注册商标、注册号等；标的为专利权的，合同须写明专利权人、专利号、被质押的权利范围等；如标的为著作权中的财产权的，则须写明质押的标的是《中华人民共和国著作权法》所指的哪一种作品或者著作邻接权中的哪一项，质押的权利范围等内容。合同为要式合同，应采用书面形式签订。

（2）质押登记。即以依法可以转让的商标专用权、专利权、著作权中的财产权出质的，按《中华人民共和国担保法》第七十九条的规定，质押合同签订后应向商标权、专利权、著作权管理部门办理登记，质权自办理登记之日起设立。

198. 动产质权与权利质权有何区别？

动产质权与权利质权同属质权体系，符合质权的共同性和特征，都具有保证被担保债权实现的功能，质权人与出质人的权利义务，也基本相同。但因权利的标的不同，两者又是有区别的，具体来讲权利质权与动产质权有以下区别：

（1）质权的客体不同。动产质权的客体是有物质实体的有形动产，而权利质权的客体则是没有物质实体的无形的财产权利。

（2）质权设定的方式有所不同。质权之设定虽然都要具备订立质押合同和转移标的物占有这两个条件，但是由于有形动产与无形权利之间的区别，在转移占有的方式上则有很大的不同。设定动产质权时，转移动产占有的方式只有一种，即出质人向质权人交付出质的动产。而在设定权利质权时，转移权利“占有”的方式则有三种：其一，以票据化、证券化之债权或物上请求权设质时，交付作为权利代表符号的票据、证券即意味着移转了入质债权或物上请求权之“占有”；其二，以非票据化、证券化的债权设质时，由出质人、质权人将设质之情况通知入质债权的债务人，即意味着转移入质债权的“占有”；其三，以股份、股票或知识产权设质时，依法进行质押登记即意味着转移了入质股权或知识产权的“占有”。

（3）质权保全的方式有所不同。保全动产质权的主要方式是质权人对入质动产的实际掌握控制，而保全权利的主要方式则是对出质人处分入质权利的法律限制，如规定非经质权人同意出质人不得转让抛弃入质权利或缩小入质权利内容的法律行为。

（4）质权实现的方式有所不同。在质权实现方式上，折价、拍卖或变卖入质动产并从售出所得价款中优先受偿，这是动产质权人实现其质权的唯一方式，而权利质权的实现则有三种不同的方式：其一，拍卖、变卖入质权利并从出售得款中优先受偿。其二，取代出质人的地位，向入质权利的义务主体直接行使入质权利，并通过直接行使入质权利使被担保的债权优先受偿，如通过收取入质债权的本金和利息使被担保的债权优先受偿。其三，收取入质权利的收益。

三、关于个人信用法律实务

199. 什么是个人信用报告？

个人信用报告是中国人民银行征信中心出具的，全面反映本人借债还钱遵守合同和遵纪守法状况的信用档案。

个人信用报告客观地记录整合本人的信用表现，全面、准确、及时地反映本人的信用状况，是自己的“经济身份证”。

200. 信用报告与银行“贷”与“不贷”是什么关系？

个人信用报告只为商业银行进行信贷决策提供参考。商业银行还会综合考虑本人的各方面情况，决定是否为个人提供授信。

201. 个人的信用报告中有哪些信息？

基本信息：识别本人身份的信息，如姓名、证件类型、证件号码、婚姻状况等，主要由本人提供给金融机构。

信贷信息：包括贷款信息、信用卡信息和为他人提供担保的信息等，是信用报告的核心部分。

公共信息：展示在社会管理方面的信息，如法院判决和强制执行信息、欠税信息、行政处罚信息等。

202. 不良信息是指哪些信息？

不良信息是指对信用状况构成负面影响的下列信息：

（1）在信贷赊销、担保、租赁、保险、使用信用卡等活动中未按照合同履行义务的信息。

（2）在社会管理方面的信息，如行政处罚信息，人民法院判决或者裁定执行义务以及强制执行的信息等。

203. 什么是“逾期”行为？

逾期行为是指到还款日最后期限仍未足额偿还本金、利息和相关费用（如滞纳金等）。

204. 不良信息在信用报告中保留多久？

自不良行为或者事件中止之日起为5年。超过5年的，将在信用报告中删除。示例：如果本人有一笔住房贷款的还款到期日是2012年1月1日，但本人直到2013年1月1日才全额还款，因此形成了1年的逾期记录并展示在您的信用报告中。那么这些逾期信息什么时候才会从信用报告中删除呢？

——从本人2013年1月1日还清全部欠款后的5年，即从2018年1日起，本人这笔贷款的逾期记录才会全部从信用报告中“消失”。

205. 如何确保个人良好信用记录？

（1）主动与银行保持畅通的联系渠道，注意更新手机号码。手机是目前银行与客户保持沟通的最便捷高效的联系方式。银行在向征信系统报送信贷的不良信息之前，会按照本人留下的联系方式通知。请本人确保与银行联系方式的准确性，以保证“被通知到”。

（2）向银行准确提供并及时更新基本信息。本人在向银行申请办理贷款信用卡时，请如实填写各类申请表，提供准确的信息。当基本信息发生变化时，请及时主动通知业务发生银行进行更新。当本人的基本信息有错时，请及时主动通知业务发生银行进行更新。

（3）收到不良信息通知后应积极采取措施降低不良影响。如果确有其事，请尽快还款，积极采取措施避免再次发生。如：留意还款日期，主动设置手机提醒备忘，设置关联存款账户自动还款等。如果信息确实有误，请向业务发生银行提出异议申请。

（4）报送或查询个人信息需要本人书面授权。授权一般采取合同中的格式授权条款，本人一定仔细阅读授权条款中报送数据的对象，特别注意除了报送数据给征信中心外，是否还有其他机构。

第二部分　不良贷款法律风险防控

一、诉讼法律手段及实务

206. 借款人发生哪些情况出借人应立即采取诉讼手段清收解决?

借款人发生下列情况，应考虑尽快诉讼：

（1）借款人或担保人确无还款意愿、拒绝签收催债通知书或有其他恶意逃避债务行为的。

（2）借款人或保证人生产经营出现严重恶化迹象，可能危及债权安全的。

（3）借款人不具有还款能力，但抵押、质押物可以变现或保证人有还款能力的。

（4）抵质押物严重贬值或可能发生毁损的。

（5）借款人或保证人发生兼并、重组、出租、承包、股份制改造等重大组织形式变更而没有落实出借人债务的。

（6）逾期超过三个月的。

（7）借款人或担保人存在或发生其他足以危及债权安全的情形。

如果发生以上情形之一的，出借人就应尽快采取诉讼手段，清收贷款。

207. 借款人如果歇业、被撤销或被吊销营业执照的，出借人应起诉谁?

如果发生借款人歇业或被撤销、被吊销营业执照的情况，出借人应按以下情况确定诉讼主体：

（1）如果借款人被撤销或被吊销营业执照，但成立了清算组织的，出借人应以清算组织为被告，要求其以终止企业的财产清偿债权；如果没有成立清算组织，应以原借款企业为起诉对象，并以负有清算义务的清算主体为共同被告，要求其履行清算义务。具体的清算主体可以按照以下原则确定：①借款人是国有企业的，其上级主管部门为清算主体；②借款人是集体企业的，其开办者为清算主体；③借款人是联营企业的，联营各投资主体为清算主体；④借款人是有限责任公司的，全体股东为清算主体；⑤借款人是股份有限公司的，董事会为清算主体。

（2）如果借款人歇业、被撤销或被吊销营业执照的企业的股东或者开办单位没有投入自有资金，或投入自有资金达不到法定的最低限额，或者不具备企业法人其他条件的，出借人就可请求人民法院认定其不具备法人资格，由股东或开办单位承担民事责任。

208. 借款人如果破产，出借人应起诉谁？

借款人如果破产，如果有保证人的，则直接以保证人为被告，要求其承担保证责任，同时要通知保证人关于债权人已放弃申报债权的事实，告知其可预先行使追偿权，此后，还可查封保证人在清算组破产分配所得。如果没有保证人，则出借人应向破产受理人民法院申报债权。

209. 借款人变更名称，出借人应起诉谁？

如果借款人变更名称，则出借人可以直接起诉变更后的主体，出借人可在工商登记部门查找其变更手续，作为证据或证明。

210. 借款人进行公司制改造，出借人应起诉谁？

借款人进行公司制改造的情形有以下两种：

一是借款企业依法整体改制或通过增资扩股或转让部分产权进行公司制改造，出借人应以改制后的公司为被告。

二是借款企业以部分财产和他人组建新公司，出借人原则上仍以原债务人为被告，但原债务人以优质资产或主要资产与他人组建新公司的，则出借人就应以原债务人与新设公司为共同被告，要求新设公司在接受的财产范围内与原债务人共同承担连带责任。

211. 如果借款人进行股份合作制改造，出借人应起诉谁？

如果借款人进行股份合作制改造的，则出借人应以改造后的股份合作制企业为被告。但是借款人在股份合作制改造时，借款人的资产管理人或出资人隐瞒或遗漏了出借人债务的，分两种情况：一是若股份合作制改造时，参照公司法的有关规定通知或公告债权人的，且出借人在通知或公告规定的期限内申报债权的，出借人可以改造后的企业为被告；二是若股份合作制改造时，参照公司法的有关规定通知或公告债权人的，但出借人未在通知或公告规定的期限内申报债权的，则出借人不能以改造后的企业为被告，仍应以借款企业资产管理人或出资人为被告。

212. 如果借款企业分立的，出借人应起诉谁?

如果借款企业分立的，出借人应以分立后的企业为共同被告，但分立时对出借人债务承担有约定的，且经出借人认可的，则出借人应以约定的债务承担者为被告。

213. 如果借款人被兼并，出借人应以谁为被告?

借款人被兼并，有以下几种情形：①兼并双方对出借人债务承担有约定，且经出借人同意的，则出借人应以约定的债务承担者为被告。②兼并双方对出借人债务承担未做约定，或虽有约定但出借人不同意的，如果是吸收合并的（即借款人法人资格被注销，成为兼并者的一部分），则出借人应以兼并方为被告。如果是新设合并（即债务人与他人以各自所有的资产重新注册成立新企业，借款人主体资格消灭），则出借人应以新企业为被告。这里有一个问题，需要清楚，即当借款企业被吸收合并时，借款人的资产管理人或出资人隐瞒或遗漏了出借人债务的，如合并时，参照公司法的有关规定公告通知了债权人，出借人在公告期限内申报债权的，出借人应以兼并方为被告；如果出借人没有在公告期内申报债权的，则出借人应以借款企业的原资产管理人或出资人为被告。③以收购股权方式实现对借款人兼并的，出借人仍应以借款人为被告。但收购者抽逃债务人资金、逃避债务，致使借款人无力偿还债务的，则出借人应以借款人及其收购者为共同被告。

214. 借款人注册资本不实时，出借人向谁主张自己的权利?

借款人开办单位或出资人出资不实或抽逃出资的，出借人可以借款人及其开办单位为共同被告，要求开办单位在出资不实部分或抽逃资金范围内承担赔偿责任。如存在验资机构提供虚假验资证明的，出借人可追加验资机构为共同被告，要求其在验资不实部分或虚假资金证明金额内承担民事赔偿责任。

215. 借款企业被承包、租赁经营，出借人起诉谁?

当借款企业被承包或租赁出去，此时出借人仍应以债务人为被告，可以对承包人或承租人经营管理的借款人的资产采取保全措施。如承包或租赁合同严重侵害了借款人合法权益的，出借人可以提起撤销之诉，请求人民法院撤销承包或租赁合同。

216. 如果借款人为分支机构，出借人起诉谁？

如果借款人为其他法人的分支机构，有以下两种情形：一是依法设立但领取非法人营业执照的，出借人可以该分支机构为被告，可追加其设立者为共同被告；二是未领取营业执照或非依法设立的，出借人应以设立该分支机构的法人为被告。

217. 如果借款企业为合伙企业，出借人应如何起诉？

按照《中华人民共和国合伙企业法》第二条规定，合伙企业是指自然人、法人和其他组织依法在中国境内设立的普通合伙企业和有限合伙企业。普通合伙企业由普通合伙人组成，合伙人对合伙企业债务承担无限连带责任。有限合伙企业由普通合伙人和有限合伙人组成，普通合伙人对合伙企业债务承担无限连带责任，有限合伙人以其认缴的出资额为限对合伙企业债务承担责任。根据最高人民法院关于《适用中华人民共和国民事诉讼法若干问题的意见》第四十七条的规定，借款人为合伙企业的，出借人应当以合伙企业及合伙人为共同被告。

218. 借款人为个体工商户的，出借人如何起诉？

按照《最高人民法院关于适用中华人民共和国民事诉讼法若干问题的意见》第四十六条的规定，借款人为个体工商户的，出借人应以营业执照记载的业主为被告。如果营业执照上记载的业主与实际经营者不一致的，出借人则以业主和实际经营者为共同被告。

219. 借款人为自然人且死亡的，出借人应如何起诉？

按照《最高人民法院关于适用民事诉讼法若干问题的意见》第四十四条规定，借款人为自然人且死亡的，出借人以法定或指定的继承人为被告，要求其在接受的遗产范围内承担责任，但明确表示放弃继承权的继承人除外。

220. 出借人对借款人起诉后，如何查找借款人的财产？

查找、掌握借款企业和担保人的财产，尤其是有效资产（即债务人所拥有的能够变现用以偿还到期债务的资产）非常重要，出借人应采取以下方法和途径查找借款人和担保人的财产：①查看借款人和担保人在申请借款时所提交的企业报表和其他财务资料；②出借人要密切注意当地新闻媒体、中介机构或当地政府主管部门披露的有关借款企业和担保企业的效益、经营或财务变动信息；③出借人可通过与借款人和担保人内部工作人员或交易相对人沟通交流，了解掌握债务人的重大投资、重大交易及重大财产变动信息，包括应收账款、到期债权等；④出借人可以到公共财产管理及登记机关查找财产线索。

221. 出借人对借款人申请诉讼保全后，人民法院什么时候开始执行？

人民法院接受保全申请后，对情况紧急的，在四十八小时内作出裁定；裁定采取保全措施的，立即开始执行。

222. 查找借款和担保人的财产对出借人有什么作用和意义？

查找、掌握借款企业和担保企业的财产，是全部诉讼活动中最重要的一个环节，是诉讼执行的物质基础，也是决定诉讼成效的最关键因素之一。出借人如果掌握和控制了债务人的有效资产就意味着掌握了诉讼的主动权，它是迫使债务人接受债务重组、以物抵押物债、诉讼或执行和解的最重要的砝码和撒手锏。如果不掌握债务人的有效资产，那么出借人所得到的诉讼结果只能是一纸空文。所以对借款人和担保人的财产查找，应贯穿于整个借款和诉讼全过程之中，包括贷前调查、贷中审查、贷后检查、逾期后的非诉讼催收、起诉前的准备、诉讼中和执行中的所有环节中，总之掌握借款人和担保人的财产或财产线索对出借人清收贷款非常重要，所以出借人应积极查找借款人和担保人的有效资产或线索，并及时核实其真实性。

223. 什么是财产保全？

财产保全是指民事案件的当事人在起诉前或人民法院作出判决前，发现对方当事人对行为或标的物或财产可能有出卖、转移、隐匿、损毁的行为，可能使人民法院的判决不能执行或者难以执行时，当事人请求人民法院对标的物或财产采取一定的强制性的保全措施。常见的保全措施有查封、冻结、扣押、止付等。财产保全分为诉前保全、诉讼保全、重复保全和对担保人财产的保全。

224. 出借人如何进行诉前保全？

出借人对起诉前已查到的借款人或担保人所有的或经营管理的财产，为了防止他们转移、隐匿，使胜诉后难以执行，而向人民法院提起的财产保全。出借人申请诉前保全应注意以下事项：

（1）做好提供担保的准备。诉前保全与诉讼保全不同，诉讼财产保全不是必须提供担保，只有在人民法院责令提供担保的时候，提供担保才成为必要条件，而诉前保全必须提供担保。但在司法实践中，对于银行出借人等金融机构申请的诉前保全，人民法院一般并不要求银行再另行提供担保。但是为了避免因未提供担保而使出借人的诉前保全被人民法院驳回，防止因保全不及时，借款人和担保人的财产被其他债权人抢先保全的情形发生，因此出借人在申请诉前保全时，应充分做好诉前保全的担保手续，以防万一。

（2）出借人在申请保全前一定要弄清楚，所申请保全的财产必须是被申请人所有或经营管理的财产，也就是，在保全前，必须查清楚拟保全财产的权属状况。

（3）出借人必须在人民法院采取诉前保全措施后 15 日内起诉，如果未在人民法院采取财产保全后 15 日内起诉的，采取保全措施的人民法院将解除财产保全。

225. 出借人如何进行诉讼保全？

出借人在案件诉讼过程中如果发现被告财产的，应遵循“随时发现、随时申请保全”的原则。另外，出借人在诉讼保全上，应注意以下事项：

（1）一审上诉期间发现被告财产的，应向一审人民法院申请财产保全。

（2）二审期间需要保全财产的，应向二审人民法院申请。

（3）一审已查封或冻结的被告财产二审期间需要续封或续冻的，应向二审人民法院申请。

226. 出借人如何使用重复（轮候）保全措施？

对于已被其他司法机关采取保全措施的财产，如其他司法机关保全的是财产的部分价值，出借人仍可以就剩余部分申请采取保全措施。此外，对于借款人或担保人已抵押或质押给其他债权人的财产，出借人仍可以采取保全措施。

227. 出借人对担保人财产的保全应注意哪些事项？

出借人申请对担保人财产的保全有两种情况：

（1）如果保证人提供的是人保，即以其经营管理的财产为债务人的债务向出借人提供担保，那么出借人对于保证人经营管理的任何财产都可以依法申请采取保全措施。

（2）如果担保人提供的是抵押物押或质押，即物权方面的担保，由于抵押物押或质押是以特定的财产为借款人的借款向出借人提供担保，因此，出借人不能保全抵押物押物或质押物以外的担保物权人的财产。对于抵押物押物或那些出借人并不直接占有的质押物，为防止担保物权人非法处分担保物，影响担保物权的实现可以对担保物实施保全。在担保物毁损、灭失等情况下，如果该担保物有保险金、赔偿金或补偿金的，出借人也可以申请人民法院对保险金、赔偿金或补偿金采取保全措施。

228. 什么是诉讼时效?

诉讼时效是指权利人不在一定期间内行使权利，即丧失依法通过诉讼程序保护其权利的可能性的民事法律制度。根据《中华人民共和国民法总则》第一百八十八条规定，向人民法院请求保护民事权利的诉讼时效期间为三年。也就是说，出借人自贷款到期日算起，如果不在三年内向债务人主张权利，即丧失胜诉权，出借人的贷款债权将得不到人民法院的保护。

229. 出借人如何计算诉讼时效?

出借人的贷款合同（协议）的诉讼时效的起算有以下几种情况：

（1）出借人与借款人在贷款协议中对债务履行期限有明确约定的，从约定的还款日之次日起算。在此应特别注意，如果出借人与借款人签有延期还款协议的，诉讼时效应从延期还款协议规定的最后还款日次日起算。

（2）如果出借人与借款人就还款期限约定不明确的，根据《民法总则》《合同法》的有关规定，债务人可以随时向债权人履行，债权人也可随时要求债务人履行；但都应给对方合理的履行期限，此时诉讼应从该合理期限届满之日算起。

（3）在分期还款的情况下，诉讼时效是从每一期还款期满之日分别计算，还是从最后一笔还款期满之日计算，法无明文规定。有些人民法院认定是一个合同的分次履行，但诉讼时效要求从知道或应当知道其权利受到侵害时起算，而单笔未还时，银行即“应当知道”，因此认定诉讼时效应从每一期还款期满之日分笔计算。因此，出借人在处理分期履行的债务时，应注意加强催收。

（4）另外，有些借款合同中含有宣布借款提前到期或提前收回的规定，被称为“加速条款”。如果出借人利用该条款向借款人发出关于宣告借款提前到期的通知，那么，诉讼时效应从借款人收到该通知之日起计算，如果双方另有约定的除外。

230. 什么是诉讼时效的中断？

诉讼时效的中断是指由于某种法律所规定的情况出现，而使诉讼时间的计算连续性出现中断，诉讼时效待中断事由消除后，重新计算的法律规定。

231. 出借人引起诉讼时效中断的方式都有哪些？

根据《民法总则》的规定，能够引起诉讼时效中断的情况有三种：起诉；向对方主张权利；义务人明确表示同意履行义务。具体到出借人清收不良贷款中，常见的方式有以下几种：

（1）出借人向借款人和担保人下发“催收通知书”，由借款人和担保人在催收通知书上签字确认。在催收通知书的送达上，常采取上门送达、邮寄送达或传真送达的形式。不论采取哪种催收方式，催收必须满足两方面条件，才能产生中断诉讼时效的效力：一是必须向对方提出，对方知晓该催收通知书；二是主张的内容必须与双方间存在的债权债务有关。在对这几种催收方式的采用上，要注意以下问题：采取上门送达方式的，应有送达对象的法定代表人或其授权人在“催收通知书”上签字并加盖公章；采取邮寄或快递方式送达“催收通知书”的，留存的快递凭证上应记载有关催收的主债权（如催收内容经过公证，还需附有关于催收信件内容的公证文书），邮递或快递部门提供的表明催收文件已送达的送达回执。传真件由于在证明对方收到以及传真件的内容方面有一定难度，因此出借人不主张采用传真方式进行催收，但如果没有其他能够证明诉讼时效中断的证据，也可用保存的传真记录及有关证据资料来作为催收证据。因传真资料易变形，宜复印保存。另外，关于公告送达，最高人民法院明确规定资产管理公司可以采取公告方式催收，其他债权人不能采取此方式进行催收。

（2）出借人可以直接扣收借款人在出借人的有关存款。这种方式能否产生诉讼时效中断的效力，司法实务对此并无定论。因此，出借人在扣收借款人存款的同时，仍应向借款人催收。

（3）义务人履行或同意履行义务。义务人向债权人表示同意履行义务的方式可为口头，也可为书面，甚至为“行为”，如部分履行、支付利息、请求延期履行、提供担保等。这里要注意：由于口头证据在诉讼中较难被人民法院采信，因此，出借人对于借款人口头向出借人表示履行义务的，出借人应要求其提供有关书面资料，便于出借人在诉讼时举证，维持诉讼时效。

（4）出借人也可以采用会议纪要方式。会议纪要作为诉讼时效中断的事由，在内容上必须有“关于借款人确认借款且承诺偿还”的意思表示，在形式上必须有借款人签字或其授权代表的签字，最好能加盖借款人的公章。

（5）通过诉讼的方式。出借人可以通过对借款人和担保人的诉讼，来引起诉讼时效的中断。

232. 出借人如何理解和处理保证人的保证期间与诉讼时效？

出借人在发放贷款中所签的保证合同，涉及到保证期间的问题。《担保法》规定，如果没有约定保证期间，保证期间为主债务履行期间届满之日起六个月。可见，保证债务诉讼时效的起算与保证期间密不可分。如出借人未在保证期间内要求保证人承担保证责任，则保证人免除保证责任，也就不存在保证债务诉讼时效的问题，因此，出借人只有在保证期间内要求保证人承担保证责任，保证债务诉讼时效才开始起算。另外，在主债务诉讼时效与保证债务诉讼时效的关系上，应区分一般保证和连带保证：一般保证中，主债务诉讼时效中断保证债务诉讼时效中断；连带责任保证中，主债务诉讼时效中断，保证债务诉讼时效不中断。目前，出借人的各类贷款合同和担保合同中，基本上都要求保证人提供连带责任保证。因此，在贷款逾期后，出借人必须对借款人、保证人分别催收，如果仅对借款人进行催收，而不对保证人进行催收，是不会引起保证人保证债务诉讼时效中断的，那么保证人就有可能因为出借人丧失法律诉讼时效而逃脱保证责任。

233. 出借人如何理解抵押物押、质押的诉讼时效？

按照《最高人民法院关于适用担保法若干问题的解释》第十二条第二款的规定：“担保物权所担保的债权的诉讼时效结束后，担保权人在诉讼时效结束后的二年内行使担保物权的，人民法院应当予以支持。”根据该条规定，对于那些主债权已丧失诉讼时效，但有抵押物押或质押担保的出借人贷款债权，在主债权时效届满之日起算的两年内，出借人仍可以担保人为被告提起担保诉讼，以抵押物押物或质押物的价款优先受偿，该两年为不变期间。

234. 出借人如何对贷款诉讼时效丧失进行补救?

由于各种原因，出借人许多贷款怠于管理，导致其丧失诉讼时效，给出借人造成了无法挽回的损失。对已丧失诉讼时效的贷款，出借人可采取以下补救措施：

（1）催收。在诉讼时效已丧失情况下的催收，要想达到延续诉讼时效的作用，根据最高人民法院《关于超过诉讼时效期间借款人在催收通知单上签字或盖章的法律效力问题的批复》的规定，必须要有债务人在催收通知书上签字或盖章，形成对原债务的重新确认，签字人应为债务人的法定代表人或其授权人。

（2）在诉讼时效丧失的情况下，根据最高人民法院《关于超过诉讼时效期间当事人达成的还款协议是否应当受法律保护问题的批复》的精神，通过达成新的还款协议补救诉讼时效。

（3）可以通过会议纪要方式。依据最高人民法院《关于超过诉讼时效期间当事人达成的还款协议是否应当受法律保护问题的批复》的精神，可以通过会议纪要方式补救诉讼时效，但会议纪要在内容上必须有“关于债务人确认债务且承诺偿还”的意思表示；在形式上必须有债务人有权签字人或其授权代表的签字，最好能加盖债务人的公章。

235. 出借人如何审查担保?

出借人进行担保审查可以从以下几方面入手：

一是对担保人主体资格及担保手续的审查。主要审查担保人依法能否提供担保及提供担保的手续是否完备。担保人属于法律、行政法规禁止提供担保的主体范围的，担保无效；担保人提供担保的手续不完备的，担保很可能无效。

二是对抵押物押、质押物的审查。根据担保法的规定，以法律、法规禁止流通的财产或者不可转让的财产设定担保的，担保合同无效。因此对抵押物押、质押物的审查，主要是审查抵押物押、质押物是否为禁止流通物或不可转让的财产。诉前审查如发现抵押物押物、质押物依法属于不能担保的财产范围，应立即对抵押物押物、质押物采取诉前保全措施。

三是对担保登记、审批手续的审查。主要审查依法以办理有关担保登记或审批手续为担保有效或生效要件的，是否已办妥有关登记或审批手续。

四是以保证金质押的，只有将保证金存放在以出借人名义开设的账户内，质押才能生效，存放在以企业名义开设的保证金账户或企业的其他账户内，质押不发生效力。如债权到期，债务人提供的保证金质押虽未生效，但系存放在债务人账户内，出借人应及时对其账户采取保全措施，或依法、依约行使抵押物销权，并书面通知债务人。

五是对借新还旧的审查。在有保证人的情况下，应审查贷款是否存在借新还旧的情形，并判断保证人是否应当承担保证责任。

六是对保证期间的审查。保证期间是保证人承担保证责任的期间，债权人未在保证期间内向保证人主张债权、要求其承担保证责任的，保证人免责。保证期间属于不变期间，不以任何理由中止中断。因此，出借人必须在保证期间内向保证人主张权利，否则保证人免责。对保证期间的审查，主要是审查保证期间的期限及出借人是否在该期限内向保证人主张过权利。

七是对保证方式的审查。出借人要看一看有没有约定，约定是否明确。

236. 出借人如何审查担保人的资格?

主要从以下两方面入手：

（1）如果是企业法人分支机构提供担保的，必须取得法人书面授权，且只可在授权范围内提供担保，否则担保无效。在诉前审查时发现法人分支机构提供担保，但无法人书面授权文件的，应采取措施补救，要求其法人出具授权书。此外，如提供担保的分支机构的负责人与法人的法定代表人为同一人时，应主张法人知晓且同意担保。

（2）如果是公司为本公司的股东或其他个人债务提供担保的，应审查是否有公司章程的规定或股东大会（或股东会）同意担保的决议，如果没有，应想办法补救，否则很可能导致担保无效。

237. 出借人如何对抵押物、质押物进行审查?

出借人对抵押物、质押物的审查主要包括以下方面：

第一，应根据担保法的规定以法律、法规禁止流通的财产或者不可转让的财产设定担保的，担保合同无效，因此，对抵押物、质押物的审查，主要是审查抵押物、质押物是否为禁止流通物或不可转让的财产。诉前审查如发现抵押物、质押物依法属于不能担保的财产范围，应立即对抵押物、质押物采取诉前保全措施。

第二，对担保登记、审批手续的审查。主要审查依法以办理有关担保登记或审批手续为担保有效或生效要件的，是否已办妥有关登记或审批手续。常见的以办妥有关担保登记、审批手续作为有效、生效条件或对抗第三人的有：①以不动产抵押的，应到不动产管理部门办理有关抵押物登记手续，抵押自登记之日生效；②以车辆等交通工具办理抵押的，应到车管所等交通工具管理部门办理抵押手续，抵押自登记之日生效；③以企业设备和其他动产抵押的，应到财产所在地工商行政管理部门办理抵押登记，抵押自登记之日生效；④以记名股票质押的，应到有关法定的登记机构办理质押登记手续，质押自登记之日生效；⑤以依法可以转让的商标专用权、专利权、著作权中的财产权质押的，质押自到商标局等有关管理机关办理质押登记手续，质押自登记之日生效；⑥以划拨国有土地使用权抵押或其上房屋抵押的，应经政府或土地管理部门批准，否则抵押无效；⑦对外担保的，应经外管局等有关主管部门批准或登记，否则担保无效。

第三，出借人在诉前担保审查时，如发现依法应办理有关担保登记或批准手续而未办理的，应想办法补办手续，然后再采取诉讼措施。

238. 什么是保证期间，出借人如何对保证期间进行认定？

保证期间是保证责任的存续期间，即债权人可以请求保证人履行保证义务的有效期间。它事关保证人与债权人之间的债权债务能否行使或履行，也是确定保证债务与诉讼时效关系的依据，因而当事人在保证合同中应明确约定。以下具体分析论述：

（1）出借人与保证人有明确约定的，从约定。

（2）出借人与保证人对保证期间未做约定或约定不明的：一是保证合同订立于担保法实施前的，根据最高人民法院《关于处理担保法生效前发生保证行为的保证期间问题的通知》的规定，在主债务没有超过诉讼时效期间的前提下，出借人如果在 2003 年 1 月 31 日前向保证人主张权利，则保证人承担保证责任如果没有在 2003 年 1 月 31 日前向保证人主张权利，则保证人已不再承担保证责任；二是保证合同订立于担保法实施后，保证期间为六个月，自主债务履行期限届满之日起算；三是保证期间约定为“自本合同签定之日起，至主债务本息清偿完毕时止等类似内容的”，视为约定不明。在这种情况下如保证合同订立于担保法实施前的，在主债权未丧失诉讼时效的前提下出借人必须在2003年1月31日前向保证人主张权利；如保证合同订立于担保法实施后，保证期间为主债务履行期限届满之日起两年。四是出借人与债务人未经保证人同意变更债务履行期限时保证期间的确定：首先，保证合同对保证期间有明确约定的，保证人仍在原约定的保证期限内承担保证责任，保证期间自主债务合同变更前规定的履行期限届满之日起算；其次，保证合同对保证期间未约定或约定不明的，保证行为发生在担保法实施以前的，根据最高人民法院《关于处理担保法生效前发生保证行为的保证期间问题的通知》的规定，在主债权未丧失诉讼时效的前提下，出借人必须在2003年1月31日前向保证人主张权利。逾期不主张的，保证人不再承担保证责任；保证行为发生在担保法实施以后的，保证期间为六个月，自主债务合同变更前规定的履行期限届满之日起算。五是最高额保证期间的确定，出借人与保证人有约定的，从其约定；出借人与保证人未约定或者约定不明的，根据《担保法解释》第三十七条的规定：首先，最高额保证合同约定有保证人清偿债务期限的，保证期间自清偿期限届满之日起六个月；其次，最高额保证合同没有约定债务清偿期限的，保证期间自最高额保证合同终止之日或自债权人收到保证人终止保证合同的书面通知到达之日起六个月。

239. 保证期间丧失后，出借人应采取哪些补救方式？

一是催收。向保证人送达含有“保证人愿按原保证条件继续提供担保”意思表示内容的催收函，保证人在该催收函上签字和盖章的，视为保证人重新提供担保，签收人应为保证人的主要负责人。如催收函不含有“保证人愿按原保证条件继续提供担保”等类似内容的，催收不产生保证人重新确认提供担保的法律效果。

二是会议纪要。与保证人达成含有“保证人愿按原保证条件和新条件继续提供担保”意思表示内容的会议纪要或协议。

三是债务重组。在主债务人无清偿能力和清偿能力严重不足的情况下，也可通过借新还旧等重组的方式，让保证人重新提供保证。

240. 出借人应如何对保证方式进行审查？

一是如果保证合同有明确约定，从约定。

二是对保证合同未约定或约定不明时的认定。

根据最高人民法院《关于涉及担保纠纷案件的司法解释的适用和保证责任方式认定问题的批复》的规定，担保法生效之前订立的保证合同中对保证责任方式没有约定或者约定不明的，应当认定为一般保证。担保法生效后订立的保证合同中对保证责任方式没有约定或者约定不明的，应当认定为连带保证。

三是正确认识债务人不能履行债务和不履行债务的区别。保证合同中明确约定保证人在债务人不能履行债务时承担保证责任的，视为一般保证。保证合同中明确约定保证人在被保证人不履行债务时承担保证责任，且根据当事人订立合同的本意推定不出为一般保证责任的，视为连带责任保证。

241. 什么是撤销权?

撤销权是指因债务人放弃到期债权或无偿转让财产，对债权人造成损害的，债权人可请求人民法院撤销债务人的行为；债务人以明显不合理的低价转让财产，对债权人造成损害，并且受让人知道该情形的，债权人请求人民法院撤销债务人的行为。

根据《合同法》规定，构成撤销的具体情况有三种：①债务人单方放弃到期债权；②债务人无偿转让财产；③债务人以明显不合理的低价转让财产，且受让人知道的。因此，只要债务人的行为具备以上三种事由之一，对出借人造成损害的，出借人有权行使撤销权。

242. 出借人如何行使撤销权?

出借人必须向人民法院依法提起撤销权之诉，以债务人为被告、受益人或受让人为第三人，由被告（债务人）所在地人民法院管辖。撤销权必须自债权人知道或应当知道撤销事由之日起一年内行使。自债务人的行为发生之日起五年内没有行使撤销权的，撤销权消灭。法律规定债权人行使撤销权的期间是除斥期间，即在期间内债权人享有撤销权，期间经过后撤销权归于消灭。债权人不得再行使撤销权，债务人的处分行为也不再发生变化。因此，出借人应当在法律规定的期限内及时行使撤销权，避免因期间届满权利得不到法律的保护。另外，为防止出借人行使撤销权取得的成果丧失，出借人应注意做好对行使撤销权取得的财产的保全或强制执行措施。

243. 什么是代位权?

代位权作为一项债的保全制度，是指因债务人怠于行使其到期债权，对债权人造成损害的，债权人可以向人民法院请求以自己名义代位行使债务人的债权。

244. 出借人行使代位权应注意哪些问题？

一是出借人对债务人的债权必须已到期，即债务人未偿还到期的贷款本息等款项已到期；

二是借款人怠于行使其对次债务人的到期权利，对出借人权益造成损害。在判断标准上，根据最高人民法院关于《合同法》司法解释第十三条规定："债务人怠于行使其到期债权，对债权人造成损害的，"是指债务人不履行其对债权人的到期债务，又不以诉讼方式或者仲裁方式向其债务人主张其享有的具有金钱给付内容的到期债权，致使债权人的到期债权未能实现。即债务人能通过诉讼或仲裁的方式向次债务人主张权利却一直未向其主张；

三是借款人对次债务人的权利已到期。是否到期，应结合个案具体情况判断，如次债务人违约或次债务人处于破产状态时，都可视未到期债权为到期债权；

四是债务人对次债务人的债权应具有金钱给付内容；

五是代位权要以诉讼方式行使，出借人应以自己的名义提起代位权之诉，以次债务人为被告，以债务人为第三人。

245. 什么是抵销权？

抵销权是指出借人与债务人互负到期债务的，双方各以自己债权充当债务的清偿，从而使出借人的债务与对方的债务在对等数额内相互消灭。

根据相关法律规定，法定抵销权的行使条件包括：

（1）互负的债权债务皆已到期。

（2）互负的债权债务的标的物种类、品质相同。

（3）抵销权的行使不得附有条件或期限。

（4）行使抵销权的一方，应当通知另一方，抵销自通知到达对方时生效。

246. 出借人如何行使抵销权？

一是关于已丧失诉讼时效的债权，当事人一方可否主张法定抵销，各地人民法院观点不一，有些人民法院认为不可以抵销，不支持请求抵销方的主张。对此，一般认为根据《合同法》第九条的规定，诉讼时效并不构成法定抵销的要件，丧失诉讼时效的债权的一方依法可以行使法定抵销权，抵销自抵销通知到达对方当事人时发生效力。

二是合意抵销，是指出借人与债务人通过协商，就双方互负债权债务的抵销达成一致意见的。对于合意抵销，《合同法》第一百条并未规定抵销的必备条件，根据合同自由、意思自治的原则，只要双方互负债权债务，除非法律有明确的禁止性规定，双方即可合意抵销，至于债务的标的物种类、品质，是否到期，在所不问。在法定抵销权或合意抵销权的行使期限上，合同法并未作出规定，上述抵销权在诉前、诉中或执行阶段皆可主张或行使。

三是破产中的抵销，根据《中华人民共和国破产法》第四十条规定，债权人在破产申请受理前对债务人负有债务的，可以向管理人主张抵销。至于抵押物抵销的债权债务的标的物种类、品质，是否到期，在所不问。在抵销期限上，出借人在申报债权时，即应提出抵押物抵销申请。

247. 出借人在行使抵销权时应注意哪些问题？

一是借款合同等格式合同中有合意抵销条款的，当借款人等债务人不按期归还贷款的，出借人可以根据合同条款直接扣划借款人账户上的款项，行使抵销权。

二是如借款合同等格式合同中没有合意抵销条款的，因票据承兑、保函、信用卡等业务产生债权债务关系的，债务人不能按期还款，出借人可以直接行使法定抵销权。行使法定抵销权时，应当通知借款人，并应取得证明通知有效性的证据，如取得加盖公章、财务专用章和法定代表人签字的回执，也可以采取公证送达的方式。

三是抵销权适用于连带责任保证，但不及于一般责任保证人，因为一般责任保证人享有先诉抗辩权。

248. 什么是证据？

证据是证明权利的存在与支持出借人所述主张的依据。证据的充分与否，直接涉及到出借人的主张能否为人民法院所支持及支持的程度。因此，在诉讼中特别要重视对相关证据的整理。

249. 出借人如何收集证据？

收集证据是为了证实案情，因此凡是能够证明案件事实及争议产生的时间、地点、原因、过程、现状和结果的证据，包括书证、物证、证人、证言、视听资料、鉴定结论、当事人陈述都是收集范围。收集时应围绕己方提出的诉讼主张和对方当事人为否认这个主张可能会提出的问题进行。如借款合同纠纷，出借人就应收集借款合同及其附件，担保合同及其附件，同时要收集出借人履行合同的证据如借据或放款凭证，收集对方已收款但未履约的证据，如收款凭证、进账凭证等，还要收集未超过诉讼时效或保证期间存续的证据，如催收通知书、还款协议书等证据原件。

250. 出借人收集证据的方法有哪些?

出借人收集证据的方法主要有：①复印抄录，复印、抄录有关资料时应有资料所属单位的盖章认可；②调查，通过诉讼、访问制作笔录，并经被调查人签字认可；③鉴定（评估），应当进行鉴定（评估）或法律规定必须鉴定或对已作鉴定意见有异议的问题，应委托有权鉴定部门或专家进行鉴定、评估；④录音，根据最高人民法院《关于民事诉讼证据的若干规定》第六十八条规定，以侵害他人合法权益或者违反法律禁止性规定的方法取得的证据，不能作为认定案件事实的依据。这一规定对“非法”的范围进行了限定，必须是明确地侵害了他人某种权益，或者违背了法律上明令禁止的规定。录音、录像只要不侵犯隐私权、国家秘密、商业秘密等，都可以作为证据提供。

251. 证据应具备哪些条件?

一是证据应为原件或原物。根据我国民诉法有关规定，负有举证责任的一方，应向人民法院提供证据原件或原物。如果搜集原件、原物确有困难的，可以是复制件或复制品，但应核对无误，并注明原件、原物的存放地，以备人民法院核查。

二是证据必须真实。即证据是有关案件事实的真实记录，主要表现：①证据所反映的事实是有关当事人真实意思的表示；②证据上有关当事人各方的签章是真实的。为确保证据的真实性，在诉前应当对证据上有关各方签章的真实性进行核实。

三是证据形式合法。合同要有双方的签章，承诺书（函）应有承诺方的签章，借据要有借款方的签章，催收函应有被催收方的章或其他足以认定出借人已向债务人催收的证明材料，如公证部门的公证书，邮递部门的送达回执等。

四是证据与案件事实要有关联性。即能够证明案件中的某事实或支持出借人的请求或主张。

252. 什么是民事诉讼的管辖？

管辖是指确定上下级人民法院之间和同级人民法院之间受理第一审民事案件的分工和权限。当两个以上的人民法院对案件都有管辖权时，当事人可以选择其中一个人民法院提起诉讼。

253. 出借人如何选择管辖的人民法院？

一是出借人与借款人有管辖人民法院约定的，按约定。

二是出借人与债务人对管辖权未做约定或约定不明时，被告住所地或合同履行地人民法院都有管辖权，出借人可根据实际情况选择，如被告为两人以上的，任一被告住所地的人民法院都有管辖权。在对被告住所地或合同履行地的判断上应遵循以下原则：

（1）被告为法人或其他非法人组织的，其住所地为营业执照或工商登记记载的营业地。

（2）被告为自然人的，其住所地为户籍所在地，若住所地与经常居住地不一致的，以经常居住地为住所地。

（3）贷款合同中，出借人主要义务是发放贷款，根据最高人民法院《关于如何确定借款合同履行地问题的批复》，出借人所在地（即贷款发放地）为合同履行地。

（4）合同未履行的，合同各方对合同履行地有明确约定的，以约定的地点为合同履行地，履行地点约定不明确（或未约定）的，给付货币的，接受货币一方所在地为履行地，其中贷款合同的贷款方所在地为合同履行地。交付不动产的，不动产所在地为履行地；其他标的，履行义务方所在地为履行地。

254. 出借人如何处理担保纠纷的民事诉讼管辖？

根据法律规定，主合同和担保合同发生纠纷提起诉讼的，应当根据主合同确定案件管辖。担保人承担连带责任的担保合同发生纠纷，债权人向担保人主张权利的，应当由担保人住所地的人民法院管辖。主合同和担保合同选择管辖的人民法院不一致的，应当根据主合同确定案件管辖。

255. 出借人如何处理借贷纠纷的民事诉讼管辖?

在一审人民法院级别管辖上，司法实践中主要是以诉讼请求金额作为判断标准。因此，出借人在借款诉讼清收时，可综合考虑与当地各级地方人民法院的关系，通过适当调整诉讼请求金额（主要是调整利息计算时间或调整请求赔偿数额），或与同一当事人有多笔同一种类纠纷，通过合并或分别诉讼，在一定范围内调整一审人民法院的级别管辖。

256. 出借人如何书写民事起诉状?

诉状体现的是出借人的诉讼请求及其主要事实，诉状质量的高低直接影响到出借人需要保护的权益的范围。在撰写诉状时，首先明确诉讼请求是关键。诉讼请求是出借人通过人民法院向对方当事人所主张的具体权利，诉讼请求应当明确、合法、具体，应根据事实和法律，慎重、周密地提出请求，切忌含糊、笼统，更不可无视事实和法律提出无理或非法要求。确定诉讼请求应仔细阅读有关贷款合同、担保合同的相关条款，如违约和违约责任条款是确定诉讼请求的重要依据；并应结合所掌握全部证据综合考虑，例如是以侵权还是违约、以基础法律关系还是票据法律关系起诉，诉请的内容依不同的法律关系而不同。在有担保的情况下，诉讼请求应明确写明要求对担保物优先受偿或要求保证人承担连带清偿责任。

其次要把握好事实与理由部分。事实与理由是诉状的核心部分，是请求人民法院裁决当事人之间权益纠纷和争议的重要依据撰写时，首先应针对诉讼请求，全面、客观、详细地写明当事人双方争议事实或被告侵权的事实，写明当事人之间的法律关系，双方纠纷的发生和发展情况，当事人之间争执的主要焦点和双方对民事权益争执的具体内容，以及与案件有直接关联的客观情况和实质性分歧意见。其次是,依据事实分析出双方纠纷的性质,被告所应承担的责任;根据有关法律规定写明理由，分清是非责任，以论证诉讼请求的合法性。

第三是写好证据部分。诉状要写明向人民法院提供的能够证明案情的证据名称、件数或证据线索，并写明证据来源。如果有证人的，应写明证人的姓名和住址。

257. 什么是举证及举证责任?

举证是指当事人通过提供证据证明自己提出的诉讼主张的行为，除法律另有特别规定，在举证责任分配上应遵循“谁主张、谁举证”的原则。举证问题在案件一审、二审及再审程序中均涉及，如果当事人未在举证时限内提供证据，又未申请延期举证的，视为放弃举证权利，承担不利后果。

258. 什么是举证时限及应注意的问题？

举证时限是指负有举证责任的当事人应当在法律规定和人民法院指定的期限内提出证明其主张的相应证据，逾期不举证则丧失提出证据的权利。在确定举证时限时要注意以下问题：

一是举证时限可以由当事人协商一致，并经人民法院认可来确定，也可以由人民法院来指定，人民法院会在向当事人送达的举证通知书内载明举证期限，指定的期限不得少于三十日（适用简易程序审理的除外）。

二是提出增加、变更诉讼请求或者提起反诉的时间。当事人增加、变更诉讼请求或者提起反诉的，应当在举证期限届满前提出。

三是举证期限延长应具备如下两个条件：①当事人在举证期限内提交证据材料确有困难；②在举证期限内向人民法院提出延长举证之申请。不过，即使同时具备上述两个条件，但是否延长举证期限，具体延长的期限如何，以及举证期限延长的次数，都由人民法院确定。因此，如出借人确有延长举证期限的需要，应在申请书中列明具体理由，并载明希望延长的期间，供人民法院做出延长举证期限的决定时参考。

259. 出借人如何提交证据材料？

证据材料提交应完整充分，原则上采用复印件形式提交。确须提交证据材料原件的，应取得并妥善保管人民法院出具的收据或有人民法院签章的证据材料清单，避免因证据材料原件遗失而导致举证不能的后果。

260. 什么是当事人自认，自认情形有哪些？

自认是一方当事人对对方当事人陈述的不利于自己的案件事实的承认。自认可以免除对方当事人的举证责任，除非有充分证据证明出借人（或代理人）自认行为是在受胁迫或者重大误解情况下做出且与事实不符的，或出借人在法庭辩论结束前撤回并经对方当事人同意的，否则不能撤回自认，自认的事实将成为人民法院裁判的依据，因此，出借人在诉讼中对对方当事人陈述的案件事实应当尽量要求其举证，谨慎自认。

一般的自认的法定情形有：诉讼过程中，一是出借人对对方当事人陈述的案件事实明确表示承认的，视为对该项事实的形是对对方当事人陈述的事实；二是出借人既未表示承认也未否认，经审判人员充分说明并询问后，仍不明确表示肯定或者否定的，视为承认对方当事人陈述的事实；三是经特别授权的代理人对对方当事人陈述的案件事实明确表示承认的，视为出借人承认对方当事人陈述的事实。

261. 出借人如何向人民法院申请调查收集证据?

由于当事人自行收集证据材料受到诸多客观限制，当事人往往只知道证据来源，但却无法调查收集到具体证据材料，而案件的审理和当事人间权利义务关系的确定又都需要这些证据加以证明，在这种情况下，可以申请由人民法院调查收集证据以充分保证当事人的举证能力。法律规定申请人民法院调查收集证据，不得迟于举证期限届满前七日，并应以书面方式提出申请。

262. 出借人在举证中应注意的问题有哪些?

一是对方当事人对出借人的举证有理由反驳或反证，出借人需要再举证的，如果在人民法院指定举证期限内无法收集到必要的证据，可以在举证期限内向人民法院书面申请延期举证；同时，应抓紧做好延期申请不被人民法院准许，按原举证期限举证的准备工作，避免逾期举证导致证据不被人民法院采纳。

二是申请证人出庭作证，应当在举证期限届满十日前提出。证据交换或开庭审理前，应当制作拟对证人质询问题的详细提纲并在证据交换或开庭审理时，根据需要作必要的增减或调整顺序。证人确有困难不能出庭的，可以对其提交的书面证言提出质询意见。

三是法庭笔录中当事人在庭审过程中的陈述可以作为人民法院认定案件事实的证据，因此，案件各审理程序的庭审结束后，均应当仔细校核法庭笔录。认为对自己的陈述记录有遗漏或者差错的，在签字之前应当申请补正；如果人民法院不予补正，应当要求将申请记录在案。

四是没有直接证据能够证明案件中待证事实，应提出可以间接证明待证事实的有关证据，间接证据之间应能够相互印证并形成证据链，共同对待证事实起到证明作用。

五是开庭审理结束后，应整理并向法庭提交书面代理意见。多次开庭审理的，对发表的新的代理意见应在每次开庭审理后及时整理并提交补充代理意见。

263. 什么是质证？如何质证？

质证是一方当事人对另一方当事人当庭出示的证据材料的质询，未经质证的证据材料不得作为定案的依据。一是对于对方当事人逾期提出的证据材料，出借人应当明确表示不予质证。二是由于证据复印件客观上存在伪造、变造的可能性，因此，对方当事人提交的证据为复印件的，出借人应当要求其提供原件质证，不能提供原件的，应当主张不予认可。出借人如不掌握证据原件，应向人民法院提供原件的存放地，如原件已不存在的，出借人应搜集、提供有关复印件来源于原件，并与之一致的证据材料，以证明复印件的效力。三是在质证时，应当围绕证据的真实性、关联性、合法性，针对证据证明力的有无以及证明力大小进行质疑、说明和辩驳。

264. 出借人在涉及司法鉴定时应注意些什么问题？

出借人不良贷款诉讼的被告尤其是保证人经常以其签章系伪造主张保证免责，因此，出借人应申请人民法院通过委托司法鉴定来解决签章的真伪。在司法鉴定中应注意以下问题：

一是对委托鉴定事项应有明确的鉴定意见，结论不明确意见不能作为证据使用。

二是应注意印章鉴定结论的证明内容只是检材（即出借人提供的对方当事人印章）与样品（对方当事人自己提供的印章）中印章是否一致。检材印章与样品印章不一致，并不能说明“检材印章”不真实，因为真实的样品并非具有唯一性。对方当事人在不同期可能使用名称相同但式样不同的印章，也可能同一时期使用两枚以上名称相同但式样不同的印章，因此，应当通过向有关业务部门、工商、税务、海关、同业机构、对方当事人的客户等多种途径进一步收集有关证据材料，对检材印章的实际有效使用情况进一步举证。

三是如果印章证明的事实确实对出借人不利，出借人应当对合同及有关的核保书等证明文件上法定代表人的签字申请补充鉴定，确定其真实性，取得签字有效的证明力。在申请补充鉴定时出借人应在司法鉴定人名册中选择业内权威的专门鉴定机构。

265. 什么是上诉？如何确定上诉请求？

上诉是当事人不服一审人民法院裁判，在法定上诉期限内向一审人民法院或其上级人民法院提起的，请求上一级人民法院重新审理本案，撤销或变更一审裁判的行为。提起上诉时，首先要明确对一审裁判是全部不服还是部分不服，并在此基础上提出明确的诉讼请求。出借人可以对下述情况提起上诉：

（1）一审裁判认定事实不清、证据不足的，可诉请上一级人民法院裁定撤销原判决，发回重审或查清事实后改判。

（2）一审裁判适用法律错误的，可诉请上一级人民法院依法改判。

（3）一审判决违反法定程序，影响案件正确裁判的，可诉请上一级人民法院裁定撤销原判决，发回重审。

266. 上诉期限如何计算？

一审人民法院裁定不予受理或驳回起诉的，自收到裁定书的次日起 10 日内可以向二审人民法院提起上诉；一审人民法院判决全部或部分败诉的，自收到判决书的次日起 15 日内可以向二审人民法院提起上诉。逾期不提交上诉状的，视为未提起上诉，一审裁判生效。

267. 出借人上诉时应注意哪些事项？

一是如果出借人发现一审人民法院对一审诉讼请求事项发生漏判的，上诉时应向二审人民法院申请发回重审，否则出借人将丧失对该项判决内容的上诉权。

二是在二审程序中，当事人提出新的独立的诉讼请求，人民法院对该新的诉讼请求，可以根据当事人自愿的原则进行调解，调解不成的，应当告知另行起诉。

268. 什么是二审询问？

二审询问是指二审人民法院经过阅卷和调查，询问当事人，在事实核对清楚后，认为不需要开庭审理的，可以迳行裁判。因此，出借人对二审人民法院可能迳行裁判的上诉案件，应重视人民法院的询问，视同和庭审一样，应认真对待、精心准备。

269. 什么是发回重审？

对于一审判决认定事实错误，或者一审判决认定事实不清、证据不足，或者一审判决违反法定程序，可能影响案件正确判决的都可请求二审人民法院裁定撤销一审判决,发回一审人民法院重审。对重审裁判不服的,可以提起上诉,请求二审人民法院查清事实后依法改判，但不能请求二审人民法院再次发回重审。

270. 什么是撤诉？如何撤诉？

撤诉是指人民法院受理案件后至作出裁判前这一段时间内原告向人民法院申请撤回起诉的行为。撤诉分为当事人申请撤诉和人民法院按撤诉处理两种方式，不同的撤诉方式会导致不同的法律后果，应特别加以注意，避免不利的撤诉后果。申请撤诉的案件，应当在案件宣判之前向人民法院书面申请。

271. 申请撤诉有什么法律后果？

按照法律规定，申请撤诉会导致以下法律后果：一是对一审人民法院裁定准许撤诉的案件，一般观点认为撤诉会引起诉讼时效的中断；对裁定不准许撤诉的案件，经传唤无正当理由不到庭的，人民法院可以缺席判决。

二是申请撤回上诉的，人民法院经审查认为一审判决确有错误，或者双方当事人串通损害国家和集体利益、社会公益及他人合法权益的，裁定不准撤诉；裁定准许撤诉的，一审判决生效。

272. 人民法院在什么情况下会按撤诉处理？按撤诉处理的法律后果是什么？

出现以下情形人民法院会按撤诉处理：

（1）未在人民法院指定期限内预交案件受理费或上诉费等诉讼费用的，人民法院将裁定按撤诉处理。

（2）经传唤无正当理由不到庭或未经法庭许可中途退庭的，人民法院裁定按撤诉处理。

按撤诉处理有以下法律后果：

（1）一审人民法院裁定按自动撤回起诉处理的案件，对按撤诉处理的裁定不得上诉。

（2）二审人民法院裁定按自动撤回上诉处理的案件，一审判决自二审裁定确定之日起生效。对一审判决不服，可以申请再审，也可以向上一级人民检察院申诉；对二审裁定不服，可以向二审人民法院或其上级人民法院申请再审。

经再审，裁定确有错误的，恢复二审程序。

（3）一审人民法院裁定按撤诉处理的案件，可以按同一诉讼请求再次起诉。

273. 什么是再审？

再审是人民法院对已经发生法律效力的判决、裁定发现确有错误进行再次审理的程序。再审是一种审判监督程序，是纠正生效裁判错误的法定程序。它不是案件的必经程序，提起再审程序必须严格按照法律规定进行。

274. 在什么情况下当事人可以申请再审？

根据《中华人民共和国民事诉讼法》第二百条规定，当事人的申请符合下列情形之一的，人民法院应当再审：①有新的证据，足以推翻原判决、裁定的；②原判决、裁定认定的基本事实缺乏证据证明的；③原判决、裁定认定事实的主要证据是伪造的；④原判决、裁定认定事实的主要证据未经质证的；⑤对审理案件需要的主要证据，当事人因客观原因不能自行收集，书面申请人民法院调查收集，人民法院未调查收集的；⑥原判决、裁定适用法律确有错误的；⑦审判组织的组成不合法或者依法应当回避的审判人员没有回避的；⑧无诉讼行为能力人未经法定代理人代为诉讼或者应当参加诉讼的当事人，因不能归责于本人或者其诉讼代理人的事由，未参加诉讼的；⑨违反法律规定，剥夺当事人辩论权利的；⑩未经传票传唤，缺席判决的；⑪原判决、裁定遗漏或者超出诉讼请求的；⑫据以作出原判决、裁定的法律文书被撤销或者变更的；⑬审判人员审理该案件时有贪污受贿，徇私舞弊，枉法裁判行为的。

另二百〇一条规定，当事人对已经发生法律效力的调解书，提出证据证明调解违反自愿原则或者调解协议的内容违反法律的，可以申请再审。

275. 出借人在再审中应注意哪些问题？

一是对发生法律效力的判决、裁定或调解书申请再审，应当自判决、裁定或调解书生效次日起六个月内提出，该六个月为不变期间，不适用诉讼时效中止、中断的规定。

二是申请再审不影响对原生效判决、裁定的执行，但是，如果人民法院按审判监督程序决定再审，将裁定中止原判决的执行。

276. 什么是申诉？

申诉是指当事人及其法定代理人、近亲属对已经发生法律效力的判决或裁定不服，向人民法院或人民检察院提出重新审查的处理案件的一种诉讼请求。申诉是否成功关键在人民法院和检察院的审查，而不在于当事人的提起。

277. 出借人向人民检察院申请检察建议或者抗诉应注意哪些问题？

根据《中华人民共和国民事诉讼法》第二百零九条的规定，有下列情形之一的，当事人可以向人民检察院申请检察建议或者抗诉：①人民法院驳回再审申请的；②人民法院逾期未对再审申请作出裁定的；③再审判决、裁定有明显错误的。

同时向人民检察院申请检察建议或者抗诉应注意以下问题：

（1）人民检察院行使抗诉权是否受时效限制，目前法律没有明确规定。出借人如希望通过检察院抗诉启动审判监督程序，应尽早向人民检察院提出申请，自判决、裁定生效之日起二年内提出为宜。

（2）上级人民检察院对下级人民法院裁判已生效的民事案件抗诉后，人民法院再审维持原裁判的，原提出抗诉的人民检察院再次提出抗诉的，人民法院将不予受理。如需再次申请抗诉，应向原提出抗诉的人民检察院的上级人民检察院提出申请。

（3）人民检察院对发生法律效力的撤销仲裁裁决的民事裁定提起抗诉的，人民法院将不予受理。

278. 什么是支付令？如何使用支付令？

支付令又称支付令程序，是人民法院以支付令的形式催促债务人向债权人履行债务的法定步骤、方法和制度，也是债权人向人民法院申请债务的一种最简便的方法。支付令不同于诉讼程序是一种非诉讼程序。其设立目的是为了快速、及时、方便、有效地处理一些单一的、简单的债权债务关系，这样做，一方面减轻人民法院负担；一方面方便当事人实施自己的权利。支付令最大的优点在于费用少，程序简便。

出借人在诉讼清收中，首先，可以申请对借款人使用支付令；其次，在借款有担保的情况下，如当地人民法院同意对担保人也可使用支付令，则出借人可以同时对担保人申请支付令，如果人民法院不支持对担保人使用支付令，如出借人认为借款人尚有偿付能力，可以考虑先对借款人使用支付令，执行回一部分债权，不足部分再起诉担保人，这样可以节约诉讼费用。

279. 出借人如何申请执行?

按照我国法律规定出借人在申请执行中应把握好以下几点:

(1)注意申请执行的期限。一是申请执行的期限为两年;二是如果法律文书规定分期履行的,该期限应分期计算,从规定的每次履行期间的最后一日起计算,而不是从法律文书规定的最后一期履行期间的最后一日起算。

(2)确定好执行人民法院,应按照以下规定:一是对于生效的判决、裁定、调解书,应向一审人民法院或者与第一审人民法院同级的被执行的财产所在地人民法院申请执行;二是对于支付令,应向制作支付令的人民法院申请执行;三是对于其他法律文书包括赋予强制执行力的公证债权文书等,应向被执行人所在地或者被执行财产所在地人民法院申请执行;四是对于仲裁裁决,应向被申请人住所地或者被申请人财产所在地的中级人民法院申请执行。

280. 什么是公证债权文书?

公证债权文书是指通过公证而赋予法律效力的一种债权凭证。我国《民事诉讼法》第二百三十八条第一款规定:“对公证机关依法赋予强制执行效力的债权文书,一方当事人不履行的,对方当事人可以向有管辖权的人民法院申请执行,受申请的人民法院应当执行。”可见公证债权文书不必通过诉讼而具有强制执行效力具有简易、迅速、成本低、见效快的特点。

281. 出借人如何申请公证债权文书的执行?

出借人在取得符合条件的公证债权文书后,如债务人不履行或不完全履行公证债权文书的,出借人可以向原公证机关申请执行证书,并凭公证债权文书和执行证书向被执行人所在地或者被执行财产所在地人民法院申请执行。按照法律规定,人民法院可强制执行的公证债权文书必须符合以下条件:

(1)债权债务关系明确,债权人和债务人对债权文书有关给付内容无疑义。

(2)债权文书中载明债务人不履行义务和不完全履行义务时,债务人愿意接受依法强制执行的承诺。

目前对于出借人来说,能够得到人民法院认可的公证机关于强制执行效力的债权文书适用范围主要是借款合同。由于保证合同并非纯的给付货币的合同,其是否属于符合赋予强制执行效力条件的其他债权文书,值得商榷。因此,出借人如欲通过公证做文书直接执行保证人,应先与当地人民法院内通,只有在得到人民法院支持的前提下，才能通过公证机关对保证合同赋予强制执行效力，在证人不履行保证责任的情况下，向人民法院直接申请强制执行保证人。

另外，对于公证债权文书申请执行期限，应按照民诉法关于申请执行的期限为两年把握。

282. 出借人如何执行被执行人的到期债权?

当被执行人不能清偿债务，但对本案以外的第三人享有到期债权时，出借人应向人民法院申请执行该到期债权。如果该第三人在收到人民法院的履行通知后15日内未提出异议,而且又不履行债务,人民法院即可对其强制执行。但是，如果该第三人在15日内提出异议，人民法院将不对该异议进行审查，也不得再执行该第三人。

283. 出借人如何追加、变更被执行人?

在执行中，经常会遇到被执行人被撤销、注销、歇业、分立等情况，有的被执行人会假借改制之名，转移有效资产，以逃废出借人债务，所以出借人应及时追加、变更被执行人。在具体执行中应根据不同的情况申请追加不同的对象。

具体申请追加情况如下：

（1）被执行人为企业法人的分支机构且不能清偿债务时，可以申请人民法院将企业法人裁定为被执行人。如企业法人直接经营管理的财产仍不能清偿债务的，出借人应申请人民法院裁定执行该企业法人其他分支机构的财产。

（2）如被执行人为金融机构，不主动履行债务的，出借人应要求执行法院按照《最高人民法院、中国人民银行关于依法规范人民法院执行和金融机构协助执行的通知》第八条的规定，逐级变更其上级机构为被执行人，直至其总行、总公司。

（3）被执行人如分立为两个或多个具有法人资格的企业，出借人应重点审查其分立是否符合法定程序，如符合法定程序，则应要求分立后存续的企业按照分立协议确定的比例承担债务；不符合法定程序分立的，则应向人民法院申请裁定由分立后存续的企业按照其从被执行人分得的资产占原企业总资产的比例对出借人承担责任。

（4）被执行人无财产清偿债务，如果其开办单位或股东对其开办时投入的注册资金不实或抽逃注册资金，出借人应向人民法院申请裁定变更或追加其开办单位或股东为被执行人，在注册资金不实或抽逃注册资金的范围内，对出借人承担责任。

（5）被执行人被撤销、注销或歇业后，上级主管部门或开办单位无偿接受被执行人的财产的，出借人应申请裁定由上级主管部门或开办单位在接受财产范围内承担责任。

（6）被执行人为无法人资格的私营独资企业的，如其无能力清偿债务，出借人可以申请人民法院裁定执行该独资企业业主的其他财产。

（7）被执行人为个人合伙组织或合伙型联营企业，如其无能力清偿债务，出借人应向人民法院申请裁定追加该合伙组织的合伙人或参加该联营企业的法人为被执行人。

（8）被执行人为个体工商户，如其系用家庭共有财产投资，或者收益的主要部分供家庭成员享用的，出借人可要求执行其家庭共有财产；如其系夫妻关系存续期间，从事个体经营或者承包经营的，其收入应为夫妻共有财产，出借人亦可要求执行其夫妻共有财产。

（9）被执行人如为已婚自然人，出借人可申请执行其夫妻共有财产。原则上夫妻关系存续期间所得收入都为夫妻共有财产，除非出借人在债务发生时已明知其财产归一方所有的约定，或者该财产有符合婚姻法第十八条规定的情形。

（10）作为被执行人的法人或其他组织名称变更的，出借人可要求人民法院裁定变更后的法人或其他组织为被执行人。

（11）作为被执行人的公民死亡，其遗产继承人没有放弃继承的，出借人可要求人民法院裁定变更被执行人，由该继承人在遗产的范围内偿还债务。如继承人放弃继承的，出借人可直接执行被执行人的遗产。一般情况下，在遗产开始处分前，继承人没有表示放弃继承的，视为接受继承；受遗赠人应当在知道受遗赠后两个月内，没有表示的，视为放弃受遗赠。

（12）在案件审理期间，由于保证人为被执行人提供保证，而使人民法院未采取保全措施，案件审结后，如被执行人不足清偿债务，出借人可申请直接执行该保证人。

（13）企业改制，如果在执行中遇到最高人民法院《关于审理与企业改制相关的民事纠纷案件若干问题的规定》中规定的情形时，可按照该规定向人民法院申请变更或追加被执行人。

284. 什么是参与分配？

参与分配主要是指在被执行人全部或主要财产已被人民法院查封、冻结的，其他财产不足清偿全部债务的，在被查封、冻结的财产被执行完毕之前，出借人如取得执行依据的，可以申请对该被执行人的财产参与分配。这里，“被执行人”主要是指公民和其他组织，企业法人并不包括在内。按照法律规定，企业法人在其财产不足以清偿全部债务时，债权人可以申请被执行人破产。但是，出借人如遇到这种情况，还是应当争取人民法院的支持，对该企业法人的财产参与分配，因为破产涉及各类优先受偿的费用较多，受偿比例较之参与分配可能会更小。

另外需要强调的是如出借人对被查封、冻结的财产有优先权担保物权的，应申请参与分配，并主张优先受偿权。优先受偿仍不足以清偿债务的，出借人还应参与分配其他剩余财产。

285. 在执行和解与恢复执行中的法律规定有哪些？

根据《中华人民共和国民事诉讼法》有关规定，当事人可以在执行中达成和解协议，由执行员将协议内容记入笔录，并由双方当事人签名或盖章。和解协议必须在执行中达成，出借人必须在申请执行期限内向人民法院申请执行。此外，民诉法规定，一方当事人不履行执行和解协议，对方当事人可申请恢复执行原生效法律文书，但申请执行期限因达成执行和解协议而中止，其期限自和解协议所定履行期限的最后一日起连续计算。也就是说，出借人如与被执行人达成执行和解协议，申请执行期限并不中断，而只是中止。当出借人要求恢复执行原生效法律文书时，申请恢复执行的期限只有自达成和解协议之日至原申请执行期限最后一日止的这段时间。因此，为保护出借人的权益，出借人必须在申请执行期限内申请执行，如有可能达成执行和解协议，也必须在申请执行期限内达成，以使出借人保留从达成和解协议至原申请执行期限最后一日这段申请恢复执行的期间。

286. 出借人如何理解执行终结与债权凭证？

执行终结意味着整个诉讼程序的终结，如出借人申请执行的案件被裁定执行终结，则出借人的该执行债权将不再受法律保护，出借人将不能再对债务人进行主动追偿。而现在，各地人民法院普遍实行一种称为“债权凭证”的制度，即当被执行人的确无财产可执行时，人民法院向债权人颁发债权凭证，凭证上说明该债权虽已执行终结，但只要发现被执行人的财产，债权人可以依据债权凭证向法院申请恢复执行。这就避免了执行终结给出借人债权带来的不利之处。因此，凡是实施债权凭证制度的地区，出借人都应在案件结执行前取得债权凭证。

取得债权凭证后，出借人仍应密切关注被执行人的状况，发现其财产，应及时向人民法院申请恢复执行，并采取保全措施。

二、以物抵贷（债）中的法律实务

287. 什么是以物抵贷（债）?

出借人在清收到期的贷款时，由于债务人没有支付偿还能力，出借人通过诉讼、协商等方式收回了对应的抵押物或其他裁定的资产，即通常所说的出借人的以物抵贷资产。因以物抵贷的资产是实物资产，实物资产除了物理功能随时间的推移带来的自然耗损外，也包含由于管理费用的投入造成的隐性贬值。因此，出借人对以物抵贷资产在一般情况下应加快处置，减少信贷资产损失的风险。

288. 出借人在以物抵贷中应注意哪些法律问题?

一是执行过程中，人民法院如果想以被执行人的财产偿还出借人债务，必须经过出借人同意。由于以物抵债将使抵偿的债务消灭，无论出借人对该抵债物处置所得多少，出借人对抵偿的那部分债务都不能再行追索。因此，出借人在考虑是否接受以物抵债，以及以物抵债的价格时必须慎重。

二是人民法院判决或裁定中如涉及以物抵债以偿还出借人债务的内容，在判决、裁定生效后，如抵债物属于法律规定以过户登记为所有权转移生效要件的，出借人应及时办理过户登记手续。

目前，对于法律规定以登记过户为所有权转移生效要件的财产，如房产、土地、股权等，仅凭人民法院判决而不办理过户登记是否足以使所有权发生转移，尚无定论。因此，现阶段为避免人民法院已判决、裁定抵债物给出借人的财产被他人查封、处置，出借人应及时办理抵贷财产的过户手续。

三是出借人不能接受自身股权作为抵贷物，因为接受意味着变相减少注册资本，将违反公司法有关规定。因此，如被执行人是出借人股东，出借人在保全其股权后，应寻找合适的受让方，并被执行人与受让方达成协议或由人民法院强制转让。

289. 出借人应如何管理抵贷资产？

抵贷资产的表现形式为物权，与债权、股权资产有着明显的区别。相对而言，抵贷资产的管理主要侧重于对实物资产的保管、维护及风险防范。抵贷资产管理中应遵循如下原则：

（1）权属清晰原则。权属是否清晰是抵贷资产处置的关键，也是风险防范的重点。为避免因权属上的纠纷影响处置价值，对以物抵债的实物资产，应办理权属过户的手续或所有权证明，因特殊原因无法办理的，应有抵债协议和债务人的委托处置协议；对人民法院或仲裁机关裁决的抵贷资产，应有人民法院和仲裁机构出具的相应法律文书等资料。确保权属清晰、没有争议。

（2）账实相符原则。抵贷资产的名称、数量、质量、所在地、所有权或使用权权属必须与抵贷协议、实物资产权属证明及台账所记录的内容相吻合。

（3）灵活管理原则。抵贷资产种类繁多，在管理中，应针对抵贷资产本身的具体特点，采取不同的管理方式，对能够实行集中管理的动产，如办公设备交通工具（车辆）、纺织产品、轻工产品以及金银珠宝饰品、字画古玩等贵重产品等应交由出借人集中统一管理。凡不适于集中管理的动产，如机器设备、半成品、成品等，出借人应指定专人负责管理。大型机器设备，如生产线等可根据实际情况采用委托管理方式。

290. 出借人如何加强对抵贷资产的日常管理？

抵贷资产日常管理是抵贷资产管理的主要环节，包括对抵贷资产的保管与维护、完善产权手续、抵贷资产的信息管理和档案管理。

（1）对动产的日常管理。由于动产一般具有移动方便的特点，对动产应加强管理，适时处置。对车辆等具有一定使用价值的资产，需要维护的应申请维护和必要的检修，能处置的要适时处置；对收回的低值易耗品，不得擅自留用，应及时处置，防止损失进一步扩大；

（2）对不动产的日常管理。对不动产特别是房屋、土地及其附属设备、设施，应加强日常管理和维护，并做好各种机电、消防、供水、供电设施维修保养和庭院绿化、环境卫生、消防治安等工作。

291. 出借人抵贷资产处置方式有哪些？

根据目前我国法律的规定，结合现实中出借人在处置抵贷资产的具体操作办法，出借人处置抵贷资产包括以下几种方式：

（1）租赁：指出借人将拥有的具备一定使用功能，可用于生产产品或提供服务的抵贷资产租赁他人使用，并按约定收取租金的处置方式。

（2）抵贷资产投资：指出借人将拥有的实物资产以入股的形式与其他经济实体进行合作经营、开发，以达到改善实物资产状态，以提升抵贷资产使用价值和资产回收率为目的的处置方式。

（3）拍卖：指出借人通过拍卖中介机构，以公开竞价的形式，将自己拥有处置权的抵贷资产转让给最高应价者的处置方式。

（4）招标：指出借人作为招标人，对所拥有处置权的抵贷资产按照规定的条件和要求发布招标文件，按照公开约定的程序邀请投标人进行投标，按照既定的评标标准从中选择交易对象的处置方式。

（5）协议转让：指出借人通过与第三方（资产购买方、受让方）协商，将出借人拥有处置权的抵贷资产转让给购买方的处置方式。

（6）资产置换：为保障资产的价值，或有利于对资产的处置，出借人以拥有的抵贷资产对等置换债务人以外的第三方（如其他债权人、其他股东或其他愿意同其进行资产置换的企业或个人）资产的处置方式。

（7）其他有利于出借人资产保值的处置方式。

三、改制企业的债务承担及法律实务

292. 企业改制包括哪些形式？

按照目前我国有关法律、法规和政策规定，企业改制主要有以下形式：①分立；②合并或兼并；③国有企业的公司制改造；④承包经营；⑤投资；⑥租赁；

⑦联营；⑧产权出售等。

293. 什么是企业分立？企业分立后应如何承担出借人债务？

所谓的企业分立是指依照法定程序，将一个原企业（公司）分立成两个或两个以上新企业（公司）的法律行为。企业分立以两种方式进行，一是企业以其部分财产和业务另设一个新的企业，原企业存续，称之为存续分立；二是企业全部财产分别归入两个以上的新设企业，原企业解散，称之为新设分立。

关于企业分立后如何承担出借人的债务，主要依据《民法总则》《合同法》及《公司法》中有关规定进行承担。《合同法》第九十条规定："当事人订立合同后合并的，由合并后的法人或者其他组织行使合同权利，履行合同义务。当事人订立合同后分立的，除债权人和债务人另有约定的以外，由分立的法人或者其他组织对合同的权利和义务享有连带债权、承担连带债务。"《最高人民法院关于审理与企业改制相关民事纠纷案件若干问题的规定》对企业分立后的债务承担问题进行了明确。第十二条规定："债权人向分立后的企业主张债权，企业分立时对原企业的债务承担有约定，并经债权人认可的，按照当事人的约定处理；企业分立时对原企业债务承担没有约定或者约定不明，或者虽然有约定但债权人不予认可的，分立后的企业应当承担连带责任。"第十三条规定："分立的企业在承担连带责任后，各分立的企业间对原企业债务承担有约定的，按照约定处理；没有约定或者约定不明的，根据企业分立时的资产比例分担。"因此，企业分立时当事人对债务承担订有协议的在当事人之间可以按协议分担，但这种协议不能对抗债权人，除非该债务承担协议经债权人认可，分立企业法人对债权人应承担连带责任。《最高人民法院关于适用中华人民共和国民事诉讼法若干问题的意见》第五十条规定："企业法人分立的，因分立前的民事活动发生的纠纷，以分立后的企业为共同诉讼人。"

294. 什么是企业合并？企业合并后应如何承担出借人债务？

企业合并是指依照法定程序，两个以上的企业法人合并成立一个法人，其中一方或多方法人主体资格消灭的行为。企业合并时必然导致一方或多方企业法人主体资格被存续企业吸收或被新设企业吸收，也即参与合并的企业法人主体资格必然一方或多方消灭。企业合并包括吸收合并和新设合并。吸收合并是指合并方出资整体购买被合并方，致使被合并方丧失企业法人资格的一种有偿的企业合并，被合并企业的遗留债务，由合并后的企业法人承担。新设合并是指两个以上企业通过相互合并，共同组建成新的企业法人，原企业法人均被注销。新设合并中，被合并企业的遗留债务，由新设企业法人承担。

另外，与合并相关的概念是兼并。一般认为，企业兼并包括吸收合并、新设合并及控股子公司三种形式。

企业合并后出借人债务的承担，主要依照《民法总则》《合同法》及《公司法》《最高人民法院关于审理与企业改制相关民事纠纷案件若干问题的规定》等法律、法规的规定，企业法人合并时，应由合并后存续的公司或者新设的公司承继被合并方的权利义务。

《公司法》第一百八十四条第三款规定："公司合并，应当由合并各方签订合并协议，并编制资产负债表及财产清单。公司应当自做出合并决议之日起十日内通知债权人，并于三十日内在报纸上至少公告三次。债权人自接到通知书之日起三十日内，未接到通知书的，自第一次公告之日起九十日内，有权要求公司清偿债务或者提供相应的担保。不清偿债务或者不提供相应的担保的，公司不得合并。公司合并时，合并各方的债权、债务，应当由合并后存续的公司或者新设的公司承继。"

《最高人民法院关于适用中华人民共和国民事诉讼法若干问题的意见》第五十条规定："企业法人合并的，因合并前的民事活动发生的纠纷，以合并后的企业为当事人；企业法人分立的，因分立前的民事活动发生的纠纷，以分立后的企业为共同诉讼人。"

《最高人民法院关于审理与企业改制相关民事纠纷案件若干问题的规定》第三十条规定："企业兼并协议自当事人签字盖章之日起生效。需经政府主管部门批准的，兼并协议自批准之日起生效；未经批准的，企业兼并协议不生效。但当事人在一审法庭辩论终结前补办报批手续的，人民法院应当确认该兼并协议有效。"本条规定了企业兼并生效协议的条件，企业兼并协议自当事人签字盖章之日起生效，需经审批的，自审批后生效。但企业兼并协议只是在当事人之间生效，其效力并不能及于第三人，包括债权人，如果企业兼并协议的效力要及于债权人，必须经过债权人的认可。《最高人民法院关于审理与企业改制相关民事纠纷案件若干问题的规定》第三十一条规定："企业吸收合并后，被兼并企业的债务应当由兼并方承担。”本条规定了吸收合并时债务承担的原则。第三十二条规定：“企业进行吸收合并时，参照公司法的有关规定，公告通知了债权人。企业吸收合并后，债权人就被兼并企业原资产管理人（出资人）隐瞒或者遗漏的企业债务起诉兼并方的，如债权人在公告期内申报过该笔债权，兼并方在承担民事责任后，可再行向被兼并企业原资产管理人（出资人）追偿。如债权人在公告期内未申报过该笔债权，则兼并方不承担民事责任。人民法院可告知债权人另行起诉被兼并企业原资产管理人（出资人）。”该条规定企业吸收合并进行债权公告时的债务承担原则。

总结起来，有五项内容：一是企业兼并当事人参照《公司法》的规定在法定期限内书面通知债权人的（无法通知的，应当依法进行公告），债权人在法定期限内可以依法主张债权；二是债权人依法在公告期主张了债权的债权人此时可以起诉兼并方，要求兼并方承担责任，兼并方应依法承担清偿责任；三是被兼并方或其出资人已向兼并方披露了该项债务的，则兼并方自行负责该项债务；四是被兼并方或其出资人未向兼并方披露该项债务的，即被兼并企业原资产管理人（出资人）隐瞒或者遗漏的企业债务，兼并方在向债权人承担责任后可以向被兼并企业原资产管理人（出资人）追偿；五是债权人未依法在公告期主张债权的，债权人只能向被兼并企业原资产管理人（出资人）起诉，要求其承担清偿责任，而不能起诉兼并方。

另外，《最高人民法院关于审理与企业改制相关民事纠纷案件若干问题的规定》第三十三条规定：“企业新设合并后，被兼并企业的债务由新设合并后的企业法人承担。”第三十四条规定：“企业吸收合并或新设合并后，被兼并企业应当办理而未办理工商注销登记，债权人起诉被兼并企业的，人民法院应当根据企业兼并后的具体情况，告知债权人追加责任主体，并判令责任主体承担民事责任。”企业吸收合并或新设合并，由于一方或多方被兼并企业的法人主体资格消灭，被兼并企业应办理工商注销登记。被兼并企业应当办理而未办理工商注销登记的，债权人不应根据工商登记情况起诉被兼并企业，而应根据上述规则起诉兼并企业或被兼并企业出资人或新设企业。第三十五条规定：“以收购方式实现对企业控股的，被控股企业的债务，仍由其自行承担。但因控股企业抽逃资金、逃避债务，致使被控股企业无力偿还债务的，被控股企业的债务则由控股企业承担。”本条规定了企业兼并设立控股子公司债务承担的规则。在这种兼并中，被控股企业并没有法人主体上的任何变动，它只是企业股东与第三人之间的股权转让，被控股企业的债务，仍由其自行承担。如果控股企业在兼并后滥用大股东的控制地位，抽逃被控股企业资金、逃避债务的，致使被控股企业无力偿还债务的，因其严重违背了企业股东不得抽逃出资的义务，也违反了公司资本不变的基本原则，所以被控股企业的债务由控股企业承担。

295. 企业改制都包括哪些形式?

企业改制，从具体形式上来说，包括债权转股权、企业承包、租赁和托管经营、企业整体出售、分立、合并等。企业改制为股份有限公司的，还涉及公司证券的发行与上市、证券承销。但最基本的改制形式，则是公司制改造和股份合作制改造或出售。根据《最高人民法院关于审理与企业改制相关民事纠纷案件若干问题的规定》，在企业产权制度改造中发生的民事纠纷和被改制企业的债权、债务纠纷案件主要包括以下几方面：

（1）企业公司制改造中发生的纠纷。

（2）企业股份合作制改造中发生的纠纷

（3）企业分立中发生的纠纷。

（4）债权转股权纠纷。

（5）国有小型企业出售合同纠纷。

（6）企业兼并合同纠纷。

（7）与企业改制相关的其他纠纷。

296. 国有企业公司制改造后如何承担债务?

企业公司制改造，是指依据公司法的有关规定，对国有企业采取由法人、其他经济组织或自然人投资入股或股份转让，将国有企业改造为有限责任公司或者股份有限公司的法律行为。国有企业的公司制改造可以分为整体改造和部分改造。

根据目前我国有关企业进行公司制改造后债务承担的法律规定：

（1）国有企业依公司法整体改造为国有独资有限责任公司的，原企业的债务，由改造后的有限责任公司来承担。

（2）企业通过增资扩股或者转让部分产权，实现他人对企业的参股，将企业整体改造为有限责任公司或者股份有限公司的，原企业债务由改造后的新设公司承担。

（3）企业以其部分财产和相应债务与他人组建新公司，对所转移的债务债权人认可的，由新组建的公司承担民事责任；对所转移的债务未通知债权人或者虽通知债权人，但债权人不予认可的，由原企业承担民事责任。原企业无力偿还债务，债权人就此向新设公司主张债权的，新设公司在所接收的财产范围内与原企业承担连带民事责任。

（4）企业以其优质财产与他人组建新公司，而将债务留在原企业，债权人以新设公司和原企业作为共同被告提起诉讼主张债权的，新设公司应当在所接收的财产范围内与原企业共同承担连带责任。企业依公司法部分改造为有限责任公司或股份有限公司的，对被改制企业的债务，债权人与被改制企业有约定的，按约定处理；没有约定或约定不明的，则一般由被改制企业承担，被改制企业以其财产及在新设公司中的股权为限承担民事责任。

297. 企业股份合作制改造后如何承担债务？

企业股份合作制改造，是指对国有小型企业、城镇集体企业，采取由企业职工出资买断原企业产权，或者由企业转让部分产权予企业职工，将原企业改造成劳动合作与资本合作相结合的组织形式的一种法律行为。

根据目前我国有关企业股份合作制改造后债务承担的法律规定：

（1）由企业职工买断企业产权，将其改造为股份合作制企业的，被改造企业遗留债务，由改造后的股份合作制企业承担。

（2）企业向其职工转让部分产权，由企业与职工共同组建股份合作制企业的，企业实行股份合作制改造前的遗留债务，由改造后的股份合作制企业承担。

（3）企业通过其职工投资增资扩股，将原企业改造为股份合作制企业的，原企业的债务由改造后的股份合作制企业承担。

（4）企业以其部分资产出资入股，与企业职工共同组建股份合作制企业，原企业法人仍然存在，企业又以其另一部分资产交由股份合作制企业承租经营的，属于租股结合式的股份合作制改造。股份合作制改造前企业的遗留债务，原则仍由原企业承担。原企业无力偿还债务，债权人就此向股份合作制企业主张债权的，股份合作制企业在所接收的财产范围内与原企业承担连带民事责任。

（5）企业在进行股份合作制改造时，参照《公司法》的有关规定，公告通知了债权人。企业股份合作制改造后，如债权人在公告期内申报过该债权，应由股份合作制企业承担民事责任。股份合作制企业在承担民事责任后，可再向原企业资产管理人（出资人）追偿。如债权人在公告期内未申报过该债权，则股份合作制企业不承担民事责任，由原企业资产管理人（出资人）承担民事责任。

（6）企业股份合作制改造中，被改制企业原资产管理人隐瞒或遗漏债务的，被改制企业的原资产管理人应当对所隐瞒或遗漏的债务承担民事责任。

298. 国有小型企业出售后如何承担债务？

国有小型企业出售，是指企业资产管理人（出资人）作为卖方，通过法定程序，将所属企业整体转让给其他企业法人、其他经济组织或者公民个人的法律行为。

根据目前我国有关法律规定：

（1）企业出售合同被确认无效或者被撤销的，企业售出后买受人经营企业期间发生的经营盈亏，由买受人享有或者承担。

（2）企业出售，如仅指企业出资人变更，原企业法人一般并不消灭。企业出售前的遗留债务，仍由该企业法人自行承担。但买受人将所购企业全部资产纳入本企业或者将所购企业变更为所属分支机构的，所购企业的遗留债务，则应当由买受人承担。买卖双方另有约定，并经债权人认可的除外。

（3）售出后，买方将所购企业整体作价入股与他人重新组建新的公司，原企业法人予以注销的，对企业出售前遗留的债务原则上由买受人以其所有财产，包括在新建公司中的股权承担民事责任。

（4）企业售出后，买受人以所购企业全部资产为基础注册新的企业法人，原企业法人予以注销的，企业出售前的遗留债务，原则上由新注册的企业法人承担。但买卖双方另有约定，并经债权人认可的除外。

（5）企业售出后，应当办理而未办理企业法人注销登记，除由原企业承担民事责任外，可追加买受人为责任主体，并由买受人承担连带责任。

（6）出售企业时，参照公司法的有关规定，出卖人公告通知了债权人。企业售出后，如债权人在公告期内申报过该债权，应由买受人承担民事责任。如债权人在公告期内未申报过该债权，则买受人不承担民事责任，由原企业资产管理人（出资人）承担民事责任。

另外企业出售中，出卖方隐瞒或者遗漏原企业债务的，出卖方应当对所隐瞒或者遗漏的债务承担民事责任。如果债务人（出卖方）出售企业的行为具有《合同法》第七十四条规定的情形的，债权人可在法定期限内行使撤销权。

299. 企业法人解散后如何承担出借人债务?

企业法人解散，是指企业法人出现本身不能存续的法定事由而停止经营活动，开始清理财产关系，并使企业法人终止的法律事实。

企业法人解散，一般包括下列几种情况：

（1）企业法人自动歇业。

（2）被开办单位或者主管机关撤销、关闭。

（3）企业的投资者申请注销。

（4）工商行政管理机关吊销企业法人营业执照或者予以注销。

（5）公司依据《公司法》规定解散。

根据目前我国有关法律规定，企业法人解散后，原则上只能以其清算后的所有财产承担民事责任，清算义务人和清算组织不承担民事责任。清算义务人仅负有对企业法人的债权、债务进行清算的义务。但是，如果由于清算义务人的过错造成债权人损失扩大以及出现财产混同、抽逃出资、恶意处置财产等情况时，应由清算义务人承担相应的民事责任。

四、破产企业的债务承担及法律实务

300. 什么是企业破产法律制度?

破产是指当债务人无力偿还债务时，对债务人财产加以变卖，按比例分配给债权人以实现公平清偿的法律程序。一般包括三种程序：破产清算程序、和解程序和重整程序。

在目前，我国人民法院审理破产案件适用的法律、法规、司法解释主要有：

（1）《中华人民共和国企业破产法》。

（2）《中华人民共和国民事诉讼法》。

（3）最高人民法院《关于审理企业破产案件若干问题的规定》。

（4）最高人民法院《关于人民法院在审理企业破产和改制案件中切实防止债务人逃废债务的紧急通知》。

（5）最高人民法院关于适用《中华人民共和国企业破产法》若干问题的规定（一）法释〔2011〕22号。

（6）最高人民法院关于适用《中华人民共和国企业破产法》若干问题的规定（二）法释〔2013〕22号。

（7）最高人民法院关于适用《中华人民共和国企业破产法》若干问题的规定（三）法释〔2019〕3号。

（8）最高人民法院关于适用《中华人民共和国民事诉讼法若干问题的意见》。

另外，国务院及相关部位也针对国有企业先后出台了许多关于企业破产的政策性规定，这些政策性规定至今仍有重要的指导作用，主要有：

（1）国务院《关于在若干城市试行国有企业破产有关问题的通知》。

（2）国务院《关于在若干城市试行国有企业兼并破产和职工再就业有关问题的补充通知》。

（3）国家经济贸易委员会、中国人民银行《关于试行国有企业兼并破产中若干问题的通知》。

301. 目前我国法律对破产案件的申请是如何规定的?

企业破产必须以债务人或债权人申请破产为前提，未经申请，人民法院不得宣告债务人破产。

（1）债务人申请。向人民法院提出破产申请，应当提交破产申请书和有关证据。破产申请书应当载明下列事项：①申请人、被申请人的基本情况；②申请目的；③申请的事实和理由；④人民法院认为应当载明的其他事项。

债务人提出申请的，还应当向人民法院提交财产状况说明、债务清册、债权清册、有关财务会计报告、职工安置预案以及职工工资的支付和社会保险费用的缴纳情况。

（2）债权人申请。债权人提出破产申请，人民法院裁定受理的，人民法院应当自裁定作出之日起五日内送达债务人。债务人应当自裁定送达之日起十五日内，向人民法院提交财产状况说明、债务清册、债权清册、有关财务会计报告以及职工工资的支付和社会保险费用的缴纳情况。

302. 出借人如何防范贷款企业恶意申请破产，逃废债务?

对于债务人企图通过“假破产”实现“真逃债”的恶意破产申请，我国法律规定了相应的救济制度。

（1）在案件受理阶段，当发现债务人有隐匿、转移财产等行为，为逃避债务而申请破产时，可申请人民法院直接裁定不予受理。

（2）在案件审理阶段，当发现债务人有上述行为，或者发现债务人有巨额财产下落不明且不能合理解释财产去向的，可申请人民法院裁定驳回破产申请。

（3）破产程序终结后，发现债务人有可供分配财产的，应申请追加分配；另外，可向上级人民法院申请，上级人民法院发现下级人民法院在破产程序中做出的破产裁定确有错误的，应通知其纠正；不予纠正的，可以裁定指令下级人民法院重新做出裁定。

303. 我国法律对人民法院受理企业破产案件是如何规定的?

根据目前我国法律规定，一是人民法院收到债务人破产申请后，应在十五日内决定是否立案；人民法院受理破产申请后至破产宣告前，经审查发现债务人的申请不符合规定情形的，可以裁定驳回申请。申请人对裁定不服的，可以自裁定送达之日起十日内向上一级人民法院提起上诉。

二是人民法院裁定受理破产申请的，应当同时指定管理人。并自裁定受理破产申请之日起二十五日内通知已知债权人，并予以公告。通知和公告应当载明下列事项：①申请人、被申请人的名称或者姓名；②人民法院受理破产申请的时间；③申报债权的期限、地点和注意事项；④管理人的名称或者姓名及其处理事务的地址；⑤债务人的债务人或者财产持有人应当向管理人清偿债务或者交付财产的要求；⑥第一次债权人会议召开的时间和地点；⑦人民法院认为应当通知和公告的其他事项。

三是规定自人民法院受理破产申请的裁定送达债务人之日起至破产程序终结之日，债务人的有关人员承担下列义务：①妥善保管其占有和管理的财产、印章和账簿、文书等资料；②根据人民法院、管理人的要求进行工作，并如实回答询问；③列席债权人会议并如实回答债权人的询问；④未经人民法院许可，不得离开住所地；⑤不得新任其他企业的董事、监事、高级管理人员。

304. 企业破产案件被人民法院受理后会产生什么样的法律后果？

按照我国目前法律规定，一旦企业破产案件被人民法院受理后会产生以下法律后果：

一是对于以债务人为原告的其他民事诉讼，如果尚在一审程序的，应当将该案件移送受理破产案件的人民法院；如果已经进入二审程序，受理上诉的人民法院应继续审理。对于以债务人为被告的其他债务纠纷案件，如果案件尚未审结，且无其他被告和无独立请求权的第三人的，应中止诉讼，由债权人向受理破产案件的人民法院申报债权，在企业被宣告破产后终结诉讼；有其他被告或无独立请求权的第三人的，也应中止诉讼，申报债权，待破产程序终结后，恢复审理；对于债务人是“从债务人”的债务纠纷案件应继续审理。

二是对债务人财产的其他民事执行程序应当中止，债权人可以凭生效的法律文书向受理破产案件的人民法院申报债权，除被抵押物押的财产外，即使被债权人采取财产保全措施的财产，也应当列入破产财产，各债权人依法受偿。

三是人民法院受理破产申请后，债务人对个别债权人的债务清偿无效。债务人的债务人或者财产持有人应当向管理人清偿债务或者交付财产。管理人对破产申请受理前成立而债务人和对方当事人均未履行完毕的合同有权决定解除或者继续履行，并通知对方当事人。

305. 什么是破产债权？具体都包括哪些内容？

所谓破产债权，是指企业破产宣告前成立的无财产担保的债权和放弃优先受偿权的有财产担保的债权。破产债权一般应具备以下条件：①为债权请求权；②可强制执行；③无财产担保或放弃财产担保；④债权在破产宣告前成立。破产宣告后的债权并非绝对不属于破产债权，为债权人整体利益而产生的债权，也属于破产债权。根据目前我国法律的规定，破产债权主要包括：

（1）破产宣告前发生的无财产担保的债权。

（2）破产宣告前发生的虽有财产担保但是债权人放弃优先受偿的债权。

（3）破产宣告前发生的虽有财产担保但是债权数额超过担保物价值部分的债权。

（4）票据出票人被宣告破产，付款人或者承兑人不知其事实而向持票人付款或者承兑所产生的债权。

（5）管理人解除合同，对方当事人依法或者依照合同约定产生的对债务人可以用货币计算的债权。

（6）债务人的受托人在债务人破产后，为债务人的利益处理委托事务所发生的债权。

（7）债务人发行债券形成的债权。

（8）债务人的保证人代替债务人清偿债务后依法可以向债务人追偿的债权。

（9）债务人的保证人按照《中华人民共和国担保法》第三十二条的规定预先行使追偿权而申报的债权。

（10）债务人为保证人的，在破产宣告前已经被生效的法律文书确定承担的保证责任。

（11）债务人在破产宣告前因侵权、违约给他人造成财产损失而产生的赔偿责任。

（12）人民法院认可的其他债权。

另外，未到期债权减去未到期利息后的债权、债务人退出联营应对该联营企业承担的债务、联营企业债权人对该债务人享有的债权，以及行政部门通过签定合同，按有偿使用、定期返还原则发放的款项，也属于破产债权。

306. 出借人如何申报破产债权？

破产债权申报是债权人在破产程序开始后，在法律规定的期限内主张并证明债权，以明确其依照破产程序行使权利的意思表示。债权人未在法定期间内申报债权的，视为放弃债权；及时申报债权的，债权人取得参加破产程序并行使权利的资格，债权的诉讼时效也因此而中断。

按照法律规定，出借人申报破产债权应注意以下事项：一是注意申报期限。《破产法》规定："人民法院受理破产申请后，应当确定申报债权的期限。债权申报期限自人民法院发布受理破产申请公告之日起计算，最短不得少于三十日，最长不得超过三个月。"如果债权人由于《民事诉讼法》规定的情形（不可抗拒的事由或其他正当理由）而未能在法定期间申报债权的，在障碍消除后十日内，债权人可以申请顺延。但是在破产财产分配前申报债权，是否准许，由人民法院决定。

二是注意材料的提交。债权人申报债权应提交债权证明和合法有效的身份证明；代理申报人应提交委托人的有效身份证明、授权委托书和债权证明。对于有财产担保的债权，应当提交有关财产担保的证据。债权人在申报债权时没有提供证明材料的，登记机关（人民法院或管理人）应告知其在申报期限内补正，逾期不补正的，债权不予登记。

三是注意有财产担保债权的申报。有财产担保的债权又叫别除权，是债权人对破产人的特定财产享有不依破产程序而优先受偿的权利。但是，在担保物变现之前，客观上存在担保物价值超过担保债权和不足清偿担保债权两种情况。根据法律规定，担保物的价款超过其所担保的债务数额的部分，属于破产财产；担保债权未受清偿的部分属于破产债权。有财产担保的债权在申报时，应提交有关财产担保的证据。另外，出借人应注意在债权人不能确定担保物价值的情况下，或者在确信担保物价值不足以清偿债权数额的情况下，债权人应主动在法定期限内申报债权，避免丧失受偿机会。

四是当债务人为债权人的连带债务人时，负有连带债务的每个债务人都有清偿全部债务的责任，履行了债务的人，有权要求其他负有连带债务的人清偿其应承担的份额。当连带债务人破产时，债权人可以将自己的全部债权数额进行申报，也可以不申报破产债权，而向连带债务人中的其他债务人要求清偿。当债权人不申报债权时，其他连带债务人可就将来可能承担的债务申报债权。

五是当被保证人破产时，债权人可以申报债权以获得公平清偿，被保证人破产程序终结后，债权人仍然可以就未受清偿的债权额向保证人要求承担保证责任，但应在破产程序终结后六个月内提出。如果债权人知道或者应当知道被保证人破产，既未申报债权也未通知保证人，致使保证人不能预先行使追偿权的，保证人在该债权在破产程序中可能受偿的范围内免除保证责任，这是出借人需要特别注意的一点。

另外，当保证人破产时，根据规定，债权人需要先通过诉讼方式确定保证人承担保证责任的范围，获得生效法律文书后才能申报债权。

307. 什么是破产中的别除权？

所谓的别除权，是指债权人因其债权设有物权担保，对破产人特定的担保财产享有不依破产程序而优先受偿的权利。由于别除权的标的物不属于破产财产，债权人可以优先受偿，因此正确界定和行使别除权，对出借人有重要意义。

在确认和行使别除权时，应当注意以下几点：

（1）别除权是以担保权为基础权利的，具体包括抵押权、质权和留置权。

（2）别除权人对特定财产具有优先清偿的权利，该清偿是在破产清偿程序以外个别地、排他地接受清偿，不受破产清偿程序进展情况的影响。

308. 什么是破产中的取回权？

所谓的取回权，是指债务人占有的他人所有的财产，在债务人破产后财产所有权人可以取回该财产的权利。取回权是一种以物权为基础，针对特定物的返还请求权。能否正确理解和行使取回权，直接影响到破产财产的范围和多少。最终影响债权清偿率的高和低。取回权可以分为典型取回权、代偿性取回权和特别取回权三种。

所谓典型取回权，是指针对所有权无争议的财产而行使的取回权。这类财产主要包括仓储、保管、加工承揽、委托交易、代销、借用、寄存、租赁等合同的标的物。

所谓代偿性取回权，是指针对的特定财产在毁损灭失后出现代位物的，权利人对代位物享有的取回权。代位物可能表现为多种形式，如财产保险赔偿金以及因债务人转让特定财产,财产权利人有权要求债务人“等值赔偿”的财产等。

所谓特别取回权，又称赔偿取回权，是指在依法律关系移交破产人占有的财产已不能原物返还的情况下，以金钱赔偿方式满足的取回权。法律规定“在破产宣告后因管理人的责任毁损灭失的，财产权利人有权获得等值赔偿”。

总之无论是哪一种取回权，都有优先受偿权，在破产分配时应优先于破产债权受偿。

309. 什么是破产抵销权？

所谓的破产抵销权，是指破产债权人在破产宣告前对破产人负有债务的，不论债的种类和到期时间，于清算分配前以破产债权抵销其对破产人所负债务的权利。由于破产抵销权的行使会导致破产财产的减少，降低债权清偿率，因此参加破产清偿的债权人都应该非常关注。

另外，破产抵销权的行使不受破产分配的影响，抵销权人可以在破产宣告后向管理人提出抵销请求，由管理人进行审查。

310. 何为破产管理人？它有什么职责？

破产管理人是指破产案件中，在法院的指挥和监督之下全面接管破产财产并负责对其进行保管、清理、估价、处理和分配的专门机构。《中华人民共和国破产法》第二十五条规定，管理人履行下列职责：①接管债务人的财产、印章和账簿、文书等资料；②调查债务人财产状况，制作财产状况报告；③决定债务人的内部管理事务；④决定债务人的日常开支和其他必要开支；⑤在第一次债权人会议召开之前，决定继续或者停止债务人的营业；⑥管理和处分债务人的财产；⑦代表债务人参加诉讼、仲裁或者其他法律程序；⑧提议召开债权人会议；⑨人民法院认为管理人应当履行的其他职责。

311. 破产费用主要指哪些费用？

破产费用主要指以下三个方面的费用：

①破产案件的诉讼费用；②管理、变价和分配债务人财产的费用；③管理人执行职务的费用、报酬和聘用工作人员的费用。

312. 什么是破产程序中的共益债务？

根据《中华人民共和国破产法》规定，共益债务是指下列债务：①因管理人或者债务人请求对方当事人履行双方均未履行完毕的合同所产生的债务；②债务人财产受无因管理所产生的债务；③因债务人不当得利所产生的债务；④为债务人继续营业而应支付的劳动报酬和社会保险费用以及由此产生的其他债务；⑤管理人或者相关人员执行职务致人损害所产生的债务；⑥债务人财产致人损害所产生的债务。

313. 破产财产的分配顺序如何排列？

根据《中华人民共和国破产法》第一百一十三条规定，破产财产在优先清偿破产费用和共益债务后，依照下列顺序清偿：

（1）破产人所欠职工的工资和医疗、伤残补助、抚恤费用，所欠的应当划入职工个人账户的基本养老保险、基本医疗保险费用，以及法律、行政法规规定应当支付给职工的补偿金。

（2）破产人欠缴的除前项规定以外的社会保险费用和破产人所欠税款。

（3）普通破产债权。破产财产不足以清偿同一顺序的清偿要求的，按照比例分配。

第三部分　借贷担保涉及的违法犯罪行为

314. 什么是银行卡持卡人的“恶意透支”？

“恶意透支”是指，持卡人以非法占有为目的，超过规定限额或者规定期限透支，并且经发卡银行两次催收后超过 3 个月仍不归还的行为。

315. 银行卡“恶意透支”应具备哪些构成要件？

“恶意透支”应具备以下几方面构成要件：

（1）持卡人主观上以非法占有为目的。

（2）超过规定限额或者规定期限透支。

（3）发卡银行两次催收后超过 3 个月仍不归还。

恶意透支数额在 1 万元以上就应当依法承担刑事责任。

316. 持卡人“恶意透支”将会受到哪些刑事处罚？

“恶意透支”将受到的刑事处罚，主要有：

进行信用卡诈骗活动，数额较大的，处 5 年以下有期徒刑或者拘役，并处 2 万元以上，20 万元以下罚金。

数额巨大或者有其他严重情节的，处 5 年以上 10 年以下有期徒刑，并处 5 万元以上，50 万元以下罚金。

数额特别巨大或者有其他特别严重情节的，处 10 年以上有期徒刑或者无期徒刑，并处 5 万元以上 50 万元以下罚金或者没收财产。依照《中华人民共和国刑法》第一百九十六条的规定，“恶意透支”属于信用卡诈骗的犯罪行为。

317. 有哪些情形可认定为“以非法占有为目的”？

有以下情形之一的，应当认定为“以非法占有为目的”：

（1）明知没有还款能力而大量透支，无法归还的。

（2）肆意挥霍透支的资金，无法归还的。

（3）透支后逃匿、改变联系方式，逃避银行催收的。

（4）抽逃、转移资金，隐匿财产，逃避还款的。

（5）使用透支的资金进行违法犯罪活动的。

（6）其他非法占有资金，拒不归还的行为。

318. 什么是非法集资？

非法集资就是指一些单位或者个人在没有依照法定的程序经有关部门批准的情况下，以发行股票债券、彩票、投资基金证券或其他债权凭证的方式，向社会公众进行筹集资金，并承诺在一定期限内以货币、实物以及其他利益等方式向出资人还本付息或给予回报的行为。

一般非法集资犯罪主要是指非法吸收公众存款罪和集资诈骗犯罪。

319. 非法集资有哪些基本特征？

（1）未经有关部门依法批准或者借用合法经营的形式吸收资金。

（2）通过媒体推介会、传单、手机短信等途径向社会公开宣传。

（3）承诺在一定期限内以货币、实物、股权等方式还本付息或者给付回报。

（4）向社会公众即社会不特定对象吸收资金。

320. 非法集资有哪些主要形式？

（1）借用种植养殖项目开发、庄园开发、生态环保等名义非法集资。

（2）以变相发行股票、债券、彩票、债券凭证等形式非法集资。

（3）通过入股分红、认领股份进行非法集资。

（4）通过办理会员卡、会员证、优惠卡、消费卡等方式进行非法集资。

（5）用商品销售与返租、回购与转让、发展会员、商家加盟、传销与“快速积分法”等方式进行非法集资。

（6）利用民间的“会”“社”等组织进行非法集资。

（7）利用现代电子网络技术构造的“虚拟”产品，如“电子商铺”“电子百货”投资委托经营、到期回购等方式进行非法集资。

（8）对物业、地产等资产进行等份分割，以出售其份额的处置权进行高息集资。

（9）以签订商品经销等经济合同的形式进行非法集资。

（10）利用传销或秘密串联的形式非法集资。

321. 如何“火眼金睛”识别非法集资？

（1）主体资格是否合法。根据现行法律、法规的有关规定，向社会不特定对象募集资金必须经过法定部门审批。如某种集资活动未经有关部门依法批准，包括没有批准权限的部门批准的集资和有审批权限的部门超越权限批准的集资，就涉嫌非法集资。

（2）是否向社会不特定对象募集资金。所谓“不特定对象”是指社会公众，即具有不同身份、年龄、性别、职业、行业、阶层、关系的社会各类人员，而不是单位内部或外部的少数特定人员。

（3）是否承诺回报。非法集资行为一般具有许诺一定比例集资回报的特点，承诺在一定期限内给出资人还本付息或投资收益回报，即通常所谓的“保底”条款。

（4）是否以合法形式掩盖其非法集资的目的。从事非法集资的单位或个人一般都是在貌似合法的形式下掩盖其非法集资活动的实质。

322. 如何防范非法集资风险？

（1）要认清非法集资的危害。坚信“天上不会掉馅饼”“没有免费的午餐”对“高额回报”“快速致富”的投资项目进行客观冷静分析，识破其虚假欺骗、诱惑的实质，避免上当受骗。

（2）要认清参与非法集资的法律风险和经济风险。国务院《非法金融机构和非法金融业务活动取缔办法》明确规定，非法集资本身就是违法行为，参与者的利益不受法律保护。

（3）要增强理性投资意识。高收益往往伴随着高风险，对投资者来说，市场有输赢，投资有盈亏，特别是一些不规范的经济活动更是蕴藏着很大风险。人们一定要增强理性投资意识，依法保护自身权益。

323. 非法集资常见的有哪些手段？

（1）承诺高额回报。不法分子为吸引公众上当受骗，往往编造许诺给予集资参与者高于正规投资回报的利息分红。为骗取更多人参与集资，非法集资者在集资初期，往往按时足额兑现承诺，待集资达到一定规模后，因资金链无法维系，使集资参与者遭受经济损失。

（2）虚构或夸大投资项目。不法分子大多通过注册合法的公司或企业，打着响应国家产业政策、支持新农村建设实践“经济学理论”等旗号，经营项目由传统的种植、养殖行业发展到房地产、矿产能源高新技术开发股权投资等内容；以订立合同或少量投资为幌子，编造虚假项目，或以夸大少量项目的投资规模盈利前景，以制造投资及企业利润假象，诱惑社会公众投资。有的不法分子假借委托理财名义，故意混淆投资理财概念，利用电子黄金、创业投资等新名词，迷惑社会公众，承诺稳定高额回报，诱惑社会公众投资。

（3）以虚假宣传造势。不法分子为骗取社会公众信任，在宣传上往往一掷千金，采取聘请明星代言、在著名报刊上刊登专访文章、雇人广为散发宣传单、进行社会捐赠等方式，加大宣传力度，制造虚假声势，诱惑社会公众投资。有的不法分子利用网络虚拟空间将网站设在异地或租用境外服务器设立网站。有的还通过网站、博客、论坛等网络平台和QQ、微信等即时通信工具，传播虚假信息，诱惑社会公众投资。

324. 严禁发布涉及非法集资的广告范围有哪些?

国家工商行政管理总局、中国银行业监督管理委员会、国家广播电影电视总局、新闻出版总署《关于处置非法集资活动中加强广告审查和监管工作有关问题的通知》（工商广字〔2007〕19号）规定，禁止发布含有或者涉及下列活动内容的广告：

（1）未经国家有关部门批准的非金融单位和个人以支付或变相支付利息、红利或者给予定期分配实物等融资活动。

（2）房地产产权式商铺的售后包租、返租销售活动。

（3）内部职工股、原始股、投资基金以及其他未经过证监会核准，公开或者变相公开发行证券的活动。

（4）未经批准，非法经营证券业务的活动。

（5）地方政府直接向公众发行债券的活动。

（6）除国家有关部门批准发行的福利彩票、体育彩票之外的彩票发行活动。

（7）以购买商品或者发展会员为名义获利的活动。

（8）其他未经国家有关部门批准的社会集资活动。

发行涉及投资咨询业务、金融咨询、贷款咨询、代客咨询、代客理财、代办金融业务活动的广告，广告发布者应当确认广告主体的发布资格，查验广告主营业执照是否具有相应的经营范围。

商品营销、生产经营活动的广告不得出现保本、保证无风险等内容。房地产销售、造林、种养殖加工承揽项目开发等招商广告，不得涉及投资回报、收益、集资或者变相集资等内容。在涉及集资内容的广告中，不得使用国家机关或者国家机关工作人员的名义，包括在职的和已离职的，健在的和已去世的中央地方党政领导人的题材、题词、照片等。

325. 非法集资有何社会危害性?

非法集资活动具有很大的社会危害性，非法集资不受法律保护，参与非法集资风险自担。消费者一定要提高风险防范意识，不要盲目追求所谓的“高收益、高回报”，理性投资，远离非法集资。其社会危害性有：

（1）非法集资使参与者遭受经济损失。非法集资犯罪分子通过欺骗手段聚集资金后，任意挥霍、浪费、转移或者非法占有，参与者很难收回资金，严重者甚至血本无归倾家荡产。

（2）非法集资严重干扰正常的经济、金融秩序，极易引发社会风险，具有很大的社会危害性。

（3）非法集资容易引发社会不稳定，引发大量社会治安问题，甚至造成局部地区社会治安动荡。由于非法集资是违法行为，一旦有了损失，需要当事人自己承担，因此，希望社会公众一定不要参与非法集资活动。

326. 参与非法集资会形成什么风险，其损失如何承担?

有关法律明确规定：因参与非法吸收公众存款等非法集资活动受到的损失，由参与者自行承担，而所形成的债务和风险不得转嫁给未参与非法吸收公众存款等非法集资活动的国有银行和其他金融机构以及其他任何单位。债权债务清理清退后，有剩余非法财物的，予以没收，就地上缴中央金库。在取缔非法吸收公众存款等非法集资活动的过程中，地方政府只负责组织协调工作，而不能采取财政拨款的方式弥补非法集资造成的损失。这意味着一旦社会公众参与非法集资，参与者的利益不受法律保护。经人民法院执行，集资者仍不能清退集资款的，应当由参与人自行承担损失，而不能要求有关政府部门代偿。

327. 什么是金融犯罪?

金融犯罪是伴随着金融市场的建立和发展而产生的一类犯罪，就我国刑法体系而言，金融犯罪不是一个独立的罪名，他是包含在经济犯罪中的一类犯罪的总称。这类犯罪涉及金融领域，且犯罪行为指向的社会关系均为国家金融管理制度，因而在理论上称之为“金融犯罪”。按照刑法学上比较简单的定义，金融犯罪是指依法应当受到刑事处罚的破坏金融管理秩序的行为。金融犯罪与经济犯罪相比，金融犯罪的范围比经济犯罪的范围小。经济犯罪包含了金融犯罪。按照《中华人民共和国刑法》规定，金融犯罪主要指刑法分则第三章“破坏社会主义市场经济秩序罪”中第四节、第五节所规定的“破坏金融管理秩序罪”和“金融诈骗罪”。学理上可以分为“破坏金融交易秩序”和“破坏金融管理秩序”犯罪两类（后者与目前刑法章节罪名并非同一范畴）。

328. 破坏金融管理秩序罪的犯罪主要有哪些?

根据《中华人民共和国刑法》规定，破坏金融管理秩序罪的罪名大致可以分为九类，分别是：

（1）危害货币管理制度犯罪。这类犯罪主要包括伪造货币罪，出售、购买、运输假币罪，金融工作人员购买假币、以假币换取货币罪，持有、使用假币罪，以及变造假币罪等。

（2）危害金融机构设立管理制度犯罪。这类犯罪主要包括擅自设立金融机构罪，伪造、变造、转让金融机构经营许可证、批准文件罪等。

（3）危害金融机构存贷款管理制度犯罪。这类犯罪主要包括高利转贷罪、骗取贷款、票据承兑、金融票证罪、非法吸收公众存款罪，违法发放贷款罪以及吸收客户资金不入账罪等。

（4）危害金融票证、有价证券管理制度犯罪。这类犯罪主要包括伪造、变造金融票证罪，擅自发行股票、公司、企业债券罪，违法出具金融票证罪等。

（5）妨害信用卡管理制度犯罪。主要指窃取、收买、非法提供信用卡信息罪等。

（6）危害证券、期货市场管理制度犯罪。这类犯罪主要包括内幕交易、泄露内幕信息罪、操纵证券、期货市场罪等。

（7）危害客户、公众资金管理制度犯罪。这类犯罪主要包括背信运用受托财产罪、违法运用资金罪等。

（8）危害外汇管理制度犯罪。这类犯罪主要包括逃汇罪、骗购外汇罪等。

（9）危害其他金融业务经营管理制度犯罪。目前这类犯罪比较单一明确，只有洗钱罪。

329. 我国目前金融诈骗犯罪主要有哪些类型？

根据《中华人民共和国刑法》规定金融诈骗犯罪共分为了八类，分别是：①集资诈骗罪；②信贷诈骗罪；③票据诈骗罪；④金融凭证诈骗罪；⑤信用证诈骗罪；⑥有价证券诈骗罪；⑦保险诈骗罪；⑧信用卡诈骗罪。

330. 银行工作人员常见的犯罪罪名有哪些？

银行员工常见的几种犯罪罪名主要有以下几种：①高利转贷罪；②非法吸收公众存款罪；③伪造、变造金融票证罪；④违法向关系人发放贷款罪、违法发放贷款罪；⑤用账外客户资金非法拆借、发放贷款罪；⑥对违法票据承兑、付款、保证罪；⑦洗钱罪；⑧挪用资金罪；⑨非法买卖银行承兑汇票构成的非法经营罪。

331. 什么是拒不执行生效判决、裁定罪？

对人民法院生效的判决、裁定有能力执行而拒不执行，情节严重的，构成拒不执行生效判决、裁定罪。《中华人民共和国刑法》第三百三十三条规定，情节严重的，处三年以下有期徒刑、拘役或者罚金；情节特别严重的，处三年以上七年以下有期徒刑，并处罚金。

“人民法院的判决、裁定”，是指人民法院依法作出的具有执行内容并已经发生法律效力的判决、裁定。人民法院为依法执行支付令、生效的调解书、仲裁裁决、公证债权文书等所做的裁定属于该条规定的裁定。

“有能力执行而拒不执行，情节严重”的情形是指：

（1）被执行人隐藏、转移、故意毁损财产或者无偿转让财产，已明显不合理的低价转让财产，致使判决、裁定无法执行的。

（2）担保人或被执行人隐藏、转移、故意毁损或者转让已向人民法院提供担保的财产，致使判决、裁定无法执行的。

（3）协助执行义务人接到人民法院协助执行通知书后，拒不协助执行，致使判决、裁定无法执行的。

（4）被执行人、担保人、协助执行义务人与国家机关工作人员同谋，利用国家机关工作人员的职权妨害执行，致使判决、裁定无法执行的。

（5）其他有能力执行而拒不执行，情节严重的情形。

国家机关工作人员有上述第四项行为的，以拒不执行生效判决、裁定罪的共犯追究刑事责任。国家机关工作人员收受贿赂或者滥用职权，有上述第四项行为的，同时又构成受贿罪、滥用职权罪或玩忽职守罪的，依照处罚较重的规定定罪处罚。

332. 什么是洗钱?

洗钱就是通过隐瞒、掩饰非法资金的来源和性质，通过某种手段把它变成看似合法资金的行为和过程。主要包括提供资金账户、协助转换财产形式、协助转移资金或汇往境外等。

333. 清洗什么钱将构成洗钱罪?

这主要是指清洗毒品犯罪、黑社会性质的组织犯罪、恐怖活动犯罪、走私犯罪、贪污贿赂犯罪、破坏金融管理秩序犯罪、金融诈骗犯罪的所得及其产生的收益，将构成洗钱罪。

334. 为什么要反洗钱?

洗钱助长走私毒品、黑社会、贪污贿赂、金融诈骗等严重犯罪，扰乱正常的社会经济秩序，破坏社会公平竞争，甚至影响国家声誉。因此，我们依法采取大额和可疑资金监测、反洗钱监督检查、反洗钱调查等各项反洗钱措施，预防和打击洗钱犯罪，起到遏制其上游犯罪的目的。

335. 国家反洗钱行政主管部门是指哪个部门? 其主要职责是什么?

国家反洗钱行政主管部门是指中国人民银行，主要负责组织协调全国的反洗钱工作，负责反洗钱资金监测，制定金融机构反洗钱规章，监督检查金融机构及特定非金融机构的反洗钱工作，调查可疑交易，开展反洗钱国际合作等。

第四部分　案例应用——以案释法

336. 作为出借人的银行直接扣划借款人未到期存款偿还贷款，是否构成对借款人的侵权？

黄某于1995年7月30日在A支行存入定期存款25万元，期限5年，年利率13.86%。1995年8月14日，原告与A支行签订《借款合同》和《抵（质）押合同》，以1995年7月30日存入合计本金25万元的存单作为质押，向A支行借款25万元，期限12个月，利率为基准利率10.05%上浮20%，并约定如逾期不归还借款，银行有权处理其质押存单等。合同签订当日，A支行履约放款。借款到期后，黄某未能偿还贷款，一直延至2000年上述存款到期。2000年8月3日，A支行以现金支取的方式支取黄某上述到期存款，共结算本金25万元，存款利息173 270.63元，代扣利息税5182.38元，税后存款利息为168 088.25元。同日，A支行向原告出具两张收贷凭证，该凭证注明收款人A支行收回还款人黄某贷款本金现金合计25万元。

2008年1月，黄某以A支行多扣收其贷款本息25万元为由，将A支行诉至法院。在庭审中，黄某认为，A支行处置其定期存款归还其借款的行为是非法的，并认为其所欠银行的25万元借款本金和利息已通过其定期存款结算还清，A支行向其出具的两张现金收贷凭证，是其以质押存款外的现金偿还被告贷款，A支行应予以退回。本案一审中，法院采纳了黄某的意见，判决银行败诉。

律师答疑：

行使法定抵销权必须向对方当事人作出抵销的意思表示，抵销的意思表示到达对方当事人即发生法律效力，无须对方当事人同意，抵销权人也不得撤回。需要特别注意的是，不是互相负有债权债务的当事人都可以行使抵销权。当一方的债务已经到期，另一方的债务尚未到期，只有债务已经到期的债权人可以主动提出抵销，债务未到期的债权人不能主动提出抵销。

337. 没约定还款日期，借款人该何时还款?

王先生和刘女士恋爱多年，双方都有了结婚的打算。2014 年 4 月 3 日，王先生因购买婚房向朋友焦某借款 7 万元人民币。基于朋友间的信任两人只是简单写了个借条，借条注明了借款数额和借款日期。购房结婚后，王先生的生活开销明显增加，入不敷出的现象时有发生，使得归还焦某借款的打算被一再推迟。由于借条中没有约定还钱的具体期限，王先生担心焦某会突然提出还款要求，自己无力偿还，伤了多年的朋友情谊。那么，像孙先生这种情况，他到底该何时还款呢?

律师答疑:

根据我国《合同法》第二百零六条的规定，如果借款合同中没有约定借款期限或者借款期限约定不明确，借款人可以随时返还，贷款人可以催告借款人在合理期限内返还。本案中，王先生与焦某签订的借条具有借款合同的法律效力，且内容、形式等均符合法律对借款程序的相关规定，因此，双方应当受到借条效力的约束。但由于双方未就还款时间作出约定， 所以，王先生可以选择与焦某签订补充协议或随时履行还款义务。但根据我国《合同法》第六十二条的规定，焦某随时提出还款要求的，也应该给王先生必要的准备时间。因此，案例中王先生不必担心焦某让其突然还款的问题，法律专门赋予了孙先生必要的准备时间。

法条链接:

《中华人民共和国合同法》

第六十二条当事人就有关合同内容约定不明确，依照本法第六十条的规定仍不能确定的，适用下列规定:

……

（四）履行期限不明确的，债务人可以随时履行，债权人也可以随时要求履行，但应当给对方必要的准备时间。

……

第二百零六条　借款人应当按照约定的期限返还借款。对借款期限没有约定或者约定不明确，依照本法第六十一条的规定仍不能确定的，借款人可以随时返还；贷款人可以催告借款人在合理期限内返还。

法律解读：

我国《合同法》第二百零六条是关于还款期限的规定。通常借款人应严格按照借款合同中约定的时限偿还借款，但在还款期限约定有环的情况下，法律规定了当事人双方可通过合同补正的方式避免因合同条款不完备而产生效力瑕疵；达不成补充协议的，借款法律关系当事人双方均可自行确定还款时间，但出借人应给与借款人合理的准备时间。

338. 自然人之间借款没事先约定利息，出借人还能主张利息吗？

张先生和小李是多年的生意伙伴，小李在2014年5月向张先生提出借款5万元的请求，张先生很快为其筹措了5万元。借款交付当天，双方立下字据，将借款数额和还款期限加以明确。后来，张先生和小李之间因经营理念的分歧产生了矛盾。还款日期届满后，张先生立即要求小李偿还本金和利息。小李认为借钱时双方只约定按时归还本金，并没要求支付利息。张先生则认为之前没有索要利息是看在他们之间的朋友情面上，现在两人关系已经恶化，要求小李偿还本息也是情理之中的事。那么，小李是否应该支付利息呢？

律师答疑：

小李无须向张先生支付利息。根据我国《合同法》第二百一十一条的规定，自然人之间的借款合同对支付利息没有约定或者约定不明确的，视为不支付利息。本案中，张先生和小李并未在借款合同中约定借款利息，依法应视为不需支付利息。小李只需按照约定履行了自己的义务，按期偿还欠款即可。

法条链接：

《中华人民共和国合同法》

第二百一十一条自然人之间的借款合同对支付利息没有约定或者约定不明确的，视为不支付利息。自然人之间的借款合同约定支付利息的，借款的利率不得违反国家有关限制借款利率的规定。

法律解读：

我国《合同法》第二百一十一条是关于自然人之间借款利息约定的规定。自然人之间借贷具有一定的基础关系，以无偿借贷情形居多。因此，立法者在确立借款利息问题时，将这一因素贯彻其中。但需注意的是，出借人并非不能得到任何利息，根据相关法律规定，自然人之间的定期无息借款，借款人逾期还款的，出借人可主张逾期利息。

339. 自然人之间借款，未约定借款利息的支付期限，如何偿还利息？

肖某经营了一家小型餐馆，最近效益不断下滑。为全面整顿餐馆，肖某向朋友王某借了五万块钱，双方签订了借款期限为四年的借款合同，约定了借款金额及利息。后来，王某和肖某因借款利息的偿还时间发生了纠纷。那么，对于没有约定借款利息支付期限的自然人借款，利息的归还问题该如何处理？

律师答疑：

我国《合同法》第二百零五条规定："借款人应当按照约定的期限支付利息。对支付利息的期限没有约定或者约定不明确，依照本法第六十一条的规定仍不能确定，借款期间不满一年的，应当在返还借款时一并支付；借款期间一年以上的，应当在每届满一年时支付，剩余期间不满一年的，应当在返还借款时一并支付。"同时，该法第六十一条规定："合同生效后，当事人就质量、价款或者报酬、履行地点等内容没有约定或者约定不明确的，可以协议补充；不能达成补充协议的，按照合同有关条款或者交易习惯确定。"据此可知，案例中的肖某与王某可以就利息的支付期限进行协议补充；达不成补充协议的，借款期限为四年，肖某应当在每届满一年支付一次利息，最后一年的利息与本金一起偿还。

法条链接：

《中华人民共和国合同法》第二百零五条：借款人应当按照约定的期限支付利息。对支付利息的期限没有约定或者约定不明确，依照本法第六十一条的规定仍不能确定借款期间不满一年的，应当在返还借款时一并支付；借款期间一年以上的应当在每届满一年时支付，剩余期间不满一年的，应当在返还借款时一并支付。

法律解读：

我国《合同法》第二百零五条是关于借款人支付利息期限的规定。支付借款利息是有息借贷法律关系中借款人承担的义务之一，该义务不仅要求借款人按照约定数额支付，还要求按照约定期限支付。对于未约定利息支付期限的，借贷双方可以协议补充，补充协议与借款协议有同等的法律效力。无法达成一致意见的，法律规定按照借款期限的长短，分别处理。

340. 自然人间的无息借贷逾期还款的，出借人能否索要利息？

李先生经营养生会馆赔了钱，李先生便找到好友赵先生帮忙。赵先生答应借款20万元，借款交付后，李先生给赵先生写了一份借条，借款期限为三年，且为无息借款。2014年2月3日，借款合同中约定的还款期限已到，赵先生就给李先生打了个电话，谈到了归还借款的事，李先生也口口声声表示这几天就还清。同年8月，还款期限已过大半年，但李先生并未按约定还钱，赵先生只好再次联系对方，但李先生却总是避而不见。赵先生打算起诉维权，但是他不确定逾期还款的损失如何弥补，他可以主张李先生承担逾期还款期间的利息吗？

律师答疑：

案例中的赵先生有权索要逾期还款利息。根据我国《合同法》第二百零七条的规定，借款人未按照约定的期限返还借款的，应当按照约定或者国家有关规定支付逾期利息。根据《最高人民法院关于审理民间借贷案件适用法律若干问题的规定》第二十九条第（一）项规定，既未约定借期内的利率，也未约定逾期利率，出借人主张借款人自逾期还款之日起按照年利率6%支付资金占用期间利息的，人民法院应予支持。所以赵先生是可以要求李先生支付逾期还款期间的利息的。

法条链接：

《中华人民共和国合同法》第二百零七条：借款人未按照约定的期限返还借款的，应当按照约定或者国家有关规定支付逾期利息。

法律解读：

我国《合同法》第二百零七条是关于未按照约定的期限返还借款时，借款人责任的规定。借款人不依约定按时履行还款义务，损害出借人可期利益的，属于严重违约的情形，应当承担法律责任。借贷合同当事人在合同中对逾期利息的问题作出约定的，从其约定；未作约定的，借款人按照国家有关规定的利率支付逾期利息。

341. 借款人提前还清借款，利息能相应减少吗？

周先生为扩大店面，向生意伙伴苏某借款20万元。双方签订了借款合同，约定借款期间为2011年3月5日至2014年3月4日，利息标准以同期银行存款利息为准，利息收取方式为每届满一年一付，最后一次的利息与本金一起偿还。2013年3月份，周先生觉得自己手头比较富裕，打算一次性还清全部借款，这个想法也取得了苏某的同意。但是对利息的支付问题周先生还存在疑惑，提前还清借款后，利息是否会相应减少呢？

律师答疑：

提前清偿借款的，借款利息可相应减少。根据我国《合同法》第二百零八条的规定，借款人提前偿还借款的，除当事人另有约定的以外，应当按照实际借款的期间计算利息。据此可知，借款利息的支付是以实际借款的期间为准，也就是说，虽然双方将借款期间约定为三年，但是周先生在2013年3月还清借款时，实际借款时间只有两年。那么，周先生就可以按照借款期间为两年的标准支付利息了。

法条链接：

《中华人民共和国合同法》

第二百零八条：借款人提前偿还借款的，除当事人另有约定的以外，应当按照实际借款的期间计算利息。

法律解读：

我国《合同法》第二百零八条是关于借款人提前清偿借款时利息支付问题的规定。借款人提前清偿债务，一般对贷款人并无害，且有利于经济发展。因此，法律鼓励提前清偿借款的行为。但注意的是，提前清偿借款也会导致出借人的预期可得利息减少。为避免借款人采用提前还款的办法来逃避约定利率的承担，法律赋予贷款人拒绝借款人提前履行的权利，以实现借贷双方利益平衡。

342. 自然人之间的借款合同什么时候生效？

杨先生的母亲被一小型货车撞伤，肇事者已经逃逸。为及时进行救治，杨先生多方筹措医药费，其中杨先生向公司领导张某借款5万元。情急之下，杨某未等拿到钱款就写下了借款协议，载明利息计收标准等内容。领导张某表示，钱款一定如约奉上，但是第二天才能有时间去银行支取。杨先生觉得自己的领导不会言而无信，就留下借款协议后独自回医院了。庆幸的是，肇事者主动找到杨先生商议赔偿事宜，并承担了全部医药费。第二天，张某携带钱款找到杨先生，但是杨先生觉得已经没有借钱的必要了，就予以推辞。张某一时恼怒，要求杨先生按照借款协议支付利息。杨先生觉得自己还没拿到借款呢，借款合同应该没有效力呢。那么，借款合同生效了吗？

律师答疑：

案例中的借款合同尚未生效。杨先生与张某的借贷属于自然人之间借款的情形，根据我国《合同法》第二百一十条的规定，自然人之间的借款合同，自贷款人提供借款时生效。因此，在张某实际提供借款之前，他与杨先生签订的借款合同还没有发生法律效力，张某也不宜要求杨先生按照借款合同支付借款利息。

法条链接：

《中华人民共和国合同法》第二百一十条　自然人之间的借款合同，自贷款人提供借款时生效。

343. 自然人之间借款合同都需写明哪些内容？

农民老刘想要购买一台播种机，但是自己的积蓄有限，就向邻居宋某借一笔钱。考虑到都是辛苦挣的血汗钱，两人打算写个正式的书面借款合同，保险一点。但是除了借款金额和还款日期外，两人不知道还需写哪些内容。那么，自然人之间借款合同都需写明哪些内容呢？

律师答疑：

自然人之间借款合同可以约定合同形式，既可以采用书面形式也可以采用口头形式，采用书面形式的合同，根据我国《合同法》第一百九十七条的规定，借款合同采用书面形式，但自然人之间借款另有约定的除外。借款合同的内容包括借款种类、币种、用途、数额、利率、期限和还款方式等条款。据此可知，二人除了约定借款金额和还款日期外，还可以协商拟定对利息、还款方式等方面的合同条款，使合同更加完整，以便于更好的保障借贷双方的合法权益。

法条链接：

《中华人民共和国合同法》第一百九十七条：借款合同采用书面形式，但自然人之间借款另有约定的除外。借款合同的内容包括借款种类、币种、用途、数额、利率、期限和还款方式等条款。

法律解读：

我国《合同法》第一百九十七条是关于借款合同内容的规定。该法条列举了书面借款合同中涵盖的借款种类、币种、用途、数额、利率、期限和还款方式等七项内容。除此之外，借款合同的当事人还可以根据自身特殊情况作出其他约定，以进一步明确双方当事人的权利和义务，尽量减少纠纷的发生。

344. 借款提存后，贷款人能否再向借款人追索？

梁某打算加盟一家全国连锁的火锅店，但是加盟条件要求过高，梁某凭借自己的经济能力无法达到该标准。因此，梁某向自己的几位好友说明了情况，希望能借些钱周转一下。2013 年 6 月，在好友孙某的介绍下，梁某同关某达成了借款协议。双方签订了借款合同，合同中就借款金额及利息利率、借款期限等作出明确的约定，借款期限是一年。一年后，梁某的借款到期，就按照合同记载的联系电话，却联系不到关某。后来梁某还按关某在合同中提供的地址去他家里，但是关某已经不在那里居住，无法取得联系。无奈，梁某只能将借款本金及利息向公证机关提存。2014 年 9 月，关某找到了梁某居所索要借款。梁某以自己已将款项提存为由拒绝了关某的要求。那么，关某还能要求梁某偿还借款吗？

律师答疑：

借款提存后，关某就不能要求梁某归还借款了。根据我国《合同法》第七十条的规定，债权人分立、合并或者变更住所没有通知债务人，致使履行债务发生困难的，债务人可以中止履行或者将标的物提存。据此可知，因关某的住所变更没有告知梁某，导致梁某无法按约履行还款义务，梁某可以将借款本金及利息提存。此外，根据我国《合同法》第九十一条的规定，债务人依法将标的物提存的，合同的权利义务终止。同时根据我国《最高人民法院关于贯彻执行〈中华人民共和国民法通则〉若干问题的意见》第一百零四条的规定，债权人无正当理由拒绝债务人履行义务，债务人将履行的标的物向有关部门提存的，应当认定债务已经履行。因提存所支出的费用，应当由债权人承担。也就是说，借款依法提存后，借款人的合同权利义务已依法终止，不再负有还款义务。

法条链接：

《中华人民共和国合同法》

第七十条 债权人分立、合并或者变更住所没有通知债务人，致使履行债务发生困难的，债务人可以中止履行或者将标的物提存。

第九十一条 有下列情形之一的，合同的权利义务终止：

债务已经按照约定履行；

合同解除；

债务相互抵销；

债务人依法将标的物提存；

……

法律解读：

我国《合同法》第七十条是关于债权人变更住所最终使债务人履行困难时该如何救济的规定。提存，是指由于债权人的原因，债务人无法向其交付合同标的物时，债务人将该标的物交给提存机关而消灭合同的制度。债务人及时进行提存以终结债务关系，避免产生非因本人延迟履行而导致的新债务，从而充分保护债务人的合法利益。

345. 出借人可以要求借款人的继承人承担偿还借款的责任吗?

周某是老李的旧相识，三年前，老李为了扭转餐馆亏损局面向周某借款5万元。本来今年9月份就到还款期了，本息共计5万多元。不料，老李在7月底就因为心脏病复发而不治死亡了。这使周某着了急，借款的当事人去世了，餐馆被他的儿子小李继承了，周某的借款该向谁要呢?

律师答疑：

案例中，继承老李遗产的小李应该承担归还借款的责任。根据我国《继承法》第三十三条的规定，继承遗产应当清偿被继承人依法应当缴纳的税款和债务，缴纳税款和清偿债务以他的遗产实际价值为限。超过遗产实际价值部分，继承人自愿偿还的不在此限。继承人放弃继承的，对被继承人依法应当缴纳的税款和债务可以不负偿还责任。老李在生前与周某签订借款合同，周某已经按照合同提供借款，老李应当负有按期还款的义务。所以，案例中继承遗产的继承人小李在继承范围内承担向周某还款的义务。对于超过遗产实际价值的部分，继承人可以不再承担，但是自愿偿还的也可以。

法条链接：

《中华人民共和国继承法》

第三十三条　继承遗产应当清偿被继承人依法应当缴纳的税款和债务，缴纳税款和清偿债务以他的遗产实际价值为限。超过遗产实际价值部分，继承人自愿偿还的不在此限。

法律解读：

我国《继承法》第三十三条是关于被继承人债务清偿原则的规定。债权人有权要求债务人按照合同的约定或者依照法律的规定履行义务。债务人死亡的，继承人接受继承则是其承担清偿被继承人生前债务的必要前提条件，债权人有权要求继承人用被继承人的遗产偿还借款。

346. 出借人能否将自己的债权转移给第三人？

2013年4月，村民老王创办了一个奶牛饲养基地。为确保第一批奶牛的品质优良，老王向邻居吴某借了五万块钱，专门引进一批配料机器。双方签订了借款合同，借款期限为三年，于2016年4月10日还清，除此以外没有特殊约定。2014年5月，吴某母亲突发脑梗死，需住院治疗，吴某需筹措手术费，于是吴某打算将自己对老王的债权转让给肖某。那么，借款合同的出借人是否能将自己的债权转让给第三人？

律师答疑：

根据我国《合同法》第七十九条的规定，债权人可以将合同的权利全部或者部分转让给第三人，但有下列情形之一的除外：①根据合同性质不得转让；②按照当事人约定不得转让；③依照法律规定不得转让。案例中，借贷合同当事人并未在合同中约定债权不得转让，同时也没有其他法律规定不得转让的情形限制，所以吴某可以将债权转让给肖某。但需注意的是，根据我国《合同法》第八十条的规定，债权人转让权利的，应当通知债务人。未经通知，该转让对债务人不发生效力。因此，吴某转让债权，应当通知债务人老王，否则该转让对老王不发生效力。

法条链接：

《中华人民共和国合同法》第七十九条　债权人可以将合同的权利全部或者部分转让给第三人，但有下列情形之一的除外：

（一）根据合同性质不得转让；

（二）按当事人约定不得转让；

（三）依照法律规定不得转让。

第八十条　债权人转让权利的，应当通知债务人。未经通知，该转让对债务人不发生效力。

债权人转让权利的通知不得撤销，但经受让人同意的除外。

法律解读：

我国《合同法》第七十九条是关于合同权利转让的规定。债权人转让权利是法律赋予其的一项权利，但为平衡债权人与债务人之间的利益关系，法律要求债权人转让债权必须以不违反法律和公共利益为前提，否则将导致债权转让行为无效。债务人接到债权人权利转让的通知后，债权转让即发生法律效力。

347. 作为被告的借款人对仅有的借据复印件不予认可的，如何处理？

2014 年 7 月，关先生因投资海外生意而欠了一大笔钱，生活落魄的关先生想把自己的到期债权收回来，缓解一下生活压力。在与借款人马某索要欠款时，马某以手头紧张为由推脱。经多次讨要，关先生却被马某拒之门外。无奈之下关先生决定起诉马某，在提交证据材料过程中，关先生只找到了当年所写借据的复印件。被告马某对复印件不予认可，主张该证据是伪造的。关先生认为复印件中清楚地载明借款当事人、金额及还款日期，和原件没啥两样。那么，出借人能否仅凭借据复印件而胜诉呢？

律师答疑：

根据我国《最高人民法院关于民事诉讼证据的若干规定》第二条的规定，当事人对自己提出的诉讼请求所依据的事实有责任提供证据加以证明。证据不足以证明当事人的事实主张的，由负有举证责任的当事人承担不利后果。关先生向法院起诉要求马某还钱，应就借款事实的存在提供证据，如果不足以证明事实的，关先生就应承担不利后果。同时根据该规定第六十九条的规定，无法与原件、原物核对的复印件、复制品，不能单独作为认定案件事实的依据。所以关先生仅提供借据复印件的，其请求是不能得到法院支持的。作为出借人的关先生必须收集其他证据予以佐证，否则只能承担不利后果。

法条链接：

《最高人民法院关于民事诉讼证据的若干规定》

第八条　诉讼过程中，一方当事人对另一方当事人陈述的案件事实明确表示承认的，另一方当事人无需举证。但涉及身份关系的案件除外。对一方当事人陈述的事实，另一方当事人既未表示承认也未否认，经审判人员充分说明并询问后，其仍不明确表示肯定或者否定的，视为对该项事实的承认。

……

第六十九条　下列证据不能单独作为认定案件事实的依据：

……

（四）无法与原件、原物核对的复印件、复制品；

……

法律解读：

我国《最高人民法院关于民事诉讼证据的若干规定》第六十九条是关于无法与原件核对的复制品证明力大小的规定。证明力是指证据对于特定的案件事实有无证明作用及作用的大小。借款协议属于书证，对书证进行质证时，当事人有权要求出示证据的原件或者原物。无法与原件核对的复印件、复制品不具有完全的证明力，不能单独作为认定案件事实的证据。

348. 借款合同无效的，如何处理？

某商贸公司与某培训公司协商打了借款合同，合同约定由商贸公司借150万元人民币给培训公司，用作培训公司的二期扩建基础资金，借款期限为2年，利息支付方式为：合同到期后由培训公司一次性支付全部利息。后商贸公司将自己从银行贷出的款项150万元再一次性出借给某培训公司。2014年6月，借款期限届满，培训公司以二期扩建导致公司亏损为由，一再拖延还款。商贸公司只好一纸诉状将培训公司告上了法庭，请求人民法院判定培训公司返还其本金和利息。不料，该借款合同被人民法院确认为无效合同。那么，借款事宜该如何处理？

律师答疑：

无效合同是自始、当然无效的。一旦被宣告无效，它的效力就要溯及到合同成立之时，所以无效合同不能通过当事人的实际履行行为而使它有效。判断合同无效的标准首先必须是全国人大及其常委会制定的法律和国务院制定的行政法规。只有法律和行政法规才能用来判断合同无效。商贸公司和培训公司之间的借款合同,已经违反《刑法》第一百七十五条的规定的,涉嫌“高利转贷罪”;同时也违反了国务院发布的《非法金融机构和非法金融业务活动取缔办法》第四条第（三）项的规定，因此，双方签订的借款合同无效。根据我国《合同法》第五十八条的规定，合同无效或者被撤销后，因该合同取得的财产，应当予以返还。培训公司基于无效合同而占有商贸公司150万元，应当依法予以返还。

法条链接：

《非法金融机构和非法金融业务活动取缔办法》第四条　本办法所称非法金融业务活动，是指未经中国人民银行批准，擅自从事的下列活动：

（一）非法吸收公众存款或者变相吸收公众存款；

（二）未经依法批准，以任何名义向社会不特定对象进行的非法集资；

（三）非法发放贷款、办理结算、票据贴现、资金拆借、信托投资、金融租赁、融资担保、外汇买卖；

（四）中国人民银行认定的其他非法金融业务活动。

前款所称非法吸收公众存款，是指未经中国人民银行批准，向社会不特定对象吸收资金，出具凭证，承诺在一定期限内还本付息的活动；所称变相吸收公众存款，是指未经中国人民银行批准，不以吸收公众存款的名义，向社会不特定对象吸收资金，但承诺履行的义务与吸收公众存款性质相同的活动。

《中华人民共和国合同法》第五十八条　合同无效或者被撤销后，因该合同取得的财产,应当予以返还；不能返还或者没有必要返还的,应当折价补偿。有过错的一方应当赔偿对方因此所受到的损失，双方都有过错的，应当各自承担相应的责任。

法律解读：

我国《合同法》第五十八条是关于合同无效或者被撤销的法律后果的规定。我国对待无效合同所产生的利益一般有四种做法：①返还财产。合同被确认无效后，因该合同取得的财产，应当予以返还。②折价补偿。不能返还或没有必要返还的，应当折价补偿。③赔偿损失。赔偿损失以过错为条件。有过错的应当赔偿对方因此所收到的损失，双方都有过错的，应当各自承担相应的责任。

④收归国有，返还第三人。当事人恶意串通，损害国家、集体利益或者第三人利益的，因此取得的财产收归国家所有或者返还给第三人。

349. 谁来承担无权代理人签订的借款合同中的还款责任？

黄先生经营一家电子产品经销店，由于人手紧张，黄先生经常委托好友江某到指定进货点宏盛公司进货。2017 年 9 月上旬，江某再次来到指定点帮黄先生进货。江某在仓库查货时，无意发现一种防水电子表很实用，批发价也很便宜。于是江某就批发了三箱。由于所带货款不够，江某就以黄先生名义签订了借款协议。后宏盛公司联系黄先生，协商还款事宜，黄先生提出并不知道借款的事，拒绝承担这笔借款。那么到底该由谁来承担江某无权代理导致的额外订货款？

律师答疑：

案例中江某擅自订购电子表的行为属于越权代理，是狭义的无权代理的一种表现，且黄先生并未对江某的越权代理行为进行追认。根据《合同法》第四十八条的规定，行为人没有代理权、超越代理权或者代理权终止后以被代理人的名义订立的合同，未经被代理人追认，对被代理人不发生效力，由行为人承担责任。相对人可以催告被代理人在一个月内予以追认。被代理人未作表示的，视为拒绝追认。合同被追认之前，善意相对人有撤销的权利。撤销应当以通知的方式作出。所以，江某因无权代理而签订的借款合同，未得到黄先生的追认，就不能对黄先生产生法律效力，因此而产生的还款责任就应该由江某承担。

法条链接：

《中华人民共和国合同法》第四十八条　行为人没有代理权、超越代理权或者代理权终止后以被代理人名义订立的合同，未经被代理人追认，对被代理人不发生效力，由行为人承担责任。相对人可以催告被代理人在一个月内予以追认。被代理人未作表示的，视为拒绝追认。合同被追认之前，善意相对人有撤销的权利。撤销应当以通知的方式作出。

法律解读：

我国《合同法》第四十八条是关于无代理权人签订的合同效力的规定。代理人超过代理权限以被代理人名义与他人签订的合同是一种效力待定的合同。基于保护交易对方权益，法律规定被代理人可以通过行使追认权而使无权代理行为产生法律效力。如果被代理人拒绝追认的，效力待定的合同就归于无效了，因此而产生的责任就应该由行为人自行承担。

350. 婚前个人贷款，婚后共同还贷房屋如何分割？

王某与庄某于2006年12月经人介绍相识，2007年7月登记结婚，婚后未生育子女，夫妻感情一般。2011年7月，王某以夫妻感情破裂为由起诉至法院，要求与女方离婚，并依法分割财产。经法院审理查明，王某在婚前购买了楼房一套，总房款24万余元，其中王某婚前支付首付款13万元，其余办理了按揭贷款，该房产在婚前办理了房产所有权证书，登记在王某名下。在诉讼过程中，两人一致认可，结婚时该房价值498 492元，在共同生活期间共同还款64 386元，王某起诉时该房价值996 984元。

一审人民法院经审理认为，该楼房系王某婚前购买并交的首付款，且办理了房产证，该楼房应为王某的婚前个人财产，同时王某应补偿庄某婚后共同还贷部分及其对应的房屋增值款。一审法院判决：王某补偿庄某婚后共同还贷的一半32 193元及其对应的房屋增值款64 804元。庄某不服一审判决提起上诉，请求撤销原审判决，依法改判王某向其补偿共同还贷的一半32 193元及房屋增值款249 246元。2012年3月13日，二审法院判决：驳回上诉，维持原判。

律师答疑：

（1）夫妻一方婚前签订不动产买卖合同，以个人财产支付首付款并在银行贷款，婚后用夫妻共同财产还贷，不动产登记于首付款支付方名下，离婚时双方协议不成的，人民法院应当判决该不动产归产权登记一方，尚未归还的贷款为产权登记方的个人债务。双方婚后共同还贷支付的款项及其相对应财产增值部分，由产权登记一方对另一方进行补偿。

（2）对于房屋的所有权问题，因我国法律规定，不动产的取得是以登记为标志的，因此判决房屋是否属于夫妻共同财产，关键应当看房屋产权证如何取得。但因房产证的取得的时间是不确定的，并受多种买受人以外因素的影响，如果仅仅机械地按照房屋产权证书取得的时间作为划分按揭房屋属于婚前个人财产或婚后夫妻共同财产的标准，则可能出现对一方显失公平的情况。对于一方婚前首付按揭贷款所购买的房产，因其在婚前已经通过银行贷款的方式向房地产公司支付了全部购房款，买卖房屋的合同义务已经履行完毕，婚后获得房产的物权只是财产权利的自然转化，故离婚分割财产时将按揭房屋认定为这一方的个人财产相对比较公平。

（3）对于如何分割夫妻共同财产共同还贷部分，应当从两个方面考虑：①从还贷的时间看，还贷的时间只要处于婚姻关系存续期间，一般即可认定是双方用夫妻共同财产还贷，而不必区分还贷的资金来源于哪一方的收入；②看夫妻之间是否约定实行分别财产制或者对涉案房屋的还贷问题是否有特别约定，如果双方对于上述问题进行了特别约定，则分割房产时约定优先，不再适用本解释的规定。因还贷支付的款项属于夫妻共同财产，一般情况下，可以按照一人一半的原则分割，即离婚时取得房屋产权的一方应当将婚姻关系存续期间所偿还的贷款数额的一半，补偿给对方。

（4）对于房产的增值部分可获得多少补偿，可根据房屋购置资金的来源及在全部房价款中所占的比例来考量其分割原则。一般情况下，房屋购置资金的来源由以下三个部分组成：①一方于婚前购房时交纳的首付款以及其个人偿还的贷款部分；②双方当事人婚后共同还贷部分；③未偿还的贷款。

351. 最高额担保抵押物被查封后，银行是否继续发放贷款？

原告林某诉称：2007 年 6 月 16 日，贷款人马某与被告甲银行签订了一份《最高额担保个人借款合同》，以马某所有的别墅作为抵押物，并办理抵押登记。在抵押期间内被告于 2008 年 6 月 30 日和 7 月 2 日分别发放金额为 100 万元、80 万元的贷款，但抵押物已于 2007 年 11 月 6 日被查封。2009 年 5 月，被告在法院因其他案件执行马某别墅时对该抵押物提出优先权申请并得到法院支持，别墅拍卖成功后被告贷款获得受偿。后了解到甲银行在发放贷款前，所谓的抵押物已经被查封。根据《物权法》第二百零六条，关于最高额抵押担保的债权在抵押财产被查封扣押后不再增加的规定，我们认为被告 2008 年发放的两笔贷款 100 万元、80 万元之前抵押物已被查封，被告不具有优先受偿权，要求法院对此予以确认。

被告甲银行辩称：我行抵押手续完善，在申请执行抵押物时按照法律规定主张优先权，故我行的最高额抵押权应得到法律支持。

法院查明：原告林某与被告均为马某的债权人，不同之处在于林某的债权之上未设定抵押，而被告甲银行对马某的债权享有抵押权，双方签订的《最高额担保个人借款合同》将马某的别墅作为抵押物且办理了抵押登记，但因银行实际发放贷款前存在抵押物被查封、扣押等事实，导致出现了本案涉及的争议，即甲银行与马某之间的债权，是否享有抵押权。

法院认为，本案从现有证据看，并无证据证明被告银行在最高额抵押期间内发放贷款时已经或应当知道抵押物被查封的事实，根据《最高人民法院关于人民法院民事执行中查封、扣押、冻结财产的规定》相关规定，银行依法享有的最高额抵押权未受法定事由阻却，其在最高额抵押期间发生的最高额度内的180多万元债权，对抵押物依法享有优先权。法院遂判决驳回原告诉讼请求。

律师答疑：

最高额抵押担保的债权在抵押物被查封、冻结扣划后不得再增加，否则再增加的债权将丧失就最高额抵押物所享有的优先受偿权。

（1）在贷后管理中要强化抵押物管理，高度关注最高额抵押合同项下每一笔贷款发放前的抵押物状况。在最高额抵押期间每次贷款偿还后发放新贷款前，均要对抵押人和抵押物的现状进行核查即应实地到房地产等抵押登记部门，核查包括但不限于抵押物是否被查封、扣押、执行等情况以及抵押人是否存在申请破产、重整、和解、解散或严重影响承担担保责任等情形，核查结果显示抵押物未被查封扣押的方可再次发放贷款，如有则应停止发放已收回的贷款，待重新落实抵押担保后再发放新贷款。

（2）法院主动将查封、扣押的事实通知抵押权人银行时，银行应确保将通知书收妥入档。签收时要认真填写《送达回证》，签收时间不能忽略，也不能按送达人要求填写以前时间；签收后应立即通知到该最高额抵押合同的相关经办人员，不可再放款。

（3）未收到法院查封扣押通知，但从抵押登记部门等其他渠道已经获知抵押物被查封扣押的信息的，应在查实后决定是否可以发放。如拒绝发放，应向借款人作出书面通知解释并提供相应证据。

352. 为未成年人名下房产设定抵押，抵押法律效力如何？

2008年4月，某银行与甲签订一份最高额抵押合同，约定甲以其某房产为A企业向银行的60万元贷款提供抵押担保。由于甲出生于1991年5月，合同签订时系未成年人，抵押合同、抵押清单上的抵押人签名均由其父母乙和丙共同签署（其父乙为A企业的法定代表人）。该贷款到期后，经催收后借款人仍未归还到期贷款。银行遂于2009年12月向法院起诉，要求借款人归还贷款本金及欠息，抵押人依法承担担保责任。本案一审判决借款人归还贷款本金及欠息，但以《民法通则》第十八条第一款为依据，认为监护人为未成年人房产设定抵押的行为没有考虑到被监护人的利益，因此认定抵押无效，驳回银行对抵押人的诉讼请求。银行上诉，二审维持原判。

律师答疑：

（1）无民事行为能力人和限制民事行为能力人提供保证担保，签订的保证合同无效。如由保证人本人签署保证合同，因本人欠缺民事行为能力，保证担保合同无效。如由其监护人代理签署保证担保合同，其实质为监护人处理被监护人财产，除非监护人代理系为被监护人利益签订保证担保合同，否则合同无效。

（2）对未成年人的保护，法律强调的是保护其利益，防止其利益遭受监护人等的非法处分或侵害。因此在遇到类似情况时应注意：

①对于非出于未成年子女自身利益、父母采用未成年人房产抵押向银行贷款，银行应不予受理。比如贷款用于未成年子女父母的生产经营、消费或其他用途。

②对于父母承贷、以子女名下房产办理按揭贷款的，应要求其法定监护人（一般为父母双方）在相关的房产买卖合同、抵押合同上签字确认，以示对上述合同的确认，必要时还可以要求父母提供为未成年人利益的书面保证。

353. 抵押物被征收后，不及时行使权利会产生什么法律风险？

2009年6月，大地公司与某银行签订抵押贷款合同，贷款1000万元，期限一年，以其名下的土地使用权及其地上附着物办公楼作抵押，并办理了抵押登记。九月，根据当地政府统一规划，该抵押的土地被征收，地上建筑被拆迁，大地公司将领取的补偿金3000万元全部转移至其他公司账户上。银行贷款到期后，大地公司拒不还款，银行经催收无果遂诉至法院，请求依法判定大地公司归还贷款本息，并对拆迁补偿款享有优先受偿权。人民法院经审理认为，大地公司与银行签订的抵押贷款合同是双方真实意思的表示，合法有效。因大地公司享有的土地使用权项下的土地被征收、地上房屋被拆迁，拆迁补偿金即成为抵押物的代位物。根据《担保法解释》第八十条第一款关于“在抵押物灭失、毁损或征用的情况下，抵押权人可以就抵押物的保险金、赔偿金或补偿金优先受偿”之规定，银行有权对该拆迁补偿金优先受偿。但由于该项补偿金已经支付给抵押人，且已被抵押人全部转移，从而失去了行使担保物权所必需的财产的特定性，抵押权人对拆迁补偿金行使优先受偿权，客观上已无实现的可能。因此判决大地公司在一个月内偿还贷款本息，驳回银行对拆迁补偿金优先受偿的请求。

律师答疑

（1）担保物办理抵、质押后，未经银行同意转让或者虽同意转让但所得价款未提前清偿债务或者提存，可能导致贷款全部或部分脱保。

（2）对于汇票、支票、本票、债券、存款单、仓单、提单而言，至兑现日期或者提货日期，如果出质人不及时行使权利，权利可能失效或减损，担保价值即消失或减损，银行债权风险加大，所以银行通常只能同意其行使权利；但出质人行使权利后，权利即告消灭，银行必须将兑现的价款或者提取的货物提前清偿债务或者提存。如银行未将转让所得的价款提前清偿债务或者提存，则可能脱保或者部分脱保，银行债权风险加大。

（3）抵押人的行为造成抵押物价值减少而危及银行债权实现时，未及时要求抵押人恢复抵押物价值或提供相应担保，或者得知担保财产毁损、灭失或者被征收等之后，未主张优先受偿权也未将保险金、赔偿金或者补偿金等提存，或者抵押物被法院依法查封、拍卖未及时主张优先受偿权的，银行风险加大。

第五部分　附　录

附录一

中华人民共和国民法总则

（第十二届全国人民代表大会第五次会议 2017 年 3 月 15 日通过）

第一章　基本规定

第一条　为了保护民事主体的合法权益，调整民事关系，维护社会和经济秩序，适应中国特色社会主义发展要求，弘扬社会主义核心价值观，根据宪法，制定本法。

第二条　民法调整平等主体的自然人、法人和非法人组织之间的人身关系和财产关系。

第三条　民事主体的人身权利、财产权利以及其他合法权益受法律保护，任何组织或者个人不得侵犯。

第四条　民事主体在民事活动中的法律地位一律平等。

第五条　民事主体从事民事活动，应当遵循自愿原则，按照自己的意思设立、变更、终止民事法律关系。

第六条　民事主体从事民事活动，应当遵循公平原则，合理确定各方的权利和义务。

第七条　民事主体从事民事活动，应当遵循诚信原则，秉持诚实，恪守承诺。

第八条　民事主体从事民事活动，不得违反法律，不得违背公序良俗。

第九条　民事主体从事民事活动，应当有利于节约资源、保护生态环境。

第十条　处理民事纠纷，应当依照法律。法律没有规定的，可以适用习惯，但是不得违背公序良俗。

第十一条　其他法律对民事关系有特别规定的，依照其规定。

第十二条　中华人民共和国领域内的民事活动，适用中华人民共和国法律。法律另有规定的，依照其规定。

第二章　自然人

第一节　民事权利能力和民事行为能力

第十三条　自然人从出生时起到死亡时止，具有民事权利能力，依法享有民事权利，承担民事义务。

第十四条　自然人的民事权利能力一律平等。

第十五条　自然人的出生时间和死亡时间，以出生证明、死亡证明记载的时间为准；没有出生证明、死亡证明的，以户籍登记或者其他有效身份登记记载的时间为准。有其他证据足以推翻以上记载时间的，以该证据证明的时间为准。

第十六条　涉及遗产继承、接受赠与等胎儿利益保护的，胎儿视为具有民事权利能力。但是胎儿娩出时为死体的，其民事权利能力自始不存在。

第十七条　十八周岁以上的自然人为成年人。不满十八周岁的自然人为未成年人。

第十八条　成年人为完全民事行为能力人，可以独立实施民事法律行为。

十六周岁以上的未成年人，以自己的劳动收入为主要生活来源的，视为完全民事行为能力人。

第十九条　八周岁以上的未成年人为限制民事行为能力人，实施民事法律行为由其法定代理人代理或者经其法定代理人同意、追认，但是可以独立实施纯获利益的民事法律行为或者与其年龄、智力相适应的民事法律行为。

第二十条 不满八周岁的未成年人为无民事行为能力人，由其法定代理人代理实施民事法律行为。

第二十一条 不能辨认自己行为的成年人为无民事行为能力人，由其法定代理人代理实施民事法律行为。

八周岁以上的未成年人不能辨认自己行为的，适用前款规定。

第二十二条 不能完全辨认自己行为的成年人为限制民事行为能力人，实施民事法律行为由其法定代理人代理或者经其法定代理人同意、追认，但是可以独立实施纯获利益的民事法律行为或者与其智力、精神健康状况相适应的民事法律行为。

第二十三条 无民事行为能力人、限制民事行为能力人的监护人是其法定代理人。

第二十四条 不能辨认或者不能完全辨认自己行为的成年人，其利害关系人或者有关组织，可以向人民法院申请认定该成年人为无民事行为能力人或者限制民事行为能力人。

被人民法院认定为无民事行为能力人或者限制民事行为能力人的，经本人、利害关系人或者有关组织申请，人民法院可以根据其智力、精神健康恢复的状况，认定该成年人恢复为限制民事行为能力人或者完全民事行为能力人。

本条规定的有关组织包括：居民委员会、村民委员会、学校、医疗机构、妇女联合会、残疾人联合会、依法设立的老年人组织、民政部门等。

第二十五条 自然人以户籍登记或者其他有效身份登记记载的居所为住所；经常居所与住所不一致的，经常居所视为住所。

第二节 监 护

第二十六条 父母对未成年子女负有抚养、教育和保护的义务。

成年子女对父母负有赡养、扶助和保护的义务。

第二十七条 父母是未成年子女的监护人。

未成年人的父母已经死亡或者没有监护能力的，由下列有监护能力的人按顺序担任监护人：

（一）祖父母、外祖父母；

（二）兄、姐；

（三）其他愿意担任监护人的个人或者组织，但是须经未成年人住所地的居民委员会、村民委员会或者民政部门同意。

第二十八条 无民事行为能力或者限制民事行为能力的成年人，由下列有监护能力的人按顺序担任监护人：

（一）配偶；

（二）父母、子女；

（三）其他近亲属；

（四）其他愿意担任监护人的个人或者组织，但是须经被监护人住所地的居民委员会、村民委员会或者民政部门同意。

第二十九条 被监护人的父母担任监护人的，可以通过遗嘱指定监护人。

第三十条 依法具有监护资格的人之间可以协议确定监护人。协议确定监护人应当尊重被监护人的真实意愿。

第三十一条 对监护人的确定有争议的，由被监护人住所地的居民委员会、村民委员会或者民政部门指定监护人，有关当事人对指定不服的，可以向人民法院申请指定监护人；有关当事人也可以直接向人民法院申请指定监护人。

居民委员会、村民委员会、民政部门或者人民法院应当尊重被监护人的真实意愿，按照最有利于被监护人的原则在依法具有监护资格的人中指定监护人。

依照本条第一款规定指定监护人前，被监护人的人身权利、财产权利以及其他合法权益处于无人保护状态的，由被监护人住所地的居民委员会、村民委员会、法律规定的有关组织或者民政部门担任临时监护人。

监护人被指定后，不得擅自变更；擅自变更的，不免除被指定的监护人的责任。

第三十二条 没有依法具有监护资格的人的，监护人由民政部门担任，也可以由具备履行监护职责条件的被监护人住所地的居民委员会、村民委员会担任。

第三十三条 具有完全民事行为能力的成年人，可以与其近亲属、其他愿意担任监护人的个人或者组织事先协商，以书面形式确定自己的监护人。协商确定的监护人在该成年人丧失或者部分丧失民事行为能力时，履行监护职责。

第三十四条 监护人的职责是代理被监护人实施民事法律行为，保护被监护人的人身权利、财产权利以及其他合法权益等。

监护人依法履行监护职责产生的权利，受法律保护。

监护人不履行监护职责或者侵害被监护人合法权益的，应当承担法律责任。

第三十五条 监护人应当按照最有利于被监护人的原则履行监护职责。监护人除为维护被监护人利益外，不得处分被监护人的财产。

未成年人的监护人履行监护职责，在作出与被监护人利益有关的决定时，应当根据被监护人的年龄和智力状况，尊重被监护人的真实意愿。

成年人的监护人履行监护职责，应当最大程度地尊重被监护人的真实意愿，保障并协助被监护人实施与其智力、精神健康状况相适应的民事法律行为。对被监护人有能力独立处理的事务，监护人不得干涉。

第三十六条 监护人有下列情形之一的，人民法院根据有关个人或者组织的申请，撤销其监护人资格，安排必要的临时监护措施，并按照最有利于被监护人的原则依法指定监护人：

（一）实施严重损害被监护人身心健康行为的；

（二）怠于履行监护职责，或者无法履行监护职责并且拒绝将监护职责部分或者全部委托给他人，导致被监护人处于危困状态的；

（三）实施严重侵害被监护人合法权益的其他行为的。

本条规定的有关个人和组织包括：其他依法具有监护资格的人，居民委员会、村民委员会、学校、医疗机构、妇女联合会、残疾人联合会、未成年人保护组织、依法设立的老年人组织、民政部门等。

前款规定的个人和民政部门以外的组织未及时向人民法院申请撤销监护人资格的，民政部门应当向人民法院申请。

第三十七条 依法负担被监护人抚养费、赡养费、扶养费的父母、子女、配偶等，被人民法院撤销监护人资格后，应当继续履行负担的义务。

第三十八条 被监护人的父母或者子女被人民法院撤销监护人资格后，除对被监护人实施故意犯罪的外，确有悔改表现的，经其申请，人民法院可以在尊重被监护人真实意愿的前提下，视情况恢复其监护人资格，人民法院指定的监护人与被监护人的监护关系同时终止。

第三十九条　有下列情形之一的，监护关系终止：

（一）被监护人取得或者恢复完全民事行为能力；

（二）监护人丧失监护能力；

（三）被监护人或者监护人死亡；

（四）人民法院认定监护关系终止的其他情形。

监护关系终止后，被监护人仍然需要监护的，应当依法另行确定监护人。

第三节　宣告失踪和宣告死亡

第四十条　自然人下落不明满二年的，利害关系人可以向人民法院申请宣告该自然人为失踪人。

第四十一条　自然人下落不明的时间从其失去音讯之日起计算。战争期间下落不明的，下落不明的时间自战争结束之日或者有关机关确定的下落不明之日起计算。

第四十二条　失踪人的财产由其配偶、成年子女、父母或者其他愿意担任财产代管人的人代管。

代管有争议，没有前款规定的人，或者前款规定的人无代管能力的，由人民法院指定的人代管。

第四十三条　财产代管人应当妥善管理失踪人的财产，维护其财产权益。

失踪人所欠税款、债务和应付的其他费用，由财产代管人从失踪人的财产中支付。

财产代管人因故意或者重大过失造成失踪人财产损失的，应当承担赔偿责任。

第四十四条　财产代管人不履行代管职责、侵害失踪人财产权益或者丧失代管能力的，失踪人的利害关系人可以向人民法院申请变更财产代管人。

财产代管人有正当理由的，可以向人民法院申请变更财产代管人。

人民法院变更财产代管人的，变更后的财产代管人有权要求原财产代管人及时移交有关财产并报告财产代管情况。

第四十五条 失踪人重新出现，经本人或者利害关系人申请，人民法院应当撤销失踪宣告。

失踪人重新出现，有权要求财产代管人及时移交有关财产并报告财产代管情况。

第四十六条 自然人有下列情形之一的，利害关系人可以向人民法院申请宣告该自然人死亡：

（一）下落不明满四年；

（二）因意外事件，下落不明满二年。

因意外事件下落不明，经有关机关证明该自然人不可能生存的，申请宣告死亡不受二年时间的限制。

第四十七条 对同一自然人，有的利害关系人申请宣告死亡，有的利害关系人申请宣告失踪，符合本法规定的宣告死亡条件的，人民法院应当宣告死亡。

第四十八条 被宣告死亡的人，人民法院宣告死亡的判决作出之日视为其死亡的日期；因意外事件下落不明宣告死亡的，意外事件发生之日视为其死亡的日期。

第四十九条 自然人被宣告死亡但是并未死亡的，不影响该自然人在被宣告死亡期间实施的民事法律行为的效力。

第五十条 被宣告死亡的人重新出现，经本人或者利害关系人申请，人民法院应当撤销死亡宣告。

第五十一条 被宣告死亡的人的婚姻关系，自死亡宣告之日起消灭。死亡宣告被撤销的，婚姻关系自撤销死亡宣告之日起自行恢复，但是其配偶再婚或者向婚姻登记机关书面声明不愿意恢复的除外。

第五十二条 被宣告死亡的人在被宣告死亡期间，其子女被他人依法收养的，在死亡宣告被撤销后，不得以未经本人同意为由主张收养关系无效。

第五十三条 被撤销死亡宣告的人有权请求依照继承法取得其财产的民事主体返还财产。无法返还的，应当给予适当补偿。

利害关系人隐瞒真实情况，致使他人被宣告死亡取得其财产的，除应当返还财产外，还应当对由此造成的损失承担赔偿责任。

第四节　个体工商户和农村承包经营户

第五十四条　自然人从事工商业经营，经依法登记，为个体工商户。个体工商户可以起字号。

第五十五条　农村集体经济组织的成员，依法取得农村土地承包经营权，从事家庭承包经营的，为农村承包经营户。

第五十六条　个体工商户的债务，个人经营的，以个人财产承担；家庭经营的，以家庭财产承担；无法区分的，以家庭财产承担。

农村承包经营户的债务，以从事农村土地承包经营的农户财产承担；事实上由农户部分成员经营的，以该部分成员的财产承担。

第三章　法　人

第一节　一般规定

第五十七条　法人是具有民事权利能力和民事行为能力，依法独立享有民事权利和承担民事义务的组织。

第五十八条　法人应当依法成立。

法人应当有自己的名称、组织机构、住所、财产或者经费。法人成立的具体条件和程序，依照法律、行政法规的规定。

设立法人，法律、行政法规规定须经有关机关批准的，依照其规定。

第五十九条　法人的民事权利能力和民事行为能力，从法人成立时产生，到法人终止时消灭。

第六十条　法人以其全部财产独立承担民事责任。

第六十一条　依照法律或者法人章程的规定，代表法人从事民事活动的负责人，为法人的法定代表人。

法定代表人以法人名义从事的民事活动，其法律后果由法人承受。

法人章程或者法人权力机构对法定代表人代表权的限制，不得对抗善意相对人。

第六十二条 法定代表人因执行职务造成他人损害的，由法人承担民事责任。

法人承担民事责任后，依照法律或者法人章程的规定，可以向有过错的法定代表人追偿。

第六十三条 法人以其主要办事机构所在地为住所。依法需要办理法人登记的，应当将主要办事机构所在地登记为住所。

第六十四条 法人存续期间登记事项发生变化的，应当依法向登记机关申请变更登记。

第六十五条 法人的实际情况与登记的事项不一致的，不得对抗善意相对人。

第六十六条 登记机关应当依法及时公示法人登记的有关信息。

第六十七条 法人合并的，其权利和义务由合并后的法人享有和承担。

法人分立的，其权利和义务由分立后的法人享有连带债权，承担连带债务，但是债权人和债务人另有约定的除外。

第六十八条 有下列原因之一并依法完成清算、注销登记的，法人终止：

（一）法人解散；

（二）法人被宣告破产；

（三）法律规定的其他原因。

法人终止，法律、行政法规规定须经有关机关批准的，依照其规定。

第六十九条 有下列情形之一的，法人解散：

（一）法人章程规定的存续期间届满或者法人章程规定的其他解散事由出现；

（二）法人的权力机构决议解散；

（三）因法人合并或者分立需要解散；

（四）法人依法被吊销营业执照、登记证书，被责令关闭或者被撤销；

（五）法律规定的其他情形。

第七十条 法人解散的，除合并或者分立的情形外，清算义务人应当及时组成清算组进行清算。

法人的董事、理事等执行机构或者决策机构的成员为清算义务人。法律、行政法规另有规定的，依照其规定。

清算义务人未及时履行清算义务，造成损害的，应当承担民事责任；主管机关或者利害关系人可以申请人民法院指定有关人员组成清算组进行清算。

第七十一条 法人的清算程序和清算组职权，依照有关法律的规定；没有规定的，参照适用公司法的有关规定。

第七十二条 清算期间法人存续，但是不得从事与清算无关的活动。

法人清算后的剩余财产，根据法人章程的规定或者法人权力机构的决议处理。法律另有规定的，依照其规定。

清算结束并完成法人注销登记时，法人终止；依法不需要办理法人登记的，清算结束时，法人终止。

第七十三条 法人被宣告破产的，依法进行破产清算并完成法人注销登记时，法人终止。

第七十四条 法人可以依法设立分支机构。法律、行政法规规定分支机构应当登记的，依照其规定。

分支机构以自己的名义从事民事活动，产生的民事责任由法人承担；也可以先以该分支机构管理的财产承担，不足以承担的，由法人承担。

第七十五条 设立人为设立法人从事的民事活动，其法律后果由法人承受；法人未成立的，其法律后果由设立人承受，设立人为二人以上的，享有连带债权，承担连带债务。

设立人为设立法人以自己的名义从事民事活动产生的民事责任，第三人有权选择请求法人或者设立人承担。

第二节 营利法人

第七十六条 以取得利润并分配给股东等出资人为目的成立的法人，为营利法人。

营利法人包括有限责任公司、股份有限公司和其他企业法人等。

第七十七条 营利法人经依法登记成立。

第七十八条 依法设立的营利法人，由登记机关发给营利法人营业执照。营业执照签发日期为营利法人的成立日期。

第七十九条 设立营利法人应当依法制定法人章程。

第八十条 营利法人应当设权力机构。

权力机构行使修改法人章程，选举或者更换执行机构、监督机构成员，以及法人章程规定的其他职权。

第八十一条 营利法人应当设执行机构。

执行机构行使召集权力机构会议，决定法人的经营计划和投资方案，决定法人内部管理机构的设置，以及法人章程规定的其他职权。

执行机构为董事会或者执行董事的，董事长、执行董事或者经理按照法人章程的规定担任法定代表人；未设董事会或者执行董事的，法人章程规定的主要负责人为其执行机构和法定代表人。

第八十二条 营利法人设监事会或者监事等监督机构的，监督机构依法行使检查法人财务，监督执行机构成员、高级管理人员执行法人职务的行为，以及法人章程规定的其他职权。

第八十三条 营利法人的出资人不得滥用出资人权利损害法人或者其他出资人的利益。滥用出资人权利给法人或者其他出资人造成损失的，应当依法承担民事责任。

营利法人的出资人不得滥用法人独立地位和出资人有限责任损害法人的债权人利益。滥用法人独立地位和出资人有限责任，逃避债务，严重损害法人的债权人利益的，应当对法人债务承担连带责任。

第八十四条 营利法人的控股出资人、实际控制人、董事、监事、高级管理人员不得利用其关联关系损害法人的利益。利用关联关系给法人造成损失的，应当承担赔偿责任。

第八十五条 营利法人的权力机构、执行机构作出决议的会议召集程序、表决方式违反法律、行政法规、法人章程，或者决议内容违反法人章程的，营利法人的出资人可以请求人民法院撤销该决议，但是营利法人依据该决议与善意相对人形成的民事法律关系不受影响。

第八十六条 营利法人从事经营活动，应当遵守商业道德，维护交易安全，接受政府和社会的监督，承担社会责任。

第三节　非营利法人

第八十七条　为公益目的或者其他非营利目的成立，不向出资人、设立人或者会员分配所取得利润的法人，为非营利法人。

非营利法人包括事业单位、社会团体、基金会、社会服务机构等。

第八十八条　具备法人条件，为适应经济社会发展需要，提供公益服务设立的事业单位，经依法登记成立，取得事业单位法人资格；依法不需要办理法人登记的，从成立之日起，具有事业单位法人资格。

第八十九条　事业单位法人设理事会的，除法律另有规定外，理事会为其决策机构。事业单位法人的法定代表人依照法律、行政法规或者法人章程的规定产生。

第九十条　具备法人条件，基于会员共同意愿，为公益目的或者会员共同利益等非营利目的设立的社会团体，经依法登记成立，取得社会团体法人资格；依法不需要办理法人登记的，从成立之日起，具有社会团体法人资格。

第九十一条　设立社会团体法人应当依法制定法人章程。

社会团体法人应当设会员大会或者会员代表大会等权力机构。

社会团体法人应当设理事会等执行机构。理事长或者会长等负责人按照法人章程的规定担任法定代表人。

第九十二条　具备法人条件，为公益目的以捐助财产设立的基金会、社会服务机构等，经依法登记成立，取得捐助法人资格。

依法设立的宗教活动场所，具备法人条件的，可以申请法人登记，取得捐助法人资格。法律、行政法规对宗教活动场所有规定的，依照其规定。

第九十三条　设立捐助法人应当依法制定法人章程。

捐助法人应当设理事会、民主管理组织等决策机构，并设执行机构。理事长等负责人按照法人章程的规定担任法定代表人。

捐助法人应当设监事会等监督机构。

第九十四条　捐助人有权向捐助法人查询捐助财产的使用、管理情况，并提出意见和建议，捐助法人应当及时、如实答复。

捐助法人的决策机构、执行机构或者法定代表人作出决定的程序违反法律、行政法规、法人章程，或者决定内容违反法人章程的，捐助人等利害关系人或者主管机关可以请求人民法院撤销该决定，但是捐助法人依据该决定与善意相对人形成的民事法律关系不受影响。

第九十五条 为公益目的成立的非营利法人终止时，不得向出资人、设立人或者会员分配剩余财产。剩余财产应当按照法人章程的规定或者权力机构的决议用于公益目的；无法按照法人章程的规定或者权力机构的决议处理的，由主管机关主持转给宗旨相同或者相近的法人，并向社会公告。

第四节 特别法人

第九十六条 本节规定的机关法人、农村集体经济组织法人、城镇农村的合作经济组织法人、基层群众性自治组织法人，为特别法人。

第九十七条 有独立经费的机关和承担行政职能的法定机构从成立之日起，具有机关法人资格，可以从事为履行职能所需要的民事活动。

第九十八条 机关法人被撤销的，法人终止，其民事权利和义务由继任的机关法人享有和承担；没有继任的机关法人的，由作出撤销决定的机关法人享有和承担。

第九十九条 农村集体经济组织依法取得法人资格。

法律、行政法规对农村集体经济组织有规定的，依照其规定。

第一百条 城镇农村的合作经济组织依法取得法人资格。

法律、行政法规对城镇农村的合作经济组织有规定的，依照其规定。

第一百零一条 居民委员会、村民委员会具有基层群众性自治组织法人资格，可以从事为履行职能所需要的民事活动。

未设立村集体经济组织的，村民委员会可以依法代行村集体经济组织的职能。

第四章 非法人组织

第一百零二条 非法人组织是不具有法人资格，但是能够依法以自己的名义从事民事活动的组织。

非法人组织包括个人独资企业、合伙企业、不具有法人资格的专业服务机构等。

第一百零三条 非法人组织应当依照法律的规定登记。

设立非法人组织，法律、行政法规规定须经有关机关批准的，依照其规定。

第一百零四条 非法人组织的财产不足以清偿债务的，其出资人或者设立人承担无限责任。法律另有规定的，依照其规定。

第一百零五条 非法人组织可以确定一人或者数人代表该组织从事民事活动。

第一百零六条 有下列情形之一的，非法人组织解散：

（一）章程规定的存续期间届满或者章程规定的其他解散事由出现；

（二）出资人或者设立人决定解散；

（三）法律规定的其他情形。

第一百零七条 非法人组织解散的，应当依法进行清算。

第一百零八条 非法人组织除适用本章规定外，参照适用本法第三章第一节的有关规定。

第五章 民事权利

第一百零九条 自然人的人身自由、人格尊严受法律保护。

第一百一十条 自然人享有生命权、身体权、健康权、姓名权、肖像权、名誉权、荣誉权、隐私权、婚姻自主权等权利。

法人、非法人组织享有名称权、名誉权、荣誉权等权利。

第一百一十一条 自然人的个人信息受法律保护。任何组织和个人需要获取他人个人信息的，应当依法取得并确保信息安全，不得非法收集、使用、加工、传输他人个人信息，不得非法买卖、提供或者公开他人个人信息。

第一百一十二条 自然人因婚姻、家庭关系等产生的人身权利受法律保护。

第一百一十三条 民事主体的财产权利受法律平等保护。

第一百一十四条 民事主体依法享有物权。

物权是权利人依法对特定的物享有直接支配和排他的权利，包括所有权、用益物权和担保物权。

第一百一十五条 物包括不动产和动产。法律规定权利作为物权客体的，依照其规定。

第一百一十六条 物权的种类和内容，由法律规定。

第一百一十七条 为了公共利益的需要，依照法律规定的权限和程序征收、征用不动产或者动产的，应当给予公平、合理的补偿。

第一百一十八条 民事主体依法享有债权。

债权是因合同、侵权行为、无因管理、不当得利以及法律的其他规定，权利人请求特定义务人为或者不为一定行为的权利。

第一百一十九条 依法成立的合同，对当事人具有法律约束力。

第一百二十条 民事权益受到侵害的，被侵权人有权请求侵权人承担侵权责任。

第一百二十一条 没有法定的或者约定的义务，为避免他人利益受损失而进行管理的人，有权请求受益人偿还由此支出的必要费用。

第一百二十二条 因他人没有法律根据，取得不当利益，受损失的人有权请求其返还不当利益。

第一百二十三条 民事主体依法享有知识产权。

知识产权是权利人依法就下列客体享有的专有的权利：

（一）作品；

（二）发明、实用新型、外观设计；

（三）商标；

（四）地理标志；

（五）商业秘密；

（六）集成电路布图设计；

（七）植物新品种；

（八）法律规定的其他客体。

第一百二十四条　自然人依法享有继承权。

自然人合法的私有财产，可以依法继承。

第一百二十五条　民事主体依法享有股权和其他投资性权利。

第一百二十六条　民事主体享有法律规定的其他民事权利和利益。

第一百二十七条　法律对数据、网络虚拟财产的保护有规定的，依照其规定。

第一百二十八条　法律对未成年人、老年人、残疾人、妇女、消费者等的民事权利保护有特别规定的，依照其规定。

第一百二十九条　民事权利可以依据民事法律行为、事实行为、法律规定的事件或者法律规定的其他方式取得。

第一百三十条　民事主体按照自己的意愿依法行使民事权利，不受干涉。

第一百三十一条　民事主体行使权利时，应当履行法律规定的和当事人约定的义务。

第一百三十二条　民事主体不得滥用民事权利损害国家利益、社会公共利益或者他人合法权益。

第六章　民事法律行为

第一节　一般规定

第一百三十三条　民事法律行为是民事主体通过意思表示设立、变更、终止民事法律关系的行为。

第一百三十四条　民事法律行为可以基于双方或者多方的意思表示一致成立，也可以基于单方的意思表示成立。

法人、非法人组织依照法律或者章程规定的议事方式和表决程序作出决议的，该决议行为成立。

第一百三十五条　民事法律行为可以采用书面形式、口头形式或者其他形式；法律、行政法规规定或者当事人约定采用特定形式的，应当采用特定形式。

第一百三十六条 民事法律行为自成立时生效，但是法律另有规定或者当事人另有约定的除外。

行为人非依法律规定或者未经对方同意，不得擅自变更或者解除民事法律行为。

第二节 意思表示

第一百三十七条 以对话方式作出的意思表示，相对人知道其内容时生效。

以非对话方式作出的意思表示，到达相对人时生效。以非对话方式作出的采用数据电文形式的意思表示，相对人指定特定系统接收数据电文的，该数据电文进入该特定系统时生效；未指定特定系统的，相对人知道或者应当知道该数据电文进入其系统时生效。

当事人对采用数据电文形式的意思表示的生效时间另有约定的，按照其约定。

第一百三十八条 无相对人的意思表示，表示完成时生效。法律另有规定的，依照其规定。

第一百三十九条 以公告方式作出的意思表示，公告发布时生效。

第一百四十条 行为人可以明示或者默示作出意思表示。

沉默只有在有法律规定、当事人约定或者符合当事人之间的交易习惯时，才可以视为意思表示。

第一百四十一条 行为人可以撤回意思表示。撤回意思表示的通知应当在意思表示到达相对人前或者与意思表示同时到达相对人。

第一百四十二条 有相对人的意思表示的解释，应当按照所使用的词句，结合相关条款、行为的性质和目的、习惯以及诚信原则，确定意思表示的含义。

无相对人的意思表示的解释，不能完全拘泥于所使用的词句，而应当结合相关条款、行为的性质和目的、习惯以及诚信原则，确定行为人的真实意思。

第三节 民事法律行为的效力

第一百四十三条 具备下列条件的民事法律行为有效：

（一）行为人具有相应的民事行为能力；

（二）意思表示真实；

（三）不违反法律、行政法规的强制性规定，不违背公序良俗。

第一百四十四条 无民事行为能力人实施的民事法律行为无效。

第一百四十五条 限制民事行为能力人实施的纯获利益的民事法律行为或者与其年龄、智力、精神健康状况相适应的民事法律行为有效；实施的其他民事法律行为经法定代理人同意或者追认后有效。

相对人可以催告法定代理人自收到通知之日起一个月内予以追认。法定代理人未作表示的，视为拒绝追认。民事法律行为被追认前，善意相对人有撤销的权利。撤销应当以通知的方式作出。

第一百四十六条 行为人与相对人以虚假的意思表示实施的民事法律行为无效。

以虚假的意思表示隐藏的民事法律行为的效力，依照有关法律规定处理。

第一百四十七条 基于重大误解实施的民事法律行为，行为人有权请求人民法院或者仲裁机构予以撤销。

第一百四十八条 一方以欺诈手段，使对方在违背真实意思的情况下实施的民事法律行为，受欺诈方有权请求人民法院或者仲裁机构予以撤销。

第一百四十九条 第三人实施欺诈行为，使一方在违背真实意思的情况下实施的民事法律行为，对方知道或者应当知道该欺诈行为的，受欺诈方有权请求人民法院或者仲裁机构予以撤销。

第一百五十条 一方或者第三人以胁迫手段，使对方在违背真实意思的情况下实施的民事法律行为，受胁迫方有权请求人民法院或者仲裁机构予以撤销。

第一百五十一条 一方利用对方处于危困状态、缺乏判断能力等情形，致使民事法律行为成立时显失公平的，受损害方有权请求人民法院或者仲裁机构予以撤销。

第一百五十二条 有下列情形之一的，撤销权消灭：

（一）当事人自知道或者应当知道撤销事由之日起一年内、重大误解的当事人自知道或者应当知道撤销事由之日起三个月内没有行使撤销权；

（二）当事人受胁迫，自胁迫行为终止之日起一年内没有行使撤销权；

（三）当事人知道撤销事由后明确表示或者以自己的行为表明放弃撤销权。

当事人自民事法律行为发生之日起五年内没有行使撤销权的，撤销权消灭。

第一百五十三条 违反法律、行政法规的强制性规定的民事法律行为无效，但是该强制性规定不导致该民事法律行为无效的除外。

违背公序良俗的民事法律行为无效。

第一百五十四条 行为人与相对人恶意串通，损害他人合法权益的民事法律行为无效。

第一百五十五条 无效的或者被撤销的民事法律行为自始没有法律约束力。

第一百五十六条 民事法律行为部分无效，不影响其他部分效力的，其他部分仍然有效。

第一百五十七条 民事法律行为无效、被撤销或者确定不发生效力后，行为人因该行为取得的财产，应当予以返还；不能返还或者没有必要返还的，应当折价补偿。有过错的一方应当赔偿对方由此所受到的损失；各方都有过错的，应当各自承担相应的责任。

法律另有规定的，依照其规定。

第四节 民事法律行为的附条件和附期限

第一百五十八条 民事法律行为可以附条件，但是按照其性质不得附条件的除外。附生效条件的民事法律行为，自条件成就时生效。附解除条件的民事法律行为，自条件成就时失效。

第一百五十九条 附条件的民事法律行为，当事人为自己的利益不正当地阻止条件成就的，视为条件已成就；不正当地促成条件成就的，视为条件不成就。

第一百六十条 民事法律行为可以附期限，但是按照其性质不得附期限的除外。附生效期限的民事法律行为，自期限届至时生效。附终止期限的民事法律行为，自期限届满时失效。

第七章　代　理

第一节　一般规定

第一百六十一条　民事主体可以通过代理人实施民事法律行为。

依照法律规定、当事人约定或者民事法律行为的性质，应当由本人亲自实施的民事法律行为，不得代理。

第一百六十二条　代理人在代理权限内，以被代理人名义实施的民事法律行为，对被代理人发生效力。

第一百六十三条　代理包括委托代理和法定代理。

委托代理人按照被代理人的委托行使代理权。法定代理人依照法律的规定行使代理权。

第一百六十四条　代理人不履行或者不完全履行职责，造成被代理人损害的，应当承担民事责任。

代理人和相对人恶意串通，损害被代理人合法权益的，代理人和相对人应当承担连带责任。

第二节　委托代理

第一百六十五条　委托代理授权采用书面形式的，授权委托书应当载明代理人的姓名或者名称、代理事项、权限和期间，并由被代理人签名或者盖章。

第一百六十六条　数人为同一代理事项的代理人的，应当共同行使代理权，但是当事人另有约定的除外。

第一百六十七条　代理人知道或者应当知道代理事项违法仍然实施代理行为，或者被代理人知道或者应当知道代理人的代理行为违法未作反对表示的，被代理人和代理人应当承担连带责任。

第一百六十八条 代理人不得以被代理人的名义与自己实施民事法律行为，但是被代理人同意或者追认的除外。

代理人不得以被代理人的名义与自己同时代理的其他人实施民事法律行为，但是被代理的双方同意或者追认的除外。

第一百六十九条 代理人需要转委托第三人代理的，应当取得被代理人的同意或者追认。

转委托代理经被代理人同意或者追认的，被代理人可以就代理事务直接指示转委托的第三人，代理人仅就第三人的选任以及对第三人的指示承担责任。

转委托代理未经被代理人同意或者追认的，代理人应当对转委托的第三人的行为承担责任，但是在紧急情况下代理人为了维护被代理人的利益需要转委托第三人代理的除外。

第一百七十条 执行法人或者非法人组织工作任务的人员，就其职权范围内的事项，以法人或者非法人组织的名义实施民事法律行为，对法人或者非法人组织发生效力。

法人或者非法人组织对执行其工作任务的人员职权范围的限制，不得对抗善意相对人。

第一百七十一条 行为人没有代理权、超越代理权或者代理权终止后，仍然实施代理行为，未经被代理人追认的，对被代理人不发生效力。

相对人可以催告被代理人自收到通知之日起一个月内予以追认。被代理人未作表示的，视为拒绝追认。行为人实施的行为被追认前，善意相对人有撤销的权利。撤销应当以通知的方式作出。

行为人实施的行为未被追认的，善意相对人有权请求行为人履行债务或者就其受到的损害请求行为人赔偿，但是赔偿的范围不得超过被代理人追认时相对人所能获得的利益。

相对人知道或者应当知道行为人无权代理的，相对人和行为人按照各自的过错承担责任。

第一百七十二条 行为人没有代理权、超越代理权或者代理权终止后，仍然实施代理行为，相对人有理由相信行为人有代理权的，代理行为有效。

第三节　代理终止

第一百七十三条　有下列情形之一的，委托代理终止：

（一）代理期间届满或者代理事务完成；

（二）被代理人取消委托或者代理人辞去委托；

（三）代理人丧失民事行为能力；

（四）代理人或者被代理人死亡；

（五）作为代理人或者被代理人的法人、非法人组织终止。

第一百七十四条　被代理人死亡后，有下列情形之一的，委托代理人实施的代理行为有效：

（一）代理人不知道并且不应当知道被代理人死亡；

（二）被代理人的继承人予以承认；

（三）授权中明确代理权在代理事务完成时终止；

（四）被代理人死亡前已经实施，为了被代理人的继承人的利益继续代理。

作为被代理人的法人、非法人组织终止的，参照适用前款规定。

第一百七十五条　有下列情形之一的，法定代理终止：

（一）被代理人取得或者恢复完全民事行为能力；

（二）代理人丧失民事行为能力；

（三）代理人或者被代理人死亡；

（四）法律规定的其他情形。

第八章　民事责任

第一百七十六条　民事主体依照法律规定和当事人约定，履行民事义务，承担民事责任。

第一百七十七条　二人以上依法承担按份责任，能够确定责任大小的，各自承担相应的责任；难以确定责任大小的，平均承担责任。

第一百七十八条　二人以上依法承担连带责任的，权利人有权请求部分或者全部连带责任人承担责任。

连带责任人的责任份额根据各自责任大小确定；难以确定责任大小的，平均承担责任。实际承担责任超过自己责任份额的连带责任人，有权向其他连带责任人追偿。

连带责任，由法律规定或者当事人约定。

第一百七十九条 承担民事责任的方式主要有：

（一）停止侵害；

（二）排除妨碍；

（三）消除危险；

（四）返还财产；

（五）恢复原状；

（六）修理、重作、更换；

（七）继续履行；

（八）赔偿损失；

（九）支付违约金；

（十）消除影响、恢复名誉；

（十一）赔礼道歉。

法律规定惩罚性赔偿的，依照其规定。

本条规定的承担民事责任的方式，可以单独适用，也可以合并适用。

第一百八十条 因不可抗力不能履行民事义务的，不承担民事责任。法律另有规定的，依照其规定。

不可抗力是指不能预见、不能避免且不能克服的客观情况。

第一百八十一条 因正当防卫造成损害的，不承担民事责任。

正当防卫超过必要的限度，造成不应有的损害的，正当防卫人应当承担适当的民事责任。

第一百八十二条 因紧急避险造成损害的，由引起险情发生的人承担民事责任。

危险由自然原因引起的，紧急避险人不承担民事责任，可以给予适当补偿。

紧急避险采取措施不当或者超过必要的限度，造成不应有的损害的，紧急避险人应当承担适当的民事责任。

第一百八十三条　因保护他人民事权益使自己受到损害的，由侵权人承担民事责任，受益人可以给予适当补偿。没有侵权人、侵权人逃逸或者无力承担民事责任，受害人请求补偿的，受益人应当给予适当补偿。

第一百八十四条　因自愿实施紧急救助行为造成受助人损害的，救助人不承担民事责任。

第一百八十五条　侵害英雄烈士等的姓名、肖像、名誉、荣誉，损害社会公共利益的，应当承担民事责任。

第一百八十六条　因当事人一方的违约行为，损害对方人身权益、财产权益的，受损害方有权选择请求其承担违约责任或者侵权责任。

第一百八十七条　民事主体因同一行为应当承担民事责任、行政责任和刑事责任的，承担行政责任或者刑事责任不影响承担民事责任；民事主体的财产不足以支付的，优先用于承担民事责任。

第九章　诉讼时效

第一百八十八条　向人民法院请求保护民事权利的诉讼时效期间为三年。法律另有规定的，依照其规定。

诉讼时效期间自权利人知道或者应当知道权利受到损害以及义务人之日起计算。法律另有规定的，依照其规定。但是自权利受到损害之日起超过二十年的，人民法院不予保护；有特殊情况的，人民法院可以根据权利人的申请决定延长。

第一百八十九条　当事人约定同一债务分期履行的，诉讼时效期间自最后一期履行期限届满之日起计算。

第一百九十条　无民事行为能力人或者限制民事行为能力人对其法定代理人的请求权的诉讼时效期间，自该法定代理终止之日起计算。

第一百九十一条　未成年人遭受性侵害的损害赔偿请求权的诉讼时效期间，自受害人年满十八周岁之日起计算。

第一百九十二条　诉讼时效期间届满的，义务人可以提出不履行义务的抗辩。

诉讼时效期间届满后，义务人同意履行的，不得以诉讼时效期间届满为由抗辩；义务人已自愿履行的，不得请求返还。

第一百九十三条 人民法院不得主动适用诉讼时效的规定。

第一百九十四条 在诉讼时效期间的最后六个月内，因下列障碍，不能行使请求权的，诉讼时效中止：

（一）不可抗力；

（二）无民事行为能力人或者限制民事行为能力人没有法定代理人，或者法定代理人死亡、丧失民事行为能力、丧失代理权；

（三）继承开始后未确定继承人或者遗产管理人；

（四）权利人被义务人或者其他人控制；

（五）其他导致权利人不能行使请求权的障碍。

自中止时效的原因消除之日起满六个月，诉讼时效期间届满。

第一百九十五条 有下列情形之一的，诉讼时效中断，从中断、有关程序终结时起，诉讼时效期间重新计算：

（一）权利人向义务人提出履行请求；

（二）义务人同意履行义务；

（三）权利人提起诉讼或者申请仲裁；

（四）与提起诉讼或者申请仲裁具有同等效力的其他情形。

第一百九十六条 下列请求权不适用诉讼时效的规定：

（一）请求停止侵害、排除妨碍、消除危险；

（二）不动产物权和登记的动产物权的权利人请求返还财产；

（三）请求支付抚养费、赡养费或者扶养费；

（四）依法不适用诉讼时效的其他请求权。

第一百九十七条 诉讼时效的期间、计算方法以及中止、中断的事由由法律规定，当事人约定无效。

当事人对诉讼时效利益的预先放弃无效。

第一百九十八条 法律对仲裁时效有规定的，依照其规定；没有规定的，适用诉讼时效的规定。

第一百九十九条 法律规定或者当事人约定的撤销权、解除权等权利的存续期间，除法律另有规定外，自权利人知道或者应当知道权利产生之日起计算，不适用有关诉讼时效中止、中断和延长的规定。存续期间届满，撤销权、解除权等权利消灭。

第十章　期间计算

第二百条　民法所称的期间按照公历年、月、日、小时计算。

第二百零一条　按照年、月、日计算期间的，开始的当日不计入，自下一日开始计算。

按照小时计算期间的，自法律规定或者当事人约定的时间开始计算。

第二百零二条　按照年、月计算期间的，到期月的对应日为期间的最后一日；没有对应日的，月末日为期间的最后一日。

第二百零三条　期间的最后一日是法定休假日的，以法定休假日结束的次日为期间的最后一日。

期间的最后一日的截止时间为二十四时；有业务时间的，停止业务活动的时间为截止时间。

第二百零四条　期间的计算方法依照本法的规定，但是法律另有规定或者当事人另有约定的除外。

第十一章　附　则

第二百零五条　民法所称的“以上”“以下”“以内”“届满”，包括本数；所称的“不满”“超过”“以外”，不包括本数。

第二百零六条　本法自 2017 年 10 月 1 日起施行。

附录二

中华人民共和国合同法（节录）

（第九届全国人民代表大会第二次会议 1999 年 3 月 15 日通过）

总　则

第一章　一般规定

第一条　为了保护合同当事人的合法权益，维护社会经济秩序，促进社会主义现代化建设，制定本法。

第二条　本法所称合同是平等主体的自然人、法人、其他组织之间设立、变更、终止民事权利义务关系的协议。

婚姻、收养、监护等有关身份关系的协议，适用其他法律的规定。

第三条　合同当事人的法律地位平等，一方不得将自己的意志强加给另一方。

第四条　当事人依法享有自愿订立合同的权利，任何单位和个人不得非法干预。

第五条　当事人应当遵循公平原则确定各方的权利和义务。

第六条　当事人行使权利、履行义务应当遵循诚实信用原则。

第七条　当事人订立、履行合同，应当遵守法律、行政法规，尊重社会公德，不得扰乱社会经济秩序，损害社会公共利益。

第八条　依法成立的合同，对当事人具有法律约束力。当事人应当按照约定履行自己的义务，不得擅自变更或者解除合同。

依法成立的合同，受法律保护。

第二章　合同的订立

第九条　当事人订立合同，应当具有相应的民事权利能力和民事行为能力。

当事人依法可以委托代理人订立合同。

第十条　当事人订立合同，有书面形式、口头形式和其他形式。

法律、行政法规规定采用书面形式的，应当采用书面形式。当事人约定采用书面形式的，应当采用书面形式。

第十一条　书面形式是指合同书、信件和数据电文（包括电报、电传、传真、电子数据交换和电子邮件）等可以有形地表现所载内容的形式。

第十二条　合同的内容由当事人约定，一般包括以下条款：

（一）当事人的名称或者姓名和住所；

（二）标的；

（三）数量；

（四）质量；

（五）价款或者报酬；

（六）履行期限、地点和方式；

（七）违约责任；

（八）解决争议的方法。

当事人可以参照各类合同的示范文本订立合同。

第十三条　当事人订立合同，采取要约、承诺方式。

第十四条　要约是希望和他人订立合同的意思表示，该意思表示应当符合下列规定：

（一）内容具体确定；

（二）表明经受要约人承诺，要约人即受该意思表示约束。

第十五条　要约邀请是希望他人向自己发出要约的意思表示。寄送的价目表、拍卖公告、招标公告、招股说明书、商业广告等为要约邀请。

商业广告的内容符合要约规定的，视为要约。

第十六条　要约到达受要约人时生效。

采用数据电文形式订立合同，收件人指定特定系统接收数据电文的，该数据电文进入该特定系统的时间，视为到达时间；未指定特定系统的，该数据电文进入收件人的任何系统的首次时间，视为到达时间。

第十七条 要约可以撤回。撤回要约的通知应当在要约到达受要约人之前或者与要约同时到达受要约人。

第十八条 要约可以撤销。撤销要约的通知应当在受要约人发出承诺通知之前到达受要约人。

第十九条 有下列情形之一的，要约不得撤销：

（一）要约人确定了承诺期限或者以其他形式明示要约不可撤销；

（二）受要约人有理由认为要约是不可撤销的，并已经为履行合同作了准备工作。

第二十条 有下列情形之一的，要约失效：

（一）拒绝要约的通知到达要约人；

（二）要约人依法撤销要约；

（三）承诺期限届满，受要约人未作出承诺；

（四）受要约人对要约的内容作出实质性变更。

第二十一条 承诺是受要约人同意要约的意思表示。

第二十二条 承诺应当以通知的方式作出，但根据交易习惯或者要约表明可以通过行为作出承诺的除外。

第二十三条 承诺应当在要约确定的期限内到达要约人。

要约没有确定承诺期限的，承诺应当依照下列规定到达：

（一）要约以对话方式作出的，应当即时作出承诺，但当事人另有约定的除外；

（二）要约以非对话方式作出的，承诺应当在合理期限内到达。

第二十四条 要约以信件或者电报作出的，承诺期限自信件载明的日期或者电报交发之日开始计算。信件未载明日期的，自投寄该信件的邮戳日期开始计算。要约以电话、传真等快速通讯方式作出的，承诺期限自要约到达受要约人时开始计算。

第二十五条 承诺生效时合同成立。

第二十六条 承诺通知到达要约人时生效。承诺不需要通知的，根据交易习惯或者要约的要求作出承诺的行为时生效。

采用数据电文形式订立合同的，承诺到达的时间适用本法第十六条第二款的规定。

第二十七条 承诺可以撤回。撤回承诺的通知应当在承诺通知到达要约人之前或者与承诺通知同时到达要约人。

第二十八条 受要约人超过承诺期限发出承诺的，除要约人及时通知受要约人该承诺有效的以外，为新要约。

第二十九条 受要约人在承诺期限内发出承诺，按照通常情形能够及时到达要约人，但因其他原因承诺到达要约人时超过承诺期限的，除要约人及时通知受要约人因承诺超过期限不接受该承诺的以外，该承诺有效。

第三十条 承诺的内容应当与要约的内容一致。受要约人对要约的内容作出实质性变更的，为新要约。有关合同标的、数量、质量、价款或者报酬、履行期限、履行地点和方式、违约责任和解决争议方法等的变更，是对要约内容的实质性变更。

第三十一条 承诺对要约的内容作出非实质性变更的，除要约人及时表示反对或者要约表明承诺不得对要约的内容作出任何变更的以外，该承诺有效，合同的内容以承诺的内容为准。

第三十二条 当事人采用合同书形式订立合同的，自双方当事人签字或者盖章时合同成立。

第三十三条 当事人采用信件、数据电文等形式订立合同的，可以在合同成立之前要求签订确认书。签订确认书时合同成立。

第三十四条 承诺生效的地点为合同成立的地点。

采用数据电文形式订立合同的，收件人的主营业地为合同成立的地点；没有主营业地的，其经常居住地为合同成立的地点。当事人另有约定的，按照其约定。

第三十五条 当事人采用合同书形式订立合同的，双方当事人签字或者盖章的地点为合同成立的地点。

第三十六条 法律、行政法规规定或者当事人约定采用书面形式订立合同，当事人未采用书面形式但一方已经履行主要义务，对方接受的，该合同成立。

第三十七条 采用合同书形式订立合同，在签字或者盖章之前，当事人一方已经履行主要义务，对方接受的，该合同成立。

第三十八条 国家根据需要下达指令性任务或者国家订货任务的，有关法人、其他组织之间应当依照有关法律、行政法规规定的权利和义务订立合同。

第三十九条 采用格式条款订立合同的，提供格式条款的一方应当遵循公平原则确定当事人之间的权利和义务，并采取合理的方式提请对方注意免除或者限制其责任的条款，按照对方的要求，对该条款予以说明。

格式条款是当事人为了重复使用而预先拟定，并在订立合同时未与对方协商的条款。

第四十条 格式条款具有本法第五十二条和第五十三条规定情形的，或者提供格式条款一方免除其责任、加重对方责任、排除对方主要权利的，该条款无效。

第四十一条 对格式条款的理解发生争议的，应当按照通常理解予以解释。对格式条款有两种以上解释的，应当作出不利于提供格式条款一方的解释。格式条款和非格式条款不一致的，应当采用非格式条款。

第四十二条 当事人在订立合同过程中有下列情形之一，给对方造成损失的，应当承担损害赔偿责任：

（一）假借订立合同，恶意进行磋商；

（二）故意隐瞒与订立合同有关的重要事实或者提供虚假情况；

（三）有其他违背诚实信用原则的行为。

第四十三条 当事人在订立合同过程中知悉的商业秘密，无论合同是否成立，不得泄露或者不正当地使用。泄露或者不正当地使用该商业秘密给对方造成损失的，应当承担损害赔偿责任。

第三章 合同的效力

第四十四条 依法成立的合同，自成立时生效。

法律、行政法规规定应当办理批准、登记等手续生效的，依照其规定。

第四十五条 当事人对合同的效力可以约定附条件。附生效条件的合同，自条件成就时生效。附解除条件的合同，自条件成就时失效。

当事人为自己的利益不正当地阻止条件成就的，视为条件已成就；不正当地促成条件成就的，视为条件不成就。

第四十六条 当事人对合同的效力可以约定附期限。附生效期限的合同，自期限届至时生效。附终止期限的合同，自期限届满时失效。

第四十七条 限制民事行为能力人订立的合同，经法定代理人追认后，该合同有效，但纯获利益的合同或者与其年龄、智力、精神健康状况相适应而订立的合同，不必经法定代理人追认。

相对人可以催告法定代理人在一个月内予以追认。法定代理人未作表示的，视为拒绝追认。合同被追认之前，善意相对人有撤销的权利。撤销应当以通知的方式作出。

第四十八条 行为人没有代理权、超越代理权或者代理权终止后以被代理人名义订立的合同，未经被代理人追认，对被代理人不发生效力，由行为人承担责任。

相对人可以催告被代理人在一个月内予以追认。被代理人未作表示的，视为拒绝追认。合同被追认之前，善意相对人有撤销的权利。撤销应当以通知的方式作出。

第四十九条 行为人没有代理权、超越代理权或者代理权终止后以被代理人名义订立合同，相对人有理由相信行为人有代理权的，该代理行为有效。

第五十条 法人或者其他组织的法定代表人、负责人超越权限订立的合同，除相对人知道或者应当知道其超越权限的以外，该代表行为有效。

第五十一条 无处分权的人处分他人财产，经权利人追认或者无处分权的人订立合同后取得处分权的，该合同有效。

第五十二条 有下列情形之一的，合同无效：

（一）一方以欺诈、胁迫的手段订立合同，损害国家利益；

（二）恶意串通，损害国家、集体或者第三人利益；

（三）以合法形式掩盖非法目的；

（四）损害社会公共利益；

（五）违反法律、行政法规的强制性规定。

第五十三条 合同中的下列免责条款无效：

（一）造成对方人身伤害的；

（二）因故意或者重大过失造成对方财产损失的。

第五十四条 下列合同，当事人一方有权请求人民法院或者仲裁机构变更或者撤销：

（一）因重大误解订立的；

（二）在订立合同时显失公平的。

一方以欺诈、胁迫的手段或者乘人之危，使对方在违背真实意思的情况下订立的合同，受损害方有权请求人民法院或者仲裁机构变更或者撤销。

当事人请求变更的，人民法院或者仲裁机构不得撤销。

第五十五条 有下列情形之一的，撤销权消灭：

（一）具有撤销权的当事人自知道或者应当知道撤销事由之日起一年内没有行使撤销权；

（二）具有撤销权的当事人知道撤销事由后明确表示或者以自己的行为放弃撤销权。

第五十六条 无效的合同或者被撤销的合同自始没有法律约束力。合同部分无效，不影响其他部分效力的，其他部分仍然有效。

第五十七条 合同无效、被撤销或者终止的，不影响合同中独立存在的有关解决争议方法的条款的效力。

第五十八条 合同无效或者被撤销后，因该合同取得的财产，应当予以返还；不能返还或者没有必要返还的，应当折价补偿。有过错的一方应当赔偿对方因此所受到的损失，双方都有过错的，应当各自承担相应的责任。

第五十九条 当事人恶意串通，损害国家、集体或者第三人利益的，因此取得的财产收归国家所有或者返还集体、第三人。

第四章 合同的履行

第六十条 当事人应当按照约定全面履行自己的义务。

当事人应当遵循诚实信用原则，根据合同的性质、目的和交易习惯履行通知、协助、保密等义务。

第六十一条 合同生效后，当事人就质量、价款或者报酬、履行地点等内容没有约定或者约定不明确的，可以协议补充；不能达成补充协议的，按照合同有关条款或者交易习惯确定。

第六十二条 当事人就有关合同内容约定不明确，依照本法第六十一条的规定仍不能确定的，适用下列规定：

（一）质量要求不明确的，按照国家标准、行业标准履行；没有国家标准、行业标准的，按照通常标准或者符合合同目的的特定标准履行。

（二）价款或者报酬不明确的，按照订立合同时履行地的市场价格履行；依法应当执行政府定价或者政府指导价的，按照规定履行。

（三）履行地点不明确，给付货币的，在接受货币一方所在地履行；交付不动产的，在不动产所在地履行；其他标的，在履行义务一方所在地履行。

（四）履行期限不明确的，债务人可以随时履行，债权人也可以随时要求履行，但应当给对方必要的准备时间。

（五）履行方式不明确的，按照有利于实现合同目的的方式履行。

（六）履行费用的负担不明确的，由履行义务一方负担。

第六十三条 执行政府定价或者政府指导价的，在合同约定的交付期限内政府价格调整时，按照交付时的价格计价。逾期交付标的物的，遇价格上涨时，按照原价格执行；价格下降时，按照新价格执行。逾期提取标的物或者逾期付款的，遇价格上涨时，按照新价格执行；价格下降时，按照原价格执行。

第六十四条 当事人约定由债务人向第三人履行债务的，债务人未向第三人履行债务或者履行债务不符合约定，应当向债权人承担违约责任。

第六十五条 当事人约定由第三人向债权人履行债务的，第三人不履行债务或者履行债务不符合约定，债务人应当向债权人承担违约责任。

第六十六条 当事人互负债务，没有先后履行顺序的，应当同时履行。一方在对方履行之前有权拒绝其履行要求。一方在对方履行债务不符合约定时，有权拒绝其相应的履行要求。

第六十七条 当事人互负债务，有先后履行顺序，先履行一方未履行的，后履行一方有权拒绝其履行要求。先履行一方履行债务不符合约定的，后履行一方有权拒绝其相应的履行要求。

第六十八条 应当先履行债务的当事人，有确切证据证明对方有下列情形之一的，可以中止履行：

（一）经营状况严重恶化；

（二）转移财产、抽逃资金，以逃避债务；

（三）丧失商业信誉；

（四）有丧失或者可能丧失履行债务能力的其他情形。

当事人没有确切证据中止履行的，应当承担违约责任。

第六十九条 当事人依照本法第六十八条的规定中止履行的，应当及时通知对方。对方提供适当担保时，应当恢复履行。中止履行后，对方在合理期限内未恢复履行能力并且未提供适当担保的，中止履行的一方可以解除合同。

第七十条 债权人分立、合并或者变更住所没有通知债务人，致使履行债务发生困难的，债务人可以中止履行或者将标的物提存。

第七十一条 债权人可以拒绝债务人提前履行债务，但提前履行不损害债权人利益的除外。

债务人提前履行债务给债权人增加的费用，由债务人负担。

第七十二条 债权人可以拒绝债务人部分履行债务，但部分履行不损害债权人利益的除外。

债务人部分履行债务给债权人增加的费用，由债务人负担。

第七十三条 因债务人怠于行使其到期债权，对债权人造成损害的，债权人可以向人民法院请求以自己的名义代位行使债务人的债权，但该债权专属于债务人自身的除外。

代位权的行使范围以债权人的债权为限。债权人行使代位权的必要费用，由债务人负担。

第七十四条 因债务人放弃其到期债权或者无偿转让财产，对债权人造成损害的，债权人可以请求人民法院撤销债务人的行为。债务人以明显不合理的低价转让财产，对债权人造成损害，并且受让人知道该情形的，债权人也可以请求人民法院撤销债务人的行为。

撤销权的行使范围以债权人的债权为限。债权人行使撤销权的必要费用，由债务人负担。

第七十五条 撤销权自债权人知道或者应当知道撤销事由之日起一年内行使。自债务人的行为发生之日起五年内没有行使撤销权的，该撤销权消灭。

第七十六条 合同生效后，当事人不得因姓名、名称的变更或者法定代表人、负责人、承办人的变动而不履行合同义务。

第五章 合同的变更和转让

第七十七条 当事人协商一致，可以变更合同。

法律、行政法规规定变更合同应当办理批准、登记等手续的，依照其规定。

第七十八条 当事人对合同变更的内容约定不明确的，推定为未变更。

第七十九条 债权人可以将合同的权利全部或者部分转让给第三人，但有下列情形之一的除外：

（一）根据合同性质不得转让；

（二）按照当事人约定不得转让；

（三）依照法律规定不得转让。

第八十条 债权人转让权利的，应当通知债务人。未经通知，该转让对债务人不发生效力。

债权人转让权利的通知不得撤销，但经受让人同意的除外。

第八十一条 债权人转让权利的，受让人取得与债权有关的从权利，但该从权利专属于债权人自身的除外。

第八十二条 债务人接到债权转让通知后，债务人对让与人的抗辩，可以向受让人主张。

第八十三条 债务人接到债权转让通知时，债务人对让与人享有债权，并且债务人的债权先于转让的债权到期或者同时到期的，债务人可以向受让人主张抵销。

第八十四条 债务人将合同的义务全部或者部分转移给第三人的，应当经债权人同意。

第八十五条 债务人转移义务的，新债务人可以主张原债务人对债权人的抗辩。

第八十六条 债务人转移义务的，新债务人应当承担与主债务有关的从债务，但该从债务专属于原债务人自身的除外。

第八十七条 法律、行政法规规定转让权利或者转移义务应当办理批准、登记等手续的，依照其规定。

第八十八条 当事人一方经对方同意，可以将自己在合同中的权利和义务一并转让给第三人。

第八十九条 权利和义务一并转让的，适用本法第七十九条、第八十一条至第八十三条、第八十五条至第八十七条的规定。

第九十条 当事人订立合同后合并的，由合并后的法人或者其他组织行使合同权利，履行合同义务。当事人订立合同后分立的，除债权人和债务人另有约定的以外，由分立的法人或者其他组织对合同的权利和义务享有连带债权，承担连带债务。

第六章 合同的权利义务终止

第九十一条 有下列情形之一的，合同的权利义务终止：

（一）债务已经按照约定履行；

（二）合同解除；

（三）债务相互抵销；

（四）债务人依法将标的物提存；

（五）债权人免除债务；

（六）债权债务同归于一人；

（七）法律规定或者当事人约定终止的其他情形。

第九十二条 合同的权利义务终止后，当事人应当遵循诚实信用原则，根据交易习惯履行通知、协助、保密等义务。

第九十三条 当事人协商一致，可以解除合同。

当事人可以约定一方解除合同的条件。解除合同的条件成就时，解除权人可以解除合同。

第九十四条 有下列情形之一的，当事人可以解除合同：

（一）因不可抗力致使不能实现合同目的；

（二）在履行期限届满之前，当事人一方明确表示或者以自己的行为表明不履行主要债务；

（三）当事人一方迟延履行主要债务，经催告后在合理期限内仍未履行；

（四）当事人一方迟延履行债务或者有其他违约行为致使不能实现合同目的；

（五）法律规定的其他情形。

第九十五条 法律规定或者当事人约定解除权行使期限，期限届满当事人不行使的，该权利消灭。

法律没有规定或者当事人没有约定解除权行使期限，经对方催告后在合理期限内不行使的，该权利消灭。

第九十六条 当事人一方依照本法第九十三条第二款、第九十四条的规定主张解除合同的，应当通知对方。合同自通知到达对方时解除。对方有异议的，可以请求人民法院或者仲裁机构确认解除合同的效力。

法律、行政法规规定解除合同应当办理批准、登记等手续的，依照其规定。

第九十七条 合同解除后，尚未履行的，终止履行；已经履行的，根据履行情况和合同性质，当事人可以要求恢复原状、采取其他补救措施，并有权要求赔偿损失。

第九十八条 合同的权利义务终止，不影响合同中结算和清理条款的效力。

第九十九条 当事人互负到期债务，该债务的标的物种类、品质相同的，任何一方可以将自己的债务与对方的债务抵销，但依照法律规定或者按照合同性质不得抵销的除外。

当事人主张抵销的，应当通知对方。通知自到达对方时生效。抵销不得附条件或者附期限。

第一百条 当事人互负债务，标的物种类、品质不相同的，经双方协商一致，也可以抵销。

第一百零一条 有下列情形之一，难以履行债务的，债务人可以将标的物提存：

（一）债权人无正当理由拒绝受领；

（二）债权人下落不明；

（三）债权人死亡未确定继承人或者丧失民事行为能力未确定监护人；

（四）法律规定的其他情形。

标的物不适于提存或者提存费用过高的，债务人依法可以拍卖或者变卖标的物，提存所得的价款。

第一百零二条 标的物提存后，除债权人下落不明的以外，债务人应当及时通知债权人或者债权人的继承人、监护人。

第一百零三条 标的物提存后，毁损、灭失的风险由债权人承担。提存期间，标的物的孳息归债权人所有。提存费用由债权人负担。

第一百零四条 债权人可以随时领取提存物，但债权人对债务人负有到期债务的，在债权人未履行债务或者提供担保之前，提存部门根据债务人的要求应当拒绝其领取提存物。

债权人领取提存物的权利，自提存之日起五年内不行使而消灭，提存物扣除提存费用后归国家所有。

第一百零五条 债权人免除债务人部分或者全部债务的，合同的权利义务部分或者全部终止。

第一百零六条 债权和债务同归于一人的，合同的权利义务终止，但涉及第三人利益的除外。

第七章　违约责任

第一百零七条 当事人一方不履行合同义务或者履行合同义务不符合约定的，应当承担继续履行、采取补救措施或者赔偿损失等违约责任。

第一百零八条 当事人一方明确表示或者以自己的行为表明不履行合同义务的，对方可以在履行期限届满之前要求其承担违约责任。

第一百零九条 当事人一方未支付价款或者报酬的，对方可以要求其支付价款或者报酬。

第一百一十条　当事人一方不履行非金钱债务或者履行非金钱债务不符合约定的，对方可以要求履行，但有下列情形之一的除外：

（一）法律上或者事实上不能履行；

（二）债务的标的不适于强制履行或者履行费用过高；

（三）债权人在合理期限内未要求履行。

第一百一十一条　质量不符合约定的，应当按照当事人的约定承担违约责任。对违约责任没有约定或者约定不明确，依照本法第六十一条的规定仍不能确定的，受损害方根据标的的性质以及损失的大小，可以合理选择要求对方承担修理、更换、重作、退货、减少价款或者报酬等违约责任。

第一百一十二条　当事人一方不履行合同义务或者履行合同义务不符合约定的，在履行义务或者采取补救措施后，对方还有其他损失的，应当赔偿损失。

第一百一十三条　当事人一方不履行合同义务或者履行合同义务不符合约定，给对方造成损失的，损失赔偿额应当相当于因违约所造成的损失，包括合同履行后可以获得的利益，但不得超过违反合同一方订立合同时预见到或者应当预见到的因违反合同可能造成的损失。

经营者对消费者提供商品或者服务有欺诈行为的，依照《中华人民共和国消费者权益保护法》的规定承担损害赔偿责任。

第一百一十四条　当事人可以约定一方违约时应当根据违约情况向对方支付一定数额的违约金，也可以约定因违约产生的损失赔偿额的计算方法。

约定的违约金低于造成的损失的，当事人可以请求人民法院或者仲裁机构予以增加；约定的违约金过分高于造成的损失的，当事人可以请求人民法院或者仲裁机构予以适当减少。

当事人就迟延履行约定违约金的，违约方支付违约金后，还应当履行债务。

第一百一十五条　当事人可以依照《中华人民共和国担保法》约定一方向对方给付定金作为债权的担保。债务人履行债务后，定金应当抵作价款或者收回。给付定金的一方不履行约定的债务的，无权要求返还定金；收受定金的一方不履行约定的债务的，应当双倍返还定金。

第一百一十六条　当事人既约定违约金，又约定定金的，一方违约时，对方可以选择适用违约金或者定金条款。

第一百一十七条 因不可抗力不能履行合同的，根据不可抗力的影响，部分或者全部免除责任，但法律另有规定的除外。当事人迟延履行后发生不可抗力的，不能免除责任。

本法所称不可抗力，是指不能预见、不能避免并不能克服的客观情况。

第一百一十八条 当事人一方因不可抗力不能履行合同的，应当及时通知对方，以减轻可能给对方造成的损失，并应当在合理期限内提供证明。

第一百一十九条 当事人一方违约后，对方应当采取适当措施防止损失的扩大；没有采取适当措施致使损失扩大的，不得就扩大的损失要求赔偿。

当事人因防止损失扩大而支出的合理费用，由违约方承担。

第一百二十条 当事人双方都违反合同的，应当各自承担相应的责任。

第一百二十一条 当事人一方因第三人的原因造成违约的，应当向对方承担违约责任。当事人一方和第三人之间的纠纷，依照法律规定或者按照约定解决。

第一百二十二条 因当事人一方的违约行为，侵害对方人身、财产权益的，受损害方有权选择依照本法要求其承担违约责任或者依照其他法律要求其承担侵权责任。

第八章 其他规定

第一百二十三条 其他法律对合同另有规定的，依照其规定。

第一百二十四条 本法分则或者其他法律没有明文规定的合同，适用本法总则的规定，并可以参照本法分则或者其他法律最相类似的规定。

第一百二十五条 当事人对合同条款的理解有争议的，应当按照合同所使用的词句、合同的有关条款、合同的目的、交易习惯以及诚实信用原则，确定该条款的真实意思。

合同文本采用两种以上文字订立并约定具有同等效力的，对各文本使用的词句推定具有相同含义。各文本使用的词句不一致的，应当根据合同的目的予以解释。

第一百二十六条 涉外合同的当事人可以选择处理合同争议所适用的法

律，但法律另有规定的除外。涉外合同的当事人没有选择的，适用与合同有最密切联系的国家的法律。

在中华人民共和国境内履行的中外合资经营企业合同、中外合作经营企业合同、中外合作勘探开发自然资源合同，适用中华人民共和国法律。

第一百二十七条　工商行政管理部门和其他有关行政主管部门在各自的职权范围内，依照法律、行政法规的规定，对利用合同危害国家利益、社会公共利益的违法行为，负责监督处理；构成犯罪的，依法追究刑事责任。

第一百二十八条　当事人可以通过和解或者调解解决合同争议。

当事人不愿和解、调解或者和解、调解不成的，可以根据仲裁协议向仲裁机构申请仲裁。涉外合同的当事人可以根据仲裁协议向中国仲裁机构或者其他仲裁机构申请仲裁。当事人没有订立仲裁协议或者仲裁协议无效的，可以向人民法院起诉。当事人应当履行发生法律效力的判决、仲裁裁决、调解书；拒不履行的，对方可以请求人民法院执行。

第一百二十九条　因国际货物买卖合同和技术进出口合同争议提起诉讼或者申请仲裁的期限为四年，自当事人知道或者应当知道其权利受到侵害之日起计算。因其他合同争议提起诉讼或者申请仲裁的期限，依照有关法律的规定。

分　则

第十二章　借款合同

第一百九十六条　借款合同是借款人向贷款人借款，到期返还借款并支付利息的合同。

第一百九十七条　借款合同采用书面形式，但自然人之间借款另有约定的除外。

借款合同的内容包括借款种类、币种、用途、数额、利率、期限和还款方式等条款。

第一百九十八条　订立借款合同，贷款人可以要求借款人提供担保。担保依照《中华人民共和国担保法》的规定。

第一百九十九条 订立借款合同，借款人应当按照贷款人的要求提供与借款有关的业务活动和财务状况的真实情况。

第二百条 借款的利息不得预先在本金中扣除。利息预先在本金中扣除的，应当按照实际借款数额返还借款并计算利息。

第二百零一条 贷款人未按照约定的日期、数额提供借款，造成借款人损失的，应当赔偿损失。

借款人未按照约定的日期、数额收取借款的，应当按照约定的日期、数额支付利息。

第二百零二条 贷款人按照约定可以检查、监督借款的使用情况。借款人应当按照约定向贷款人定期提供有关财务会计报表等资料。

第二百零三条 借款人未按照约定的借款用途使用借款的，贷款人可以停止发放借款、提前收回借款或者解除合同。

第二百零四条 办理贷款业务的金融机构贷款的利率，应当按照中国人民银行规定的贷款利率的上下限确定。

第二百零五条 借款人应当按照约定的期限支付利息。对支付利息的期限没有约定或者约定不明确，依照本法第六十一条的规定仍不能确定，借款期间不满一年的，应当在返还借款时一并支付；借款期间一年以上的，应当在每届满一年时支付，剩余期间不满一年的，应当在返还借款时一并支付。

第二百零六条 借款人应当按照约定的期限返还借款。对借款期限没有约定或者约定不明确，依照本法第六十一条的规定仍不能确定的，借款人可以随时返还；贷款人可以催告借款人在合理期限内返还。

第二百零七条 借款人未按照约定的期限返还借款的，应当按照约定或者国家有关规定支付逾期利息。

第二百零八条 借款人提前偿还借款的，除当事人另有约定的以外，应当按照实际借款的期间计算利息。

第二百零九条 借款人可以在还款期限届满之前向贷款人申请展期。贷款人同意的，可以展期。

第二百一十条 自然人之间的借款合同，自贷款人提供借款时生效。

第二百一十一条 自然人之间的借款合同对支付利息没有约定或者约定不

明确的，视为不支付利息。

自然人之间的借款合同约定支付利息的，借款的利率不得违反国家有关限制借款利率的规定。

附录三

中华人民共和国担保法

（第八届全国人民代表大会常务委员会第十四次会议1995年6月30日通过）

第一章　总　则

第一条　为促进资金融通和商品流通，保障债权的实现，发展社会主义市场经济，制定本法。

第二条　在借贷、买卖、货物运输、加工承揽等经济活动中，债权人需要以担保方式保障其债权实现的，可以依照本法规定设定担保。

本法规定的担保方式为保证、抵押、质押、留置和定金。

第三条　担保活动应当遵循平等、自愿、公平、诚实信用的原则。

第四条　第三人为债务人向债权人提供担保时，可以要求债务人提供反担保。

反担保适用本法担保的规定。

第五条　担保合同是主合同的从合同，主合同无效，担保合同无效。担保合同另有约定的，按照约定。

担保合同被确认无效后，债务人、担保人、债权人有过错的，应当根据其过错各自承担相应的民事责任。

第二章　保　证

第一节　保证和保证人

第六条　本法所称保证，是指保证人和债权人约定，当债务人不履行债务时，保证人按照约定履行债务或者承担责任的行为。

第七条　具有代为清偿债务能力的法人、其他组织或者公民，可以作保证人。

第八条　国家机关不得为保证人，但经国务院批准为使用外国政府或者国际经济组织贷款进行转贷的除外。

第九条　学校、幼儿园、医院等以公益为目的的事业单位、社会团体不得为保证人。

第十条　企业法人的分支机构、职能部门不得为保证人。

企业法人的分支机构有法人书面授权的，可以在授权范围内提供保证。

第十一条　任何单位和个人不得强令银行等金融机构或者企业为他人提供保证；银行等金融机构或者企业对强令其为他人提供保证的行为，有权拒绝。

第十二条　同一债务有两个以上保证人的，保证人应当按照保证合同约定的保证份额，承担保证责任，没有约定保证份额的，保证人承担连带责任，债权人可以要求任何一个保证人承担全部保证责任，保证人都负有担保全部债权实现的义务。已经承担保证责任的保证人，有权向债务人追偿，或者要求承担连带责任的其他保证人清偿其应当承担的份额。

第二节　保证合同和保证方式

第十三条　保证人与债权人应当以书面形式订立保证合同。

第十四条　保证人与债权人可以就单个主合同分别订立保证合同，也可以协议在最高债权额限度内就一定期间连续发生的借款合同或者某项商品交易合同订立一个保证合同。

第十五条　保证合同应当包括以下内容：

（一）被保证的主债权种类、数额；

（二）债务人履行债务的期限；

（三）保证的方式；

（四）保证担保的范围；

（五）保证的期间；

（六）双方认为需要约定的其他事项。

保证合同不完全具备前款规定内容的，可以补正。

第十六条 保证的方式有：

（一）一般保证；

（二）连带责任保证。

第十七条 当事人在保证合同中约定，债务人不能履行债务时，由保证人承担保证责任的，为一般保证。

一般保证的保证人在主合同纠纷未经审判或者仲裁，并就债务人财产依法强制执行仍不能履行债务前，对债权人可以拒绝承担保证责任。

有下列情形之一的，保证人不得行使前款规定的权利：

（一）债务人住所变更，致使债权人要求其履行债务发生重大困难的；

（二）人民法院受理债务人破产案件，中止执行程序的；

（三）保证人以书面形式放弃前款规定的权利的。

第十八条 当事人在保证合同中约定保证人与债务人对债务承担连带责任的，为连带责任保证。

连带责任保证的债务人在主合同规定的债务履行期届满没有履行债务的，债权人可以要求债务人履行债务，也可以要求保证人在其保证范围内承担保证责任。

第十九条 当事人对保证方式没有约定或者约定不明确的，按照连带责任保证承担保证责任。

第二十条 一般保证和连带责任保证的保证人享有债务人的抗辩权。债务人放弃对债务的抗辩权的，保证人仍有权抗辩。

抗辩权是指债权人行使债权时，债务人根据法定事由，对抗债权人行使请求权的权利。

第三节　保证责任

第二十一条 保证担保的范围包括主债权及利息、违约金、损害赔偿金和实现债权的费用。保证合同另有约定的，按照约定。

当事人对保证担保的范围没有约定或者约定不明确的，保证人应当对全部债务承担责任。

第二十二条 保证期间，债权人依法将主债权转让给第三人的，保证人在原保证担保的范围内继续承担保证责任。保证合同另有约定的，按照约定。

第二十三条 保证期间，债权人许可债务人转让债务的，应当取得保证人书面同意，保证人对未经其同意转让的债务，不再承担保证责任。

第二十四条 债权人与债务人协议变更主合同的，应当取得保证人书面同意，未经保证人书面同意的，保证人不再承担保证责任。保证合同另有约定的，按照约定。

第二十五条 一般保证的保证人与债权人未约定保证期间的，保证期间为主债务履行期届满之日起六个月。

在合同约定的保证期间和前款规定的保证期间，债权人未对债务人提起诉讼或者申请仲裁的，保证人免除保证责任；债权人已提起诉讼或者申请仲裁的，保证期间适用诉讼时效中断的规定。

第二十六条 连带责任保证的保证人与债权人未约定保证期间的，债权人有权自主债务履行期届满之日起六个月内要求保证人承担保证责任。

在合同约定的保证期间和前款规定的保证期间，债权人未要求保证人承担保证责任的，保证人免除保证责任。

第二十七条 保证人依照本法第十四条规定就连续发生的债权作保证，未约定保证期间的，保证人可以随时书面通知债权人终止保证合同，但保证人对于通知到债权人前所发生的债权，承担保证责任。

第二十八条 同一债权既有保证又有物的担保的，保证人对物的担保以外的债权承担保证责任。

债权人放弃物的担保的，保证人在债权人放弃权利的范围内免除保证责任。

第二十九条 企业法人的分支机构未经法人书面授权或者超出授权范围与债权人订立保证合同的，该合同无效或者超出授权范围的部分无效，债权人和企业法人有过错的，应当根据其过错各自承担相应的民事责任；债权人无过错的，由企业法人承担民事责任。

第三十条 有下列情形之一的，保证人不承担民事责任：

（一）主合同当事人双方串通，骗取保证人提供保证的；

（二）主合同债权人采取欺诈、胁迫等手段，使保证人在违背真实意思的情况下提供保证的。

第三十一条 保证人承担保证责任后，有权向债务人追偿。

第三十二条 人民法院受理债务人破产案件后，债权人未申报债权的，保证人可以参加破产财产分配，预先行使追偿权。

第三章 抵 押

第一节 抵押和抵押物

第三十三条 本法所称抵押，是指债务人或者第三人不转移对本法第三十四条所列财产的占有，将该财产作为债权的担保。债务人不履行债务时，债权人有权依照本法规定以该财产折价或者以拍卖、变卖该财产的价款优先受偿。

前款规定的债务人或者第三人为抵押人，债权人为抵押权人，提供担保的财产为抵押物。

第三十四条 下列财产可以抵押：

（一）抵押人所有的房屋和其他地上定着物；

（二）抵押人所有的机器、交通运输工具和其他财产；

（三）抵押人依法有权处分的国有的土地使用权、房屋和其他地上定着物；

（四）抵押人依法有权处分的国有的机器、交通运输工具和其他财产；

（五）抵押人依法承包并经发包方同意抵押的荒山、荒沟、荒丘、荒滩等荒地的土地使用权；

（六）依法可以抵押的其他财产。

抵押人可以将前款所列财产一并抵押。

第三十五条 抵押人所担保的债权不得超出其抵押物的价值。

财产抵押后，该财产的价值大于所担保债权的余额部分，可以再次抵押，但不得超出其余额部分。

第三十六条 以依法取得的国有土地上的房屋抵押的，该房屋占用范围内的国有土地使用权同时抵押。

以出让方式取得的国有土地使用权抵押的，应当将抵押时该国有土地上的房屋同时抵押。

乡（镇）、村企业的土地使用权不得单独抵押。以乡（镇）、村企业的厂房等建筑物抵押的，其占用范围内的土地使用权同时抵押。

第三十七条　下列财产不得抵押：

（一）土地所有权；

（二）耕地、宅基地、自留地、自留山等集体所有的土地使用权，但本法第三十四条第（五）项、第三十六条第三款规定的除外；

（三）学校、幼儿园、医院等以公益为目的的事业单位、社会团体的教育设施、医疗卫生设施和其他社会公益设施；

（四）所有权、使用权不明或者有争议的财产；

（五）依法被查封、扣押、监管的财产；

（六）依法不得抵押的其他财产。

第二节　抵押合同和抵押物登记

第三十八条　抵押人和抵押权人应当以书面形式订立抵押合同。

第三十九条　抵押合同应当包括以下内容：

（一）被担保的主债权种类、数额；

（二）债务人履行债务的期限；

（三）抵押物的名称、数量、质量、状况、所在地、所有权权属或者使用权权属；

（四）抵押担保的范围；

（五）当事人认为需要约定的其他事项。

抵押合同不完全具备前款规定内容的，可以补正。

第四十条　订立抵押合同时，抵押权人和抵押人在合同中不得约定在债务履行期届满抵押权人未受清偿时，抵押物的所有权转移为债权人所有。

第四十一条　当事人以本法第四十二条规定的财产抵押的，应当办理抵押物登记，抵押合同自登记之日起生效。

第四十二条 办理抵押物登记的部门如下：

（一）以无地上定着物的土地使用权抵押的，为核发土地使用权证书的土地管理部门；

（二）以城市房地产或者乡（镇）、村企业的厂房等建筑物抵押的，为县级以上地方人民政府规定的部门；

（三）以林木抵押的，为县级以上林木主管部门；

（四）以航空器、船舶、车辆抵押的，为运输工具的登记部门；

（五）以企业的设备和其他动产抵押的，为财产所在地的工商行政管理部门。

第四十三条 当事人以其他财产抵押的，可以自愿办理抵押物登记，抵押合同自签订之日起生效。

当事人未办理抵押物登记的，不得对抗第三人。当事人办理抵押物登记的，登记部门为抵押人所在地的公证部门。

第四十四条 办理抵押物登记，应当向登记部门提供下列文件或者其复印件：

（一）主合同和抵押合同；

（二）抵押物的所有权或者使用权证书。

第四十五条 登记部门登记的资料，应当允许查阅、抄录或者复印。

第三节 抵押的效力

第四十六条 抵押担保的范围包括主债权及利息、违约金、损害赔偿金和实现抵押权的费用。抵押合同另有约定的，按照约定。

第四十七条 债务履行期届满，债务人不履行债务致使抵押物被人民法院依法扣押的，自扣押之日起抵押权人有权收取由抵押物分离的天然孳息以及抵押人就抵押物可以收取的法定孳息。抵押权人未将扣押抵押物的事实通知应当清偿法定孳息的义务人的，抵押权的效力不及于该孳息。

前款孳息应当先充抵收取孳息的费用。

第四十八条　抵押人将已出租的财产抵押的，应当书面告知承租人，原租赁合同继续有效。

第四十九条　抵押期间，抵押人转让已办理登记的抵押物的，应当通知抵押权人并告知受让人转让物已经抵押的情况；抵押人未通知抵押权人或者未告知受让人的，转让行为无效。

转让抵押物的价款明显低于其价值的，抵押权人可以要求抵押人提供相应的担保；抵押人不提供的，不得转让抵押物。

抵押人转让抵押物所得的价款，应当向抵押权人提前清偿所担保的债权或者向与抵押权人约定的第三人提存。超过债权数额的部分，归抵押人所有，不足部分由债务人清偿。

第五十条　抵押权不得与债权分离而单独转让或者作为其他债权的担保。

第五十一条　抵押人的行为足以使抵押物价值减少的，抵押权人有权要求抵押人停止其行为。抵押物价值减少时，抵押权人有权要求抵押人恢复抵押物的价值，或者提供与减少的价值相当的担保。

抵押人对抵押物价值减少无过错的，抵押权人只能在抵押人因损害而得到的赔偿范围内要求提供担保。抵押物价值未减少的部分，仍作为债权的担保。

第五十二条　抵押权与其担保的债权同时存在，债权消灭的，抵押权也消灭。

第四节　抵押权的实现

第五十三条　债务履行期届满抵押权人未受清偿的，可以与抵押人协议以抵押物折价或者以拍卖、变卖该抵押物所得的价款受偿；协议不成的，抵押权人可以向人民法院提起诉讼。

抵押物折价或者拍卖、变卖后，其价款超过债权数额的部分归抵押人所有，不足部分由债务人清偿。

第五十四条　同一财产向两个以上债权人抵押的，拍卖、变卖抵押物所得的价款按照以下规定清偿：

（一）抵押合同以登记生效的，按照抵押物登记的先后顺序清偿；顺序相同的，按照债权比例清偿；

（二）抵押合同自签订之日起生效的，该抵押物已登记的，按照本条第（一）项规定清偿；未登记的，按照合同生效时间的先后顺序清偿，顺序相同的，按照债权比例清偿。抵押物已登记的先于未登记的受偿。

第五十五条 城市房地产抵押合同签订后，土地上新增的房屋不属于抵押物。需要拍卖该抵押的房地产时，可以依法将该土地上新增的房屋与抵押物一同拍卖，但对拍卖新增房屋所得，抵押权人无权优先受偿。

依照本法规定以承包的荒地的土地使用权抵押的，或者以乡（镇）、村企业的厂房等建筑物占用范围内的土地使用权抵押的，在实现抵押权后，未经法定程序不得改变土地集体所有和土地用途。

第五十六条 拍卖划拨的国有土地使用权所得的价款，在依法缴纳相当于应缴纳的土地使用权出让金的款额后，抵押权人有优先受偿权。

第五十七条 为债务人抵押担保的第三人，在抵押权人实现抵押权后，有权向债务人追偿。

第五十八条 抵押权因抵押物灭失而消灭。因灭失所得的赔偿金，应当作为抵押财产。

第五节　最高额抵押

第五十九条 本法所称最高额抵押，是指抵押人与抵押权人协议，在最高债权额限度内，以抵押物对一定期间内连续发生的债权作担保。

第六十条 借款合同可以附最高额抵押合同。

债权人与债务人就某项商品在一定期间内连续发生交易而签订的合同，可以附最高额抵押合同。

第六十一条 最高额抵押的主合同债权不得转让。

第六十二条 最高额抵押除适用本节规定外，适用本章其他规定。

第四章 质 押

第一节 动产质押

第六十三条 本法所称动产质押，是指债务人或者第三人将其动产移交债权人占有，将该动产作为债权的担保。债务人不履行债务时，债权人有权依照本法规定以该动产折价或者以拍卖、变卖该动产的价款优先受偿。

前款规定的债务人或者第三人为出质人，债权人为质权人，移交的动产为质物。

第六十四条 出质人和质权人应当以书面形式订立质押合同。

质押合同自质物移交于质权人占有时生效。

第六十五条 质押合同应当包括以下内容：

（一）被担保的主债权种类、数额；

（二）债务人履行债务的期限；

（三）质物的名称、数量、质量、状况；

（四）质押担保的范围；

（五）质物移交的时间；

（六）当事人认为需要约定的其他事项。

质押合同不完全具备前款规定内容的，可以补正。

第六十六条 出质人和质权人在合同中不得约定在债务履行期届满质权人未受清偿时，质物的所有权转移为质权人所有。

第六十七条 质押担保的范围包括主债权及利息、违约金、损害赔偿金、质物保管费用和实现质权的费用。质押合同另有约定的，按照约定。

第六十八条 质权人有权收取质物所生的孳息。质押合同另有约定的，按照约定。

前款孳息应当先充抵收取孳息的费用。

第六十九条 质权人负有妥善保管质物的义务。因保管不善致使质物灭失或者毁损的，质权人应当承担民事责任。

质权人不能妥善保管质物可能致使其灭失或者毁损的，出质人可以要求质权人将质物提存，或者要求提前清偿债权而返还质物。

第七十条 质物有损坏或者价值明显减少的可能，足以危害质权人权利的，质权人可以要求出质人提供相应的担保。出质人不提供的，质权人可以拍卖或者变卖质物，并与出质人协议将拍卖或者变卖所得的价款用于提前清偿所担保的债权或者向与出质人约定的第三人提存。

第七十一条 债务履行期届满债务人履行债务的，或者出质人提前清偿所担保的债权的，质权人应当返还质物。

债务履行期届满质权人未受清偿的，可以与出质人协议以质物折价，也可以依法拍卖、变卖质物。

质物折价或者拍卖、变卖后，其价款超过债权数额的部分归出质人所有，不足部分由债务人清偿。

第七十二条 为债权人质押担保的第三人，在质权人实现质权后，有权向债务人追偿。

第七十三条 质权因质物灭失而消灭。因灭失所得的赔偿金，应当作为出质财产。

第七十四条 质权与其担保的债权同时存在，债权消灭的，质权也消灭。

第二节　权利质押

第七十五条 下列权利可以质押：

（一）汇票、支票、本票、债券、存款单、仓单、提单；

（二）依法可以转让的股份、股票；

（三）依法可以转让的商标专用权，专利权、著作权中的财产权；

（四）依法可以质押的其他权利。

第七十六条 以汇票、支票、本票、债券、存款单、仓单、提单出质的，应当在合同约定的期限内将权利凭证交付质权人。质押合同自权利凭证交付之日起生效。

第七十七条 以载明兑现或者提货日期的汇票、支票、本票、债券、存款单、仓单、提单出质的，汇票、支票、本票、债券、存款单、仓单、提单兑现或者提货日期先于债务履行期的，质权人可以在债务履行期届满前兑现或者提货，并与出质人协议将兑现的价款或者提取的货物用于提前清偿所担保的债权或者向与出质人约定的第三人提存。

第七十八条　以依法可以转让的股票出质的，出质人与质权人应当订立书面合同，并向证券登记机构办理出质登记。质押合同自登记之日起生效。

股票出质后，不得转让，但经出质人与质权人协商同意的可以转让。出质人转让股票所得的价款应当向质权人提前清偿所担保的债权或者向与质权人约定的第三人提存。

以有限责任公司的股份出质的，适用公司法股份转让的有关规定。质押合同自股份出质记载于股东名册之日起生效。

第七十九条　以依法可以转让的商标专用权，专利权、著作权中的财产权出质的，出质人与质权人应当订立书面合同；并向其管理部门办理出质登记。质押合同自登记之日起生效。

第八十条　本法第七十九条规定的权利出质后，出质人不得转让或者许可他人使用，但经出质人与质权人协商同意的可以转让或者许可他人使用。出质人所得的转让费、许可费应当向质权人提前清偿所担保的债权或者向与质权人约定的第三人提存。

第八十一条　权利质押除适用本节规定外，适用本章第一节的规定。

第五章　留　置

第八十二条　本法所称留置，是指依照本法第八十四条的规定，债权人按照合同约定占有债务人的动产，债务人不按照合同约定的期限履行债务的，债权人有权依照本法规定留置该财产，以该财产折价或者以拍卖、变卖该财产的价款优先受偿。

第八十三条　留置担保的范围包括主债权及利息、违约金、损害赔偿金，留置物保管费用和实现留置权的费用。

第八十四条　因保管合同、运输合同、加工承揽合同发生的债权，债务人不履行债务的，债权人有留置权。

法律规定可以留置的其他合同，适用前款规定。

当事人可以在合同中约定不得留置的物。

第八十五条 留置的财产为可分物的，留置物的价值应当相当于债务的金额。

第八十六条 留置权人负有妥善保管留置物的义务。因保管不善致使留置物灭失或者毁损的，留置权人应当承担民事责任。

第八十七条 债权人与债务人应当在合同中约定，债权人留置财产后，债务人应当在不少于两个月的期限内履行债务。债权人与债务人在合同中未约定的，债权人留置债务人财产后，应当确定两个月以上的期限，通知债务人在该期限内履行债务。

债务人逾期仍不履行的，债权人可以与债务人协议以留置物折价，也可以依法拍卖、变卖留置物。

留置物折价或者拍卖、变卖后，其价款超过债权数额的部分归债务人所有，不足部分由债务人清偿。

第八十八条 留置权因下列原因消灭：

（一）债权消灭的；

（二）债务人另行提供担保并被债权人接受的。

第六章 定 金

第八十九条 当事人可以约定一方向对方给付定金作为债权的担保。债务人履行债务后，定金应当抵作价款或者收回。给付定金的一方不履行约定的债务的，无权要求返还定金；收受定金的一方不履行约定的债务的，应当双倍返还定金。

第九十条 定金应当以书面形式约定。当事人在定金合同中应当约定交付定金的期限，定金合同从实际交付定金之日起生效。

第九十一条 定金的数额由当事人约定，但不得超过主合同标的额的百分之二十。

第七章 附 则

第九十二条 本法所称不动产是指土地以及房屋、林木等地上定着物。

本法所称动产是指不动产以外的物。

第九十三条 本法所称保证合同、抵押合同、质押合同、定金合同可以是单独订立的书面合同，包括当事人之间的具有担保性质的信函、传真等，也可以是主合同中的担保条款。

第九十四条 抵押物、质物、留置物折价或者变卖，应当参照市场价格。

第九十五条 海商法等法律对担保有特别规定的，依照其规定。

第九十六条 本法自 1995 年 10 月 1 日起施行。

附录四

中华人民共和国企业破产法

（第十届全国人民代表大会常务委员会第二十三次会议2006年8月27日通过）

第一章　总则

第一条　为规范企业破产程序，公平清理债权债务，保护债权人和债务人的合法权益，维护社会主义市场经济秩序，制定本法。

第二条　企业法人不能清偿到期债务，并且资产不足以清偿全部债务或者明显缺乏清偿能力的，依照本法规定清理债务。

企业法人有前款规定情形，或者有明显丧失清偿能力可能的，可以依照本法规定进行重整。

第三条　破产案件由债务人住所地人民法院管辖。

第四条　破产案件审理程序，本法没有规定的，适用民事诉讼法的有关规定。

第五条　依照本法开始的破产程序，对债务人在中华人民共和国领域外的财产发生效力。

对外国法院作出的发生法律效力的破产案件的判决、裁定，涉及债务人在中华人民共和国领域内的财产，申请或者请求人民法院承认和执行的，人民法院依照中华人民共和国缔结或者参加的国际条约，或者按照互惠原则进行审查，认为不违反中华人民共和国法律的基本原则，不损害国家主权、安全和社会公共利益，不损害中华人民共和国领域内债权人的合法权益的，裁定承认和执行。

第六条　人民法院审理破产案件，应当依法保障企业职工的合法权益，依法追究破产企业经营管理人员的法律责任。

第二章 申请和受理

第一节 申请

第七条 债务人有本法第二条规定的情形，可以向人民法院提出重整、和解或者破产清算申请。

债务人不能清偿到期债务，债权人可以向人民法院提出对债务人进行重整或者破产清算的申请。

企业法人已解散但未清算或者未清算完毕，资产不足以清偿债务的，依法负有清算责任的人应当向人民法院申请破产清算。

第八条 向人民法院提出破产申请，应当提交破产申请书和有关证据。

破产申请书应当载明下列事项：

（一）申请人、被申请人的基本情况；

（二）申请目的；

（三）申请的事实和理由；

（四）人民法院认为应当载明的其他事项。

债务人提出申请的，还应当向人民法院提交财产状况说明、债务清册、债权清册、有关财务会计报告、职工安置预案以及职工工资的支付和社会保险费用的缴纳情况。

第九条 人民法院受理破产申请前，申请人可以请求撤回申请。

第二节 受理

第十条 债权人提出破产申请的，人民法院应当自收到申请之日起五日内通知债务人。债务人对申请有异议的，应当自收到人民法院的通知之日起七日内向人民法院提出。人民法院应当自异议期满之日起十日内裁定是否受理。

除前款规定的情形外，人民法院应当自收到破产申请之日起十五日内裁定是否受理。

有特殊情况需要延长前两款规定的裁定受理期限的，经上一级人民法院批准，可以延长十五日。

第十一条 人民法院受理破产申请的，应当自裁定作出之日起五日内送达申请人。

债权人提出申请的，人民法院应当自裁定作出之日起五日内送达债务人。债务人应当自裁定送达之日起十五日内，向人民法院提交财产状况说明、债务清册、债权清册、有关财务会计报告以及职工工资的支付和社会保险费用的缴纳情况。

第十二条 人民法院裁定不受理破产申请的，应当自裁定作出之日起五日内送达申请人并说明理由。申请人对裁定不服的，可以自裁定送达之日起十日内向上一级人民法院提起上诉。

人民法院受理破产申请后至破产宣告前，经审查发现债务人不符合本法第二条规定情形的，可以裁定驳回申请。申请人对裁定不服的，可以自裁定送达之日起十日内向上一级人民法院提起上诉。

第十三条 人民法院裁定受理破产申请的，应当同时指定管理人。

第十四条 人民法院应当自裁定受理破产申请之日起二十五日内通知已知债权人，并予以公告。

通知和公告应当载明下列事项：

（一）申请人、被申请人的名称或者姓名；

（二）人民法院受理破产申请的时间；

（三）申报债权的期限、地点和注意事项；

（四）管理人的名称或者姓名及其处理事务的地址；

（五）债务人的债务人或者财产持有人应当向管理人清偿债务或者交付财产的要求；

（六）第一次债权人会议召开的时间和地点；

（七）人民法院认为应当通知和公告的其他事项。

第十五条 自人民法院受理破产申请的裁定送达债务人之日起至破产程序终结之日，债务人的有关人员承担下列义务：

（一）妥善保管其占有和管理的财产、印章和账簿、文书等资料；

（二）根据人民法院、管理人的要求进行工作，并如实回答询问；

（三）列席债权人会议并如实回答债权人的询问；

（四）未经人民法院许可，不得离开住所地；

（五）不得新任其他企业的董事、监事、高级管理人员。

前款所称有关人员，是指企业的法定代表人；经人民法院决定，可以包括企业的财务管理人员和其他经营管理人员。

第十六条 人民法院受理破产申请后，债务人对个别债权人的债务清偿无效。

第十七条 人民法院受理破产申请后，债务人的债务人或者财产持有人应当向管理人清偿债务或者交付财产。

债务人的债务人或者财产持有人故意违反前款规定向债务人清偿债务或者交付财产，使债权人受到损失的，不免除其清偿债务或者交付财产的义务。

第十八条 人民法院受理破产申请后，管理人对破产申请受理前成立而债务人和对方当事人均未履行完毕的合同有权决定解除或者继续履行，并通知对方当事人。管理人自破产申请受理之日起二个月内未通知对方当事人，或者自收到对方当事人催告之日起三十日内未答复的，视为解除合同。

管理人决定继续履行合同的，对方当事人应当履行；但是，对方当事人有权要求管理人提供担保。管理人不提供担保的，视为解除合同。

第十九条 人民法院受理破产申请后，有关债务人财产的保全措施应当解除，执行程序应当中止。

第二十条 人民法院受理破产申请后，已经开始而尚未终结的有关债务人的民事诉讼或者仲裁应当中止；在管理人接管债务人的财产后，该诉讼或者仲裁继续进行。

第二十一条 人民法院受理破产申请后，有关债务人的民事诉讼，只能向受理破产申请的人民法院提起。

第三章 管理人

第二十二条 管理人由人民法院指定。

债权人会议认为管理人不能依法、公正执行职务或者有其他不能胜任职务情形的，可以申请人民法院予以更换。

指定管理人和确定管理人报酬的办法，由最高人民法院规定。

第二十三条 管理人依照本法规定执行职务，向人民法院报告工作，并接受债权人会议和债权人委员会的监督。

管理人应当列席债权人会议，向债权人会议报告职务执行情况，并回答询问。

第二十四条 管理人可以由有关部门、机构的人员组成的清算组或者依法设立的律师事务所、会计师事务所、破产清算事务所等社会中介机构担任。

人民法院根据债务人的实际情况，可以在征询有关社会中介机构的意见后，指定该机构具备相关专业知识并取得执业资格的人员担任管理人。

有下列情形之一的，不得担任管理人：

（一）因故意犯罪受过刑事处罚；

（二）曾被吊销相关专业执业证书；

（三）与本案有利害关系；

（四）人民法院认为不宜担任管理人的其他情形。

个人担任管理人的，应当参加执业责任保险。

第二十五条 管理人履行下列职责：

（一）接管债务人的财产、印章和账簿、文书等资料；

（二）调查债务人财产状况，制作财产状况报告；

（三）决定债务人的内部管理事务；

（四）决定债务人的日常开支和其他必要开支；

（五）在第一次债权人会议召开之前，决定继续或者停止债务人的营业；

（六）管理和处分债务人的财产；

（七）代表债务人参加诉讼、仲裁或者其他法律程序；

（八）提议召开债权人会议；

（九）人民法院认为管理人应当履行的其他职责。

本法对管理人的职责另有规定的，适用其规定。

第二十六条 在第一次债权人会议召开之前，管理人决定继续或者停止债务人的营业或者有本法第六十九条规定行为之一的，应当经人民法院许可。

第二十七条 管理人应当勤勉尽责，忠实执行职务。

第二十八条 管理人经人民法院许可，可以聘用必要的工作人员。

管理人的报酬由人民法院确定。债权人会议对管理人的报酬有异议的，有权向人民法院提出。

第二十九条 管理人没有正当理由不得辞去职务。管理人辞去职务应当经人民法院许可。

第四章 债务人财产

第三十条 破产申请受理时属于债务人的全部财产，以及破产申请受理后至破产程序终结前债务人取得的财产，为债务人财产。

第三十一条 人民法院受理破产申请前一年内，涉及债务人财产的下列行为，管理人有权请求人民法院予以撤销：

（一）无偿转让财产的；

（二）以明显不合理的价格进行交易的；

（三）对没有财产担保的债务提供财产担保的；

（四）对未到期的债务提前清偿的；

（五）放弃债权的。

第三十二条 人民法院受理破产申请前六个月内，债务人有本法第二条第一款规定的情形，仍对个别债权人进行清偿的，管理人有权请求人民法院予以撤销。但是，个别清偿使债务人财产受益的除外。

第三十三条 涉及债务人财产的下列行为无效：

（一）为逃避债务而隐匿、转移财产的；

（二）虚构债务或者承认不真实的债务的。

第三十四条 因本法第三十一条、第三十二条或者第三十三条规定的行为而取得的债务人的财产，管理人有权追回。

第三十五条 人民法院受理破产申请后，债务人的出资人尚未完全履行出资义务的，管理人应当要求该出资人缴纳所认缴的出资，而不受出资期限的限制。

第三十六条 债务人的董事、监事和高级管理人员利用职权从企业获取的非正常收入和侵占的企业财产，管理人应当追回。

第三十七条 人民法院受理破产申请后，管理人可以通过清偿债务或者提供为债权人接受的担保，取回质物、留置物。

前款规定的债务清偿或者替代担保，在质物或者留置物的价值低于被担保的债权额时，以该质物或者留置物当时的市场价值为限。

第三十八条 人民法院受理破产申请后，债务人占有的不属于债务人的财产，该财产的权利人可以通过管理人取回。但是，本法另有规定的除外。

第三十九条 人民法院受理破产申请时，出卖人已将买卖标的物向作为买受人的债务人发运，债务人尚未收到且未付清全部价款的，出卖人可以取回在运途中的标的物。但是，管理人可以支付全部价款，请求出卖人交付标的物。

第四十条 债权人在破产申请受理前对债务人负有债务的，可以向管理人主张抵销。但是，有下列情形之一的，不得抵销：

（一）债务人的债务人在破产申请受理后取得他人对债务人的债权的；

（二）债权人已知债务人有不能清偿到期债务或者破产申请的事实，对债务人负担债务的；但是，债权人因为法律规定或者有破产申请一年前所发生的原因而负担债务的除外；

（三）债务人的债务人已知债务人有不能清偿到期债务或者破产申请的事实，对债务人取得债权的；但是，债务人的债务人因为法律规定或者有破产申请一年前所发生的原因而取得债权的除外。

第五章　破产费用和共益债务

第四十一条 人民法院受理破产申请后发生的下列费用，为破产费用：

（一）破产案件的诉讼费用；

（二）管理、变价和分配债务人财产的费用；

（三）管理人执行职务的费用、报酬和聘用工作人员的费用。

第四十二条 人民法院受理破产申请后发生的下列债务，为共益债务：

（一）因管理人或者债务人请求对方当事人履行双方均未履行完毕的合同所产生的债务；

（二）债务人财产受无因管理所产生的债务；

（三）因债务人不当得利所产生的债务；

（四）为债务人继续营业而应支付的劳动报酬和社会保险费用以及由此产生的其他债务；

（五）管理人或者相关人员执行职务致人损害所产生的债务；

（六）债务人财产致人损害所产生的债务。

第四十三条　破产费用和共益债务由债务人财产随时清偿。

债务人财产不足以清偿所有破产费用和共益债务的，先行清偿破产费用。

债务人财产不足以清偿所有破产费用或者共益债务的，按照比例清偿。

债务人财产不足以清偿破产费用的，管理人应当提请人民法院终结破产程序。人民法院应当自收到请求之日起十五日内裁定终结破产程序，并予以公告。

第六章　债权申报

第四十四条　人民法院受理破产申请时对债务人享有债权的债权人，依照本法规定的程序行使权利。

第四十五条　人民法院受理破产申请后，应当确定债权人申报债权的期限。债权申报期限自人民法院发布受理破产申请公告之日起计算，最短不得少于三十日，最长不得超过三个月。

第四十六条　未到期的债权，在破产申请受理时视为到期。

附利息的债权自破产申请受理时起停止计息。

第四十七条　附条件、附期限的债权和诉讼、仲裁未决的债权，债权人可以申报。

第四十八条　债权人应当在人民法院确定的债权申报期限内向管理人申报债权。

债务人所欠职工的工资和医疗、伤残补助、抚恤费用，所欠的应当划入职工个人账户的基本养老保险、基本医疗保险费用，以及法律、行政法规规定应当支付给职工的补偿金，不必申报，由管理人调查后列出清单并予以公示。职工对清单记载有异议的，可以要求管理人更正；管理人不予更正的，职工可以向人民法院提起诉讼。

第四十九条 债权人申报债权时，应当书面说明债权的数额和有无财产担保，并提交有关证据。申报的债权是连带债权的，应当说明。

第五十条 连带债权人可以由其中一人代表全体连带债权人申报债权，也可以共同申报债权。

第五十一条 债务人的保证人或者其他连带债务人已经代替债务人清偿债务的，以其对债务人的求偿权申报债权。

债务人的保证人或者其他连带债务人尚未代替债务人清偿债务的，以其对债务人的将来求偿权申报债权。但是，债权人已经向管理人申报全部债权的除外。

第五十二条 连带债务人数人被裁定适用本法规定的程序的，其债权人有权就全部债权分别在各破产案件中申报债权。

第五十三条 管理人或者债务人依照本法规定解除合同的，对方当事人以因合同解除所产生的损害赔偿请求权申报债权。

第五十四条 债务人是委托合同的委托人，被裁定适用本法规定的程序，受托人不知该事实，继续处理委托事务的，受托人以由此产生的请求权申报债权。

第五十五条 债务人是票据的出票人，被裁定适用本法规定的程序，该票据的付款人继续付款或者承兑的，付款人以由此产生的请求权申报债权。

第五十六条 在人民法院确定的债权申报期限内，债权人未申报债权的，可以在破产财产最后分配前补充申报；但是，此前已进行的分配，不再对其补充分配。为审查和确认补充申报债权的费用，由补充申报人承担。

债权人未依照本法规定申报债权的，不得依照本法规定的程序行使权利。

第五十七条 管理人收到债权申报材料后，应当登记造册，对申报的债权进行审查，并编制债权表。

债权表和债权申报材料由管理人保存，供利害关系人查阅。

第五十八条 依照本法第五十七条规定编制的债权表，应当提交第一次债权人会议核查。

债务人、债权人对债权表记载的债权无异议的，由人民法院裁定确认。

债务人、债权人对债权表记载的债权有异议的，可以向受理破产申请的人民法院提起诉讼。

第七章　债权人会议

第一节　一般规定

第五十九条　依法申报债权的债权人为债权人会议的成员，有权参加债权人会议，享有表决权。

债权尚未确定的债权人，除人民法院能够为其行使表决权而临时确定债权额的外，不得行使表决权。

对债务人的特定财产享有担保权的债权人，未放弃优先受偿权利的，对于本法第六十一条第一款第七项、第十项规定的事项不享有表决权。

债权人可以委托代理人出席债权人会议，行使表决权。代理人出席债权人会议，应当向人民法院或者债权人会议主席提交债权人的授权委托书。

债权人会议应当有债务人的职工和工会的代表参加，对有关事项发表意见。

第六十条　债权人会议设主席一人，由人民法院从有表决权的债权人中指定。

债权人会议主席主持债权人会议。

第六十一条　债权人会议行使下列职权：

（一）核查债权；

（二）申请人民法院更换管理人，审查管理人的费用和报酬；

（三）监督管理人；

（四）选任和更换债权人委员会成员；

（五）决定继续或者停止债务人的营业；

（六）通过重整计划；

（七）通过和解协议；

（八）通过债务人财产的管理方案；

（九）通过破产财产的变价方案；

（十）通过破产财产的分配方案；

（十一）人民法院认为应当由债权人会议行使的其他职权。

债权人会议应当对所议事项的决议作成会议记录。

第六十二条 第一次债权人会议由人民法院召集，自债权申报期限届满之日起十五日内召开。

以后的债权人会议，在人民法院认为必要时，或者管理人、债权人委员会、占债权总额四分之一以上的债权人向债权人会议主席提议时召开。

第六十三条 召开债权人会议，管理人应当提前十五日通知已知的债权人。

第六十四条 债权人会议的决议，由出席会议的有表决权的债权人过半数通过，并且其所代表的债权额占无财产担保债权总额的二分之一以上。但是，本法另有规定的除外。

债权人认为债权人会议的决议违反法律规定，损害其利益的，可以自债权人会议作出决议之日起十五日内，请求人民法院裁定撤销该决议，责令债权人会议依法重新作出决议。

债权人会议的决议，对于全体债权人均有约束力。

第六十五条 本法第六十一条第一款第八项、第九项所列事项，经债权人会议表决未通过的，由人民法院裁定。

本法第六十一条第一款第十项所列事项，经债权人会议二次表决仍未通过的，由人民法院裁定。

对前两款规定的裁定，人民法院可以在债权人会议上宣布或者另行通知债权人。

第六十六条 债权人对人民法院依照本法第六十五条第一款作出的裁定不服的，债权额占无财产担保债权总额二分之一以上的债权人对人民法院依照本法第六十五条第二款作出的裁定不服的，可以自裁定宣布之日或者收到通知之日起十五日内向该人民法院申请复议。复议期间不停止裁定的执行。

第二节　债权人委员会

第六十七条　债权人会议可以决定设立债权人委员会。债权人委员会由债权人会议选任的债权人代表和一名债务人的职工代表或者工会代表组成。债权人委员会成员不得超过九人。

债权人委员会成员应当经人民法院书面决定认可。

第六十八条　债权人委员会行使下列职权：

（一）监督债务人财产的管理和处分；

（二）监督破产财产分配；

（三）提议召开债权人会议；

（四）债权人会议委托的其他职权。

债权人委员会执行职务时，有权要求管理人、债务人的有关人员对其职权范围内的事务作出说明或者提供有关文件。

管理人、债务人的有关人员违反本法规定拒绝接受监督的，债权人委员会有权就监督事项请求人民法院作出决定；人民法院应当在五日内作出决定。

第六十九条　管理人实施下列行为，应当及时报告债权人委员会：

（一）涉及土地、房屋等不动产权益的转让；

（二）探矿权、采矿权、知识产权等财产权的转让；

（三）全部库存或者营业的转让；

（四）借款；

（五）设定财产担保；

（六）债权和有价证券的转让；

（七）履行债务人和对方当事人均未履行完毕的合同；

（八）放弃权利；

（九）担保物的取回；

（十）对债权人利益有重大影响的其他财产处分行为。

未设立债权人委员会的，管理人实施前款规定的行为应当及时报告人民法院。

第八章　重　整

第一节　重整申请和重整期间

第七十条　债务人或者债权人可以依照本法规定，直接向人民法院申请对债务人进行重整。

债权人申请对债务人进行破产清算的，在人民法院受理破产申请后、宣告债务人破产前，债务人或者出资额占债务人注册资本十分之一以上的出资人，可以向人民法院申请重整。

第七十一条　人民法院经审查认为重整申请符合本法规定的，应当裁定债务人重整，并予以公告。

第七十二条　自人民法院裁定债务人重整之日起至重整程序终止，为重整期间。

第七十三条　在重整期间，经债务人申请，人民法院批准，债务人可以在管理人的监督下自行管理财产和营业事务。

有前款规定情形的，依照本法规定已接管债务人财产和营业事务的管理人应当向债务人移交财产和营业事务，本法规定的管理人的职权由债务人行使。

第七十四条　管理人负责管理财产和营业事务的，可以聘任债务人的经营管理人员负责营业事务。

第七十五条　在重整期间，对债务人的特定财产享有的担保权暂停行使。但是，担保物有损坏或者价值明显减少的可能，足以危害担保权人权利的，担保权人可以向人民法院请求恢复行使担保权。

在重整期间，债务人或者管理人为继续营业而借款的，可以为该借款设定担保。

第七十六条　债务人合法占有的他人财产，该财产的权利人在重整期间要求取回的，应当符合事先约定的条件。

第七十七条　在重整期间，债务人的出资人不得请求投资收益分配。

在重整期间，债务人的董事、监事、高级管理人员不得向第三人转让其持有的债务人的股权。但是，经人民法院同意的除外。

第七十八条 在重整期间，有下列情形之一的，经管理人或者利害关系人请求，人民法院应当裁定终止重整程序，并宣告债务人破产：

（一）债务人的经营状况和财产状况继续恶化，缺乏挽救的可能性；

（二）债务人有欺诈、恶意减少债务人财产或者其他显著不利于债权人的行为；

（三）由于债务人的行为致使管理人无法执行职务。

第二节 重整计划的制定和批准

第七十九条 债务人或者管理人应当自人民法院裁定债务人重整之日起六个月内，同时向人民法院和债权人会议提交重整计划草案。

前款规定的期限届满，经债务人或者管理人请求，有正当理由的，人民法院可以裁定延期三个月。

债务人或者管理人未按期提出重整计划草案的，人民法院应当裁定终止重整程序，并宣告债务人破产。

第八十条 债务人自行管理财产和营业事务的，由债务人制作重整计划草案。

管理人负责管理财产和营业事务的，由管理人制作重整计划草案。

第八十一条 重整计划草案应当包括下列内容：

（一）债务人的经营方案；

（二）债权分类；

（三）债权调整方案；

（四）债权受偿方案；

（五）重整计划的执行期限；

（六）重整计划执行的监督期限；

（七）有利于债务人重整的其他方案。

第八十二条 下列各类债权的债权人参加讨论重整计划草案的债权人会议，依照下列债权分类，分组对重整计划草案进行表决：

（一）对债务人的特定财产享有担保权的债权；

（二）债务人所欠职工的工资和医疗、伤残补助、抚恤费用，所欠的应当划入职工个人账户的基本养老保险、基本医疗保险费用，以及法律、行政法规规定应当支付给职工的补偿金；

（三）债务人所欠税款；

（四）普通债权。

人民法院在必要时可以决定在普通债权组中设小额债权组对重整计划草案进行表决。

第八十三条 重整计划不得规定减免债务人欠缴的本法第八十二条第一款第二项规定以外的社会保险费用；该项费用的债权人不参加重整计划草案的表决。

第八十四条 人民法院应当自收到重整计划草案之日起三十日内召开债权人会议，对重整计划草案进行表决。

出席会议的同一表决组的债权人过半数同意重整计划草案，并且其所代表的债权额占该组债权总额的三分之二以上的，即为该组通过重整计划草案。

债务人或者管理人应当向债权人会议就重整计划草案作出说明，并回答询问。

第八十五条 债务人的出资人代表可以列席讨论重整计划草案的债权人会议。

重整计划草案涉及出资人权益调整事项的，应当设出资人组，对该事项进行表决。

第八十六条 各表决组均通过重整计划草案时，重整计划即为通过。

自重整计划通过之日起十日内，债务人或者管理人应当向人民法院提出批准重整计划的申请。人民法院经审查认为符合本法规定的，应当自收到申请之日起三十日内裁定批准，终止重整程序，并予以公告。

第八十七条 部分表决组未通过重整计划草案的，债务人或者管理人可以同未通过重整计划草案的表决组协商。该表决组可以在协商后再表决一次。双方协商的结果不得损害其他表决组的利益。

未通过重整计划草案的表决组拒绝再次表决或者再次表决仍未通过重整计

划草案，但重整计划草案符合下列条件的，债务人或者管理人可以申请人民法院批准重整计划草案：

（一）按照重整计划草案，本法第八十二条第一款第一项所列债权就该特定财产将获得全额清偿，其因延期清偿所受的损失将得到公平补偿，并且其担保权未受到实质性损害，或者该表决组已经通过重整计划草案；

（二）按照重整计划草案，本法第八十二条第一款第二项、第三项所列债权将获得全额清偿，或者相应表决组已经通过重整计划草案；

（三）按照重整计划草案，普通债权所获得的清偿比例，不低于其在重整计划草案被提请批准时依照破产清算程序所能获得的清偿比例，或者该表决组已经通过重整计划草案；

（四）重整计划草案对出资人权益的调整公平、公正，或者出资人组已经通过重整计划草案；

（五）重整计划草案公平对待同一表决组的成员，并且所规定的债权清偿顺序不违反本法第一百一十三条的规定；

（六）债务人的经营方案具有可行性。

人民法院经审查认为重整计划草案符合前款规定的，应当自收到申请之日起三十日内裁定批准，终止重整程序，并予以公告。

第八十八条　重整计划草案未获得通过且未依照本法第八十七条的规定获得批准，或者已通过的重整计划未获得批准的，人民法院应当裁定终止重整程序，并宣告债务人破产。

第三节　重整计划的执行

第八十九条　重整计划由债务人负责执行。

人民法院裁定批准重整计划后，已接管财产和营业事务的管理人应当向债务人移交财产和营业事务。

第九十条　自人民法院裁定批准重整计划之日起，在重整计划规定的监督期内，由管理人监督重整计划的执行。

在监督期内，债务人应当向管理人报告重整计划执行情况和债务人财务状况。

第九十一条 监督期届满时，管理人应当向人民法院提交监督报告。自监督报告提交之日起，管理人的监督职责终止。

管理人向人民法院提交的监督报告，重整计划的利害关系人有权查阅。

经管理人申请，人民法院可以裁定延长重整计划执行的监督期限。

第九十二条 经人民法院裁定批准的重整计划，对债务人和全体债权人均有约束力。

债权人未依照本法规定申报债权的，在重整计划执行期间不得行使权利；在重整计划执行完毕后，可以按照重整计划规定的同类债权的清偿条件行使权利。

债权人对债务人的保证人和其他连带债务人所享有的权利，不受重整计划的影响。

第九十三条 债务人不能执行或者不执行重整计划的，人民法院经管理人或者利害关系人请求，应当裁定终止重整计划的执行，并宣告债务人破产。

人民法院裁定终止重整计划执行的，债权人在重整计划中作出的债权调整的承诺失去效力。债权人因执行重整计划所受的清偿仍然有效，债权未受清偿的部分作为破产债权。

前款规定的债权人，只有在其他同顺位债权人同自己所受的清偿达到同一比例时，才能继续接受分配。

有本条第一款规定情形的，为重整计划的执行提供的担保继续有效。

第九十四条 按照重整计划减免的债务，自重整计划执行完毕时起，债务人不再承担清偿责任。

第九章　和　解

第九十五条 债务人可以依照本法规定，直接向人民法院申请和解；也可以在人民法院受理破产申请后、宣告债务人破产前，向人民法院申请和解。

债务人申请和解，应当提出和解协议草案。

第九十六条 人民法院经审查认为和解申请符合本法规定的，应当裁定和解，予以公告，并召集债权人会议讨论和解协议草案。

对债务人的特定财产享有担保权的权利人，自人民法院裁定和解之日起可以行使权利。

第九十七条 债权人会议通过和解协议的决议，由出席会议的有表决权的债权人过半数同意，并且其所代表的债权额占无财产担保债权总额的三分之二以上。

第九十八条 债权人会议通过和解协议的，由人民法院裁定认可，终止和解程序，并予以公告。管理人应当向债务人移交财产和营业事务，并向人民法院提交执行职务的报告。

第九十九条 和解协议草案经债权人会议表决未获得通过，或者已经债权人会议通过的和解协议未获得人民法院认可的，人民法院应当裁定终止和解程序，并宣告债务人破产。

第一百条 经人民法院裁定认可的和解协议，对债务人和全体和解债权人均有约束力。

和解债权人是指人民法院受理破产申请时对债务人享有无财产担保债权的人。

和解债权人未依照本法规定申报债权的，在和解协议执行期间不得行使权利；在和解协议执行完毕后，可以按照和解协议规定的清偿条件行使权利。

第一百零一条 和解债权人对债务人的保证人和其他连带债务人所享有的权利，不受和解协议的影响。

第一百零二条 债务人应当按照和解协议规定的条件清偿债务。

第一百零三条 因债务人的欺诈或者其他违法行为而成立的和解协议，人民法院应当裁定无效，并宣告债务人破产。

有前款规定情形的，和解债权人因执行和解协议所受的清偿，在其他债权人所受清偿同等比例的范围内，不予返还。

第一百零四条 债务人不能执行或者不执行和解协议的，人民法院经和解债权人请求，应当裁定终止和解协议的执行，并宣告债务人破产。

人民法院裁定终止和解协议执行的，和解债权人在和解协议中作出的债权调整的承诺失去效力。和解债权人因执行和解协议所受的清偿仍然有效，和解债权未受清偿的部分作为破产债权。

前款规定的债权人，只有在其他债权人同自己所受的清偿达到同一比例时，才能继续接受分配。

有本条第一款规定情形的，为和解协议的执行提供的担保继续有效。

第一百零五条 人民法院受理破产申请后，债务人与全体债权人就债权债务的处理自行达成协议的，可以请求人民法院裁定认可，并终结破产程序。

第一百零六条 按照和解协议减免的债务，自和解协议执行完毕时起，债务人不再承担清偿责任。

第十章 破产清算

第一节 破产宣告

第一百零七条 人民法院依照本法规定宣告债务人破产的，应当自裁定作出之日起五日内送达债务人和管理人，自裁定作出之日起十日内通知已知债权人，并予以公告。

债务人被宣告破产后，债务人称为破产人，债务人财产称为破产财产，人民法院受理破产申请时对债务人享有的债权称为破产债权。

第一百零八条 破产宣告前，有下列情形之一的，人民法院应当裁定终结破产程序，并予以公告：

（一）第三人为债务人提供足额担保或者为债务人清偿全部到期债务的；

（二）债务人已清偿全部到期债务的。

第一百零九条 对破产人的特定财产享有担保权的权利人，对该特定财产享有优先受偿的权利。

第一百一十条 享有本法第一百零九条规定权利的债权人行使优先受偿权利未能完全受偿的，其未受偿的债权作为普通债权；放弃优先受偿权利的，其债权作为普通债权。

第二节　变价和分配

第一百一十一条　管理人应当及时拟订破产财产变价方案，提交债权人会议讨论。

管理人应当按照债权人会议通过的或者人民法院依照本法第六十五条第一款规定裁定的破产财产变价方案，适时变价出售破产财产。

第一百一十二条　变价出售破产财产应当通过拍卖进行。但是，债权人会议另有决议的除外。

破产企业可以全部或者部分变价出售。企业变价出售时，可以将其中的无形资产和其他财产单独变价出售。

按照国家规定不能拍卖或者限制转让的财产，应当按照国家规定的方式处理。

第一百一十三条　破产财产在优先清偿破产费用和共益债务后，依照下列顺序清偿：

（一）破产人所欠职工的工资和医疗、伤残补助、抚恤费用，所欠的应当划入职工个人账户的基本养老保险、基本医疗保险费用，以及法律、行政法规规定应当支付给职工的补偿金；

（二）破产人欠缴的除前项规定以外的社会保险费用和破产人所欠税款；

（三）普通破产债权。

破产财产不足以清偿同一顺序的清偿要求的，按照比例分配。

破产企业的董事、监事和高级管理人员的工资按照该企业职工的平均工资计算。

第一百一十四条　破产财产的分配应当以货币分配方式进行。但是，债权人会议另有决议的除外。

第一百一十五条　管理人应当及时拟订破产财产分配方案，提交债权人会议讨论。

破产财产分配方案应当载明下列事项：

（一）参加破产财产分配的债权人名称或者姓名、住所；

（二）参加破产财产分配的债权额；

（三）可供分配的破产财产数额；

（四）破产财产分配的顺序、比例及数额；

（五）实施破产财产分配的方法。

债权人会议通过破产财产分配方案后，由管理人将该方案提请人民法院裁定认可。

第一百一十六条 破产财产分配方案经人民法院裁定认可后，由管理人执行。

管理人按照破产财产分配方案实施多次分配的，应当公告本次分配的财产额和债权额。管理人实施最后分配的，应当在公告中指明，并载明本法第一百一十七条第二款规定的事项。

第一百一十七条 对于附生效条件或者解除条件的债权，管理人应当将其分配额提存。

管理人依照前款规定提存的分配额，在最后分配公告日，生效条件未成就或者解除条件成就的，应当分配给其他债权人；在最后分配公告日，生效条件成就或者解除条件未成就的，应当交付给债权人。

第一百一十八条 债权人未受领的破产财产分配额，管理人应当提存。债权人自最后分配公告之日起满二个月仍不领取的，视为放弃受领分配的权利，管理人或者人民法院应当将提存的分配额分配给其他债权人。

第一百一十九条 破产财产分配时，对于诉讼或者仲裁未决的债权，管理人应当将其分配额提存。自破产程序终结之日起满二年仍不能受领分配的，人民法院应当将提存的分配额分配给其他债权人。

第三节 破产程序的终结

第一百二十条 破产人无财产可供分配的，管理人应当请求人民法院裁定终结破产程序。

管理人在最后分配完结后，应当及时向人民法院提交破产财产分配报告，并提请人民法院裁定终结破产程序。

人民法院应当自收到管理人终结破产程序的请求之日起十五日内作出是否终结破产程序的裁定。裁定终结的，应当予以公告。

第一百二十一条　管理人应当自破产程序终结之日起十日内，持人民法院终结破产程序的裁定，向破产人的原登记机关办理注销登记。

第一百二十二条　管理人于办理注销登记完毕的次日终止执行职务。但是，存在诉讼或者仲裁未决情况的除外。

第一百二十三条　自破产程序依照本法第四十三条第四款或者第一百二十条的规定终结之日起二年内，有下列情形之一的，债权人可以请求人民法院按照破产财产分配方案进行追加分配：

（一）发现有依照本法第三十一条、第三十二条、第三十三条、第三十六条规定应当追回的财产的；

（二）发现破产人有应当供分配的其他财产的。

有前款规定情形，但财产数量不足以支付分配费用的，不再进行追加分配，由人民法院将其上交国库。

第一百二十四条　破产人的保证人和其他连带债务人，在破产程序终结后，对债权人依照破产清算程序未受清偿的债权，依法继续承担清偿责任。

第十一章　法律责任

第一百二十五条　企业董事、监事或者高级管理人员违反忠实义务、勤勉义务，致使所在企业破产的，依法承担民事责任。

有前款规定情形的人员，自破产程序终结之日起三年内不得担任任何企业的董事、监事、高级管理人员。

第一百二十六条　有义务列席债权人会议的债务人的有关人员，经人民法院传唤，无正当理由拒不列席债权人会议的，人民法院可以拘传，并依法处以罚款。债务人的有关人员违反本法规定，拒不陈述、回答，或者作虚假陈述、回答的，人民法院可以依法处以罚款。

第一百二十七条　债务人违反本法规定，拒不向人民法院提交或者提交不真实的财产状况说明、债务清册、债权清册、有关财务会计报告以及职工工资的支付情况和社会保险费用的缴纳情况的，人民法院可以对直接责任人员依法处以罚款。

债务人违反本法规定，拒不向管理人移交财产、印章和账簿、文书等资料的，或者伪造、销毁有关财产证据材料而使财产状况不明的，人民法院可以对直接责任人员依法处以罚款。

第一百二十八条 债务人有本法第三十一条、第三十二条、第三十三条规定的行为，损害债权人利益的，债务人的法定代表人和其他直接责任人员依法承担赔偿责任。

第一百二十九条 债务人的有关人员违反本法规定，擅自离开住所地的，人民法院可以予以训诫、拘留，可以依法并处罚款。

第一百三十条 管理人未依照本法规定勤勉尽责，忠实执行职务的，人民法院可以依法处以罚款；给债权人、债务人或者第三人造成损失的，依法承担赔偿责任。

第一百三十一条 违反本法规定，构成犯罪的，依法追究刑事责任。

第十二章　附　则

第一百三十二条 本法施行后，破产人在本法公布之日前所欠职工的工资和医疗、伤残补助、抚恤费用，所欠的应当划入职工个人账户的基本养老保险、基本医疗保险费用，以及法律、行政法规规定应当支付给职工的补偿金，依照本法第一百一十三条的规定清偿后不足以清偿的部分，以本法第一百零九条规定的特定财产优先于对该特定财产享有担保权的权利人受偿。

第一百三十三条 在本法施行前国务院规定的期限和范围内的国有企业实施破产的特殊事宜，按照国务院有关规定办理。

第一百三十四条 商业银行、证券公司、保险公司等金融机构有本法第二条规定情形的，国务院金融监督管理机构可以向人民法院提出对该金融机构进行重整或者破产清算的申请。国务院金融监督管理机构依法对出现重大经营风险的金融机构采取接管、托管等措施的，可以向人民法院申请中止以该金融机构为被告或者被执行人的民事诉讼程序或者执行程序。

金融机构实施破产的，国务院可以依据本法和其他有关法律的规定制定实施办法。

第一百三十五条 其他法律规定企业法人以外的组织的清算，属于破产清算的，参照适用本法规定的程序。

第一百三十六条 本法自 2007 年 6 月 1 日起施行，《中华人民共和国企业破产法（试行）》同时废止。

附录五

最高人民法院关于适用《中华人民共和国合同法》若干问题的解释（一）

法释〔1999〕19号

（最高人民法院审判委员会第1090次会议通过）

为了正确审理合同纠纷案件，根据《中华人民共和国合同法》（以下简称合同法）的规定，对人民法院适用合同法的有关问题作出如下解释：

一、法律适用范围

第一条 合同法实施以后成立的合同发生纠纷起诉到人民法院的，适用合同法的规定；合同法实施以前成立的合同发生纠纷起诉到人民法院的，除本解释另有规定的以外，适用当时的法律规定，当时没有法律规定的，可以适用合同法的有关规定。

第二条 合同成立于合同法实施之前，但合同约定的履行期限跨越合同法实施之日或者履行期限在合同法实施之后，因履行合同发生的纠纷，适用合同法第四章的有关规定。

第三条 人民法院确认合同效力时，对合同法实施以前成立的合同，适用当时的法律合同无效而适用合同法合同有效的，则适用合同法。

第四条 合同法实施以后，人民法院确认合同无效，应当以全国人大及其常委会制定的法律和国务院制定的行政法规为依据，不得以地方性法规、行政规章为依据。

第五条 人民法院对合同法实施以前已作出终审裁决的案件进行再审，不适用合同法。

二、诉讼时效

第六条 技术合同争议当事人的权利受到侵害的事实发生在合同法实施之

前，自当事人知道或者应当知道其权利受到侵害之日起至合同法实施之日超过一年的，人民法院不予保护；尚未超过一年的，其提起诉讼的时效期间为二年。

第七条　技术进出口合同争议当事人的权利受到侵害的事实发生在合同法实施之前，自当事人知道或者应当知道其权利受到侵害之日起至合同法实施之日超过二年的，人民法院不予保护；尚未超过二年的，其提起诉讼的时效期间为四年。

第八条　合同法第五十五条规定的“一年”、第七十五条和第一百零四条第二款规定的“五年”为不变期间，不适用诉讼时效中止、中断或者延长的规定。

三、合同效力

第九条　依照合同法第四十四条第二款的规定，法律、行政法规规定合同应当办理批准手续，或者办理批准、登记等手续才生效，在一审法庭辩论终结前当事人仍未办理批准手续的，或者仍未办理批准、登记等手续的，人民法院应当认定该合同未生效；法律、行政法规规定合同应当办理登记手续，但未规定登记后生效的，当事人未办理登记手续不影响合同的效力，合同标的所有权及其他物权不能转移。

合同法第七十七条第二款、第八十七条、第九十六条第二款规定所列合同变更、转让、解除等情形，依照前款规定处理。

第十条　当事人超越经营范围订立合同，人民法院不因此认定合同无效。但违反国家限制经营、特许经营以及法律、行政法规禁止经营的除外。

四、代位权

第十一条　债权人依照合同法第七十三条的规定提起代位权诉讼，应当符合下列条件：

（一）债权人对债务人的债权合法；

（二）债务人怠于行使其到期债权，对债权人造成损害；

（三）债务人的债权已到期；

（四）债务人的债权不是专属于债务人自身的债权。

第十二条　合同法第七十三条第一款规定的专属于债务人自身的债权，是指基于抚养关系、扶养关系、继承关系产生的给付请求权和劳动报酬、退休金、养老金、抚恤金、安置费、人寿保险、人身伤害赔偿请求权等权利。

第十三条 合同法第七十三条规定的“债务人怠于行使其到期债权、对债权人造成损害的”，是指债务人不履行其对债权人的到期债务，又不以诉讼方式或者仲裁方式向其债务人主张其享有的具有金钱给付内容的到期债权情况的应当承担举证责任。

次债务人（即债务人的债务人）不认为债务人有怠于行使其到期债权情况的，应当承担举证责任。

第十四条 债权人依照合同法第七十三条的规定提起代位权诉讼的，由被告住所地人民法院管辖。

第十五条 债权人向人民法院起诉债务人以后，又向同一人民法院对次债务人提起代位权诉讼，符合本解释第十四条的规定和《中华人民共和国民事诉讼法》第一百零八条规定的起诉条件的，应当立案受理；不符合本解释第十四条规定的，告知债权人向次债务人住所地人民法院另行起诉。

受理代位权诉讼的人民法院在债权人起诉债务人的诉讼裁决发生法律效力以前，应当依照《中华人民共和国民事诉讼法》第一百三十六条第（五）项的规定中止代位权诉讼。

第十六条 债权人以次债务人为被告向人民法院提起代位权诉讼，未将债务人列为第三人的，人民法院可以追加债务人为第三人。

两个或者两个以上债权人以同一次债务人为被告提起代位权诉讼的，人民法院可以合并审理。

第十七条 在代位权诉讼中，债权人请求人民法院对次债务人的财产采取保全措施的，应当提供相应的财产担保。

第十八条 在代位权诉讼中，次债务人对债务人的抗辩，可以向债权人主张。

债务人在代位权诉讼中对债权人的债权提出异议，经审查异议成立的，人民法院应当裁定驳回债权人的起诉。

第十九条 在代位权诉讼中，债权人胜诉的，诉讼费由次债务人负担，从实现的债权中优先支付。

第二十条 债权人向次债务人提起的诉讼经人民法院审理后认定代位权成立的，由次债务人向债权人履行清偿义务，债权人与债务人、债务人与次债务人之间相应的债权债务关系即予消灭。

第二十一条 在代位权诉讼中，债权人行使代位权的请求数额超过债务人所负债务额或者超过次债务人对债务人所负债务额的，对超出部分人民法院不予支持。

第二十二条 债务人在代位权诉讼中，对超过债权人代位请求数额的债权部分起诉次债务人的，人民法院应当告知其向有管辖权的人民法院另行起诉。

债务人的起诉符合法定条件的，人民法院应当受理；受理债务人起诉的人民法院在代位权诉讼裁决发生法律效力以前，应当依法中止。

五、撤销权

第二十三条 债权人依照合同法第七十四条的规定提起撤销权诉讼的，由被告住所地人民法院管辖。

第二十四条 债权人依照合同法第七十四条的规定提起撤销权诉讼时只以债务人为被告，未将受益人或者受让人列为第三人的，人民法院可以追加该受益人或者受让人为第三人。

第二十五条 债权人依照合同法第七十四条提起撤销权诉讼，请求人民法院撤销债务人放弃债权或者转让财产的行为，人民法院应当就债权人主张的部分进行审理，依法撤销的，该行为自始无效。

两个或者两个以上债权人以同一债务人为被告，就同一标的提起撤销权诉讼的，人民法院可以合并审理。

第二十六条 债权人行使撤销权所支付的律师代理费、差旅费等必要费用，由债务人负担；第三人有过错的，应当适当分担。

六、合同转让中的第三人

第二十七条 债权人转让合同权利后，债务人与受让人之间因履行合同发生纠纷诉至人民法院，债务人对债权人的权利提出抗辩的，可以将债权人列为第三人。

第二十八条 经债权人同意，债务人转移合同义务后，受让人与债权人之间因履行合同发生纠纷诉至人民法院，受让人就债务人对债权人的权利提出抗辩的，可以将债务人列为第三人。

第二十九条 合同当事人一方经对方同意将其在合同中的权利义务一并转

让给受让人，对方与受让人因履行合同发生纠纷诉至人民法院，对方就合同权利义务提出抗辩的，可以将出让方列为第三人。

七、请求权竞合

第三十条 债权人依照合同法第一百二十二条的规定向人民法院起诉时作出选择后，在一审开庭以前又变更诉讼请求的，人民法院应当准许。对方当事人提出管辖权异议，经审查异议成立的，人民法院应当驳回起诉。

附录六

最高人民法院关于适用《中华人民共和国合同法》若干问题的解释（二）

法释〔2009〕5号

（2009年2月9日最高人民法院审判委员会第1462次会议通过）

为了正确审理合同纠纷案件，根据《中华人民共和国合同法》的规定，对人民法院适用合同法的有关问题作出如下解释：

一、合同的订立

第一条　当事人对合同是否成立存在争议，人民法院能够确定当事人名称或者姓名、标的和数量的，一般应当认定合同成立。但法律另有规定或者当事人另有约定的除外。

对合同欠缺的前款规定以外的其他内容，当事人达不成协议的，人民法院依照合同法第六十一条、第六十二条、第一百二十五条等有关规定予以确定。

第二条　当事人未以书面形式或者口头形式订立合同，但从双方从事的民事行为能够推定双方有订立合同意愿的，人民法院可以认定是以合同法第十条第一款中的“其他形式”订立的合同。但法律另有规定的除外。

第三条　悬赏人以公开方式声明对完成一定行为的人支付报酬，完成特定行为的人请求悬赏人支付报酬的，人民法院依法予以支持。但悬赏有合同法第五十二条规定情形的除外。

第四条　采用书面形式订立合同，合同约定的签订地与实际签字或者盖章地点不符的，人民法院应当认定约定的签订地为合同签订地；合同没有约定签订地，双方当事人签字或者盖章不在同一地点的，人民法院应当认定最后签字或者盖章的地点为合同签订地。

第五条　当事人采用合同书形式订立合同的，应当签字或者盖章。当事人在合同书上摁手印的，人民法院应当认定其具有与签字或者盖章同等的法律效力。

第六条 提供格式条款的一方对格式条款中免除或者限制其责任的内容，在合同订立时采用足以引起对方注意的文字、符号、字体等特别标识，并按照对方的要求对该格式条款予以说明的，人民法院应当认定符合合同法第三十九条所称“采取合理的方式”。

提供格式条款一方对已尽合理提示及说明义务承担举证责任。

第七条 下列情形，不违反法律、行政法规强制性规定的，人民法院可以认定为合同法所称“交易习惯”：

（一）在交易行为当地或者某一领域、某一行业通常采用并为交易对方订立合同时所知道或者应当知道的做法；

（二）当事人双方经常使用的习惯做法。

对于交易习惯，由提出主张的一方当事人承担举证责任。

第八条 依照法律、行政法规的规定经批准或者登记才能生效的合同成立后，有义务办理申请批准或者申请登记等手续的一方当事人未按照法律规定或者合同约定办理申请批准或者未申请登记的，属于合同法第四十二条第（三）项规定的“其他违背诚实信用原则的行为”，人民法院可以根据案件的具体情况和相对人的请求，判决相对人自己办理有关手续；对方当事人对由此产生的费用和给相对人造成的实际损失，应当承担损害赔偿责任。

二、合同的效力

第九条 提供格式条款的一方当事人违反合同法第三十九条第一款关于提示和说明义务的规定，导致对方没有注意免除或者限制其责任的条款，对方当事人申请撤销该格式条款的，人民法院应当支持。

第十条 提供格式条款的一方当事人违反合同法第三十九条第一款的规定，并具有合同法第四十条规定的情形之一的，人民法院应当认定该格式条款无效。

第十一条 根据合同法第四十七条、第四十八条的规定，追认的意思表示自到达相对人时生效，合同自订立时起生效。

第十二条 无权代理人以被代理人的名义订立合同，被代理人已经开始履行合同义务的，视为对合同的追认。

第十三条 被代理人依照合同法第四十九条的规定承担有效代理行为所产生的责任后，可以向无权代理人追偿因代理行为而遭受的损失。

第十四条 合同法第五十二条第（五）项规定的“强制性规定”，是指效力性强制性规定。

第十五条 出卖人就同一标的物订立多重买卖合同，合同均不具有合同法第五十二条规定的无效情形，买受人因不能按照合同约定取得标的物所有权，请求追究出卖人违约责任的，人民法院应予支持。

三、合同的履行

第十六条 人民法院根据具体案情可以将合同法第六十四条、第六十五条规定的第三人列为无独立请求权的第三人，但不得依职权将其列为该合同诉讼案件的被告或者有独立请求权的第三人。

第十七条 债权人以境外当事人为被告提起的代位权诉讼，人民法院根据《中华人民共和国民事诉讼法》第二百四十一条的规定确定管辖。

第十八条 债务人放弃其未到期的债权或者放弃债权担保，或者恶意延长到期债权的履行期，对债权人造成损害，债权人依照合同法第七十四条的规定提起撤销权诉讼的，人民法院应当支持。

第十九条 对于合同法第七十四条规定的“明显不合理的低价”，人民法院应当以交易当地一般经营者的判断，并参考交易当时交易地的物价部门指导价或者市场交易价，结合其他相关因素综合考虑予以确认。

转让价格达不到交易时交易地的指导价或者市场交易价百分之七十的，一般可以视为明显不合理的低价；对转让价格高于当地指导价或者市场交易价百分之三十的，一般可以视为明显不合理的高价。

债务人以明显不合理的高价收购他人财产，人民法院可以根据债权人的申请，参照合同法第七十四条的规定予以撤销。

第二十条 债务人的给付不足以清偿其对同一债权人所负的数笔相同种类的全部债务，应当优先抵充已到期的债务；几项债务均到期的，优先抵充对债权人缺乏担保或者担保数额最少的债务；担保数额相同的，优先抵充债务负担较重的债务；负担相同的，按照债务到期的先后顺序抵充；到期时间相同的，按比例抵充。但是，债权人与债务人对清偿的债务或者清偿抵充顺序有约定的除外。

第二十一条 债务人除主债务之外还应当支付利息和费用，当其给付不足以清偿全部债务时，并且当事人没有约定的，人民法院应当按照下列顺序抵充：

（一）实现债权的有关费用；

（二）利息；

（三）主债务。

四、合同的权利义务终止

第二十二条 当事人一方违反合同法第九十二条规定的义务，给对方当事人造成损失，对方当事人请求赔偿实际损失的，人民法院应当支持。

第二十三条 对于依照合同法第九十九条的规定可以抵销的到期债权，当事人约定不得抵销的，人民法院可以认定该约定有效。

第二十四条 当事人对合同法第九十六条、第九十九条规定的合同解除或者债务抵销虽有异议，但在约定的异议期限届满后才提出异议并向人民法院起诉的，人民法院不予支持；当事人没有约定异议期间，在解除合同或者债务抵销通知到达之日起三个月以后才向人民法院起诉的，人民法院不予支持。

第二十五条 依照合同法第一百零一条的规定，债务人将合同标的物或者标的物拍卖、变卖所得价款交付提存部门时，人民法院应当认定提存成立。

提存成立的，视为债务人在其提存范围内已经履行债务。

第二十六条 合同成立以后客观情况发生了当事人在订立合同时无法预见的、非不可抗力造成的不属于商业风险的重大变化，继续履行合同对于一方当事人明显不公平或者不能实现合同目的，当事人请求人民法院变更或者解除合同的，人民法院应当根据公平原则，并结合案件的实际情况确定是否变更或者解除。

五、违约责任

第二十七条 当事人通过反诉或者抗辩的方式，请求人民法院依照合同法第一百一十四条第二款的规定调整违约金的，人民法院应予支持。

第二十八条 当事人依照合同法第一百一十四条第二款的规定，请求人民法院增加违约金的，增加后的违约金数额以不超过实际损失额为限。增加违约金以后，当事人又请求对方赔偿损失的，人民法院不予支持。

第二十九条　当事人主张约定的违约金过高请求予以适当减少的，人民法院应当以实际损失为基础，兼顾合同的履行情况、当事人的过错程度以及预期利益等综合因素，根据公平原则和诚实信用原则予以衡量，并作出裁决。

当事人约定的违约金超过造成损失的百分之三十的，一般可以认定为合同法第一百一十四条第二款规定的“过分高于造成的损失”。

六、附则

第三十条　合同法施行后成立的合同发生纠纷的案件，本解释施行后尚未终审的，适用本解释；本解释施行前已经终审，当事人申请再审或者按照审判监督程序决定再审的，不适用本解释。

附录七

最高人民法院关于适用《中华人民共和国担保法》若干问题的解释

法释〔2000〕44号

（最高人民法院审判委员会第1133次会议2000年9月29日通过）

为了正确适用《中华人民共和国担保法》（以下简称担保法），结合审判实践经验，对人民法院审理担保纠纷案件使用法律问题作出如下解释。

一、关于总则部分的解释

第一条 当事人对由民事关系产生的债权，在不违反法律、法规强制性规定的情况下，以担保法规定的方式设定担保的，可以认定为有效。

第二条 反担保人可以是债务人，也可以是债务人之外的其他人。

反担保方式可以是债务人提供的抵押或者质押，也可以是其他人提供的保证、抵押或者质押。

第三条 国家机关和以公益为目的的事业单位、社会团体违反法律规定提供担保的，担保合同无效。因此给债权人造成损失的，应当根据担保法第五条第二款的规定处理。

第四条 董事、经理违反《中华人民共和国公司法》第六十条的规定，以公司资产为本公司的股东或者其他个人债务提供担保的，担保合同无效。除债权人知道或者应当知道的外，债务人、担保人应当对债权人的损失承担连带赔偿责任。

第五条 以法律、法规禁止流通的财产或者不可转让的财产设定担保的，担保合同无效。

以法律、法规限制流通的财产设定担保的，在实现债权时，人民法院应当按照有关法律、法规的规定对该财产进行处理。

第六条　有下列情形之一的，对外担保合同无效：

（一）未经国家有关主管部门批准或者登记对外担保的；

（二）未经国家有关主管部门批准或者登记，为境外机构向境内债权人提供担保的；

（三）为外商投资企业注册资本、外商投资企业中的外方投资部分的对外债务提供担保的；

（四）无权经营外汇担保业务的金融机构、无外汇收入的非金融性质的企业法人提供外汇担保的；

（五）主合同变更或者债权人将对外担保合同项下的权利转让，未经担保人同意和国家有关主管部门批准的，担保人不再承担担保责任。但法律、法规另有规定的除外。

第七条　主合同有效而担保合同无效，债权人无过错的，担保人与债务人对主合同债权人的经济损失，承担连带赔偿责任；债权人、担保人有过错的，担保人承担民事责任的部分，不应超过债务人不能清偿部分的二分之一。

第八条　主合同无效而导致担保合同无效，担保人无过错的，担保人不承担民事责任；担保人有过错的，担保人承担民事责任的部分，不应超过债务人不能清偿部分的三分之一。

第九条　担保人因无效担保合同向债权人承担赔偿责任后，可以向债务人追偿，或者在承担赔偿责任的范围内，要求有过错的反担保人承担赔偿责任。

担保人可以根据承担赔偿责任的事实对债务人或者反担保人另行提起诉讼。

第十条　主合同解除后，担保人对债务人应当承担的民事责任仍应承担担保责任。但是，担保合同另有约定的除外。

第十一条　法人或者其他组织的法定代表人、负责人超越权限订立的担保合同，除相对人知道或者应当知道其超越权限的以外，该代表行为有效。

第十二条　当事人约定的或者登记部门要求登记的担保期间，对担保物权的存续不具有法律约束力。

担保物权所担保的债权的诉讼时效结束后，担保权人在诉讼时效结束后的二年内行使担保物权的，人民法院应当予以支持。

二、关于保证部分的解释

第十三条 保证合同中约定保证人代为履行非金钱债务的，如果保证人不能实际代为履行，对债权人因此造成的损失，保证人应当承担赔偿责任。

第十四条 不具有完全代偿能力的法人、其他组织或者自然人，以保证人身份订立保证合同后，又以自己没有代偿能力要求免除保证责任的，人民法院不予支持。

第十五条 担保法第七条规定的其他组织主要包括：

（一）依法登记领取营业执照的独资企业、合伙企业；

（二）依法登记领取营业执照的联营企业；

（三）依法登记领取营业执照的中外合作经营企业；

（四）经民政部门核准登记的社会团体；

（五）经核准登记领取营业执照的乡镇、街道、村办企业。

第十六条 从事经营活动的事业单位、社会团体为保证人的，如无其他导致保证合同无效的情况，其所签定的保证合同应当认定为有效。

第十七条 企业法人的分支机构未经法人书面授权提供保证的，保证合同无效。因此给债权人造成损失的，应当根据担保法第五条第二款的规定处理。

企业法人的分支机构经法人书面授权提供保证的，如果法人的书面授权范围不明，法人的分支机构应当对保证合同约定的全部债务承担保证责任。

企业法人的分支机构经营管理的财产不足以承担保证责任的，由企业法人承担民事责任。

企业法人的分支机构提供的保证无效后应当承担赔偿责任的，由分支机构经营管理的财产承担。企业法人有过错的，按照担保法第二十九条的规定处理。

第十八条 企业法人的职能部门提供保证的，保证合同无效。债权人知道或者应当知道保证人为企业法人的职能部门的，因此造成的损失由债权人自行承担。

债权人不知保证人为企业法人的职能部门，因此造成的损失，可以参照担保法第五条第二款的规定和第二十九条的规定处理。

第十九条 两个以上保证人对同一债务同时或者分别提供保证时，各保证人与债权人没有约定保证份额的，应当认定为连带共同保证。

连带共同保证的保证人以其相互之间约定各自承担的份额对抗债权人的，人民法院不予支持。

第二十条 连带共同保证的债务人在主合同规定的债务履行期届满没有履行债务的，债权人可以要求债务人履行债务，也可以要求任何一个保证人承担全部保证责任。

连带共同保证的保证人承担保证责任后，向债务人不能追偿的部分，由各连带保证人按其内部约定的比例分担。没有约定的，平均分担。

第二十一条 按份共同保证的保证人按照保证合同约定的保证份额承担保证责任后，在其履行保证责任的范围内对债务人行使追偿权。

第二十二条 第三人单方以书面形式向债权人出具担保书，债权人接受且未提出异议的，保证合同成立。

主合同中虽然没有保证条款，但是，保证人在主合同上以保证人的身份签字或者盖章的，保证合同成立。

第二十三条 最高额保证合同的不特定债权确定后，保证人应当对在最高债权额限度内就一定期间连续发生的债权余额承担保证责任。

第二十四条 一般保证的保证人在主债权履行期间届满后，向债权人提供了债务人可供执行财产的真实情况的，债权人放弃或者怠于行使权利致使该财产不能被执行，保证人可以请求人民法院在其提供可供执行财产的实际价值范围内免除保证责任。

第二十五条 担保法第十七条第三款第（一）项规定的债权人要求债务人履行债务发生的重大困难情形，包括债务人下落不明、移居境外，且无财产可供执行。

第二十六条 第三人向债权人保证监督支付专款专用的，在履行了监督支付专款专用的义务后，不再承担责任。未尽监督义务造成资金流失的，应当对流失的资金承担补充赔偿责任。

第二十七条 保证人对债务人的注册资金提供保证的，债务人的实际投资与注册资金不符，或者抽逃转移注册资金的，保证人在注册资金不足或者抽逃转移注册资金的范围内承担连带保证责任。

第二十八条 保证期间，债权人依法将主债权转让给第三人的，保证债权同时转让，保证人在原保证担保的范围内对受让人承担保证责任。但是保证人与债权人事先约定仅对特定的债权人承担保证责任或者禁止债权转让的，保证人不再承担保证责任。

第二十九条 保证期间，债权人许可债务人转让部分债务未经保证人书面同意的，保证人对未经其同意转让部分的债务，不再承担保证责任。但是，保证人仍应当对未转让部分的债务承担保证责任。

第三十条 保证期间，债权人与债务人对主合同数量、价款、币种、利率等内容作了变动，未经保证人同意的，如果减轻债务人的债务的，保证人仍应当对变更后的合同承担保证责任；如果加重债务人的债务的，保证人对加重的部分不承担保证责任。

债权人与债务人对主合同履行期限作了变动，未经保证人书面同意的，保证期间为原合同约定的或者法律规定的期间。

债权人与债务人协议变动主合同内容，但并未实际履行的，保证人仍应当承担保证责任。

第三十一条 保证期间不因任何事由发生中断、中止、延长的法律后果。

第三十二条 保证合同约定的保证期间早于或者等于主债务履行期限的，视为没有约定，保证期间为主债务履行期届满之日起六个月。

保证合同约定保证人承担保证责任直至主债务本息还清时为止等类似内容的，视为约定不明，保证期间为主债务履行期届满之日起二年。

第三十三条 主合同对主债务履行期限没有约定或者约定不明的，保证期间自债权人要求债务人履行义务的宽限期届满之日起计算。

第三十四条 一般保证的债权人在保证期间届满前对债务人提起诉讼或者申请仲裁的，从判决或者仲裁裁决生效之日起，开始计算保证合同的诉讼时效。

连带责任保证的债权人在保证期间届满前要求保证人承担保证责任的，从债权人要求保证人承担保证责任之日起，开始计算保证合同的诉讼时效。

第三十五条 保证人对已经超过诉讼时效期间的债务承担保证责任或者提供保证的，又以超过诉讼时效为由抗辩的，人民法院不予支持。

第三十六条 一般保证中，主债务诉讼时效中断，保证债务诉讼时效中断；连带责任保证中，主债务诉讼时效中断，保证债务诉讼时效不中断。

一般保证和连带责任保证中，主债务诉讼时效中止的，保证债务的诉讼时效同时中止。

第三十七条 最高额保证合同对保证期间没有约定或者约定不明的，如最高额保证合同约定有保证人清偿债务期限的，保证期间为清偿期限届满之日起六个月。没有约定债务清偿期限的，保证期间自最高额保证终止之日或自债权人收到保证人终止保证合同的书面通知到达之日起六个月。

第三十八条 同一债权既有保证又有第三人提供物的担保的，债权人可以请求保证人或者物的担保人承担担保责任。当事人对保证担保的范围或者物的担保的范围没有约定或者约定不明的，承担了担保责任的担保人，可以向债务人追偿，也可以要求其他担保人清偿其应当分担的份额。

同一债权既有保证又有物的担保的，物的担保合同被确认无效或者被撤销，或者担保物因不可抗力的原因灭失而没有代位物的，保证人仍应当按合同的约定或者法律的规定承担保证责任。

债权人在主合同履行期届满后怠于行使担保物权，致使担保物的价值减少或者毁损、灭失的，视为债权人放弃部分或者全部物的担保。保证人在债权人放弃权利的范围内减轻或者免除保证责任。

第三十九条 主合同当事人双方协议以新贷偿还旧贷，除保证人知道或者应当知道的外，保证人不承担民事责任。

新贷与旧贷系同一保证人的，不适用前款的规定。

第四十条 主合同债务人采取欺诈、胁迫等手段，使保证人在违背真实意思的情况下提供保证的，债权人知道或者应当知道欺诈、胁迫事实的，按照担保法第三十条的规定处理。

第四十一条 债务人与保证人共同欺骗债权人，订立主合同和保证合同的，债权人可以请求人民法院予以撤销。因此给债权人造成损失的，由保证人与债务人承担连带赔偿责任。

第四十二条 人民法院判决保证人承担保证责任或者赔偿责任的，应当在判决书主文中明确保证人享有担保法第三十一条规定的权利。判决书中未予明确追偿权的，保证人只能按照承担责任的事实，另行提起诉讼。

保证人对债务人行使追偿权的诉讼时效，自保证人向债权人承担责任之日起开始计算。

第四十三条 保证人自行履行保证责任时，其实际清偿额大于主债权范围的，保证人只能在主债权范围内对债务人行使追偿权。

第四十四条 保证期间，人民法院受理债务人破产案件的，债权人既可以向人民法院申报债权，也可以向保证人主张权利。

债权人申报债权后在破产程序中未受清偿的部分，保证人仍应当承担保证责任。债权人要求保证人承担保证责任的，应当在破产程序终结后六个月内提出。

第四十五条 债权人知道或者应当知道债务人破产，既未申报债权也未通知保证人，致使保证人不能预先行使追偿权的，保证人在该债权在破产程序中可能受偿的范围内免除保证责任。

第四十六条 人民法院受理债务人破产案件后，债权人未申报债权的，各连带共同保证的保证人应当作为一个主体申报债权，预先行使追偿权。

三、关于抵押部分的解释

第四十七条 以依法获准尚未建造的或者正在建造中的房屋或者其他建筑物抵押的，当事人办理了抵押物登记，人民法院可以认定抵押有效。

第四十八条 以法定程序确认为违法、违章的建筑物抵押的，抵押无效。

第四十九条 以尚未办理权属证书的财产抵押的，在第一审法庭辩论终结前能够提供权利证书或者补办登记手续的，可以认定抵押有效。

当事人未办理抵押物登记手续的，不得对抗第三人。

第五十条 以担保法第三十四条第一款所列财产一并抵押的，抵押财产的范围应当以登记的财产为准。抵押财产的价值在抵押权实现时予以确定。

第五十一条 抵押人所担保的债权超出其抵押物价值的，超出的部分不具有优先受偿的效力。

第五十二条 当事人以农作物和与其尚未分离的土地使用权同时抵押的，土地使用权部分的抵押无效。

第五十三条 学校、幼儿园、医院等以公益为目的的事业单位、社会团体，以其教育设施、医疗卫生设施和其他社会公益设施以外的财产为自身债务设定抵押的，人民法院可以认定抵押有效。

第五十四条 按份共有人以其共有财产中享有的份额设定抵押的，抵押有效。

共同共有人以其共有财产设定抵押，未经其他共有人的同意，抵押无效。但是，其他共有人知道或者应当知道而未提出异议的视为同意，抵押有效。

第五十五条 已经设定抵押的财产被采取查封、扣押等财产保全或者执行措施的，不影响抵押权的效力。

第五十六条 抵押合同对被担保的主债权种类、抵押财产没有约定或者约定不明，根据主合同和抵押合同不能补正或者无法推定的，抵押不成立。

法律规定登记生效的抵押合同签订后，抵押人违背诚实信用原则拒绝办理抵押登记致使债权人受到损失的，抵押人应当承担赔偿责任。

第五十七条 当事人在抵押合同中约定，债务履行期届满抵押权人未受清偿时，抵押物的所有权转移为债权人所有的内容无效。该内容的无效不影响抵押合同其他部分内容的效力。

债务履行期届满后抵押权人未受清偿时，抵押权人和抵押人可以协议以抵押物折价取得抵押物。但是，损害顺序在后的担保物权人和其他债权人利益的，人民法院可以适用合同法第七十四条、第七十五条的有关规定。

第五十八条 当事人同一天在不同的法定登记部门办理抵押物登记的，视为顺序相同。

因登记部门的原因致使抵押物进行连续登记的，抵押物第一次登记的日期，视为抵押登记的日期，并依此确定抵押权的顺序。

第五十九条 当事人办理抵押物登记手续时，因登记部门的原因致使其无法办理抵押物登记，抵押人向债权人交付权利凭证的，可以认定债权人对该财产有优先受偿权。但是，未办理抵押物登记的，不得对抗第三人。

第六十条 以担保法第四十二条第（二）项规定的不动产抵押的，县级以上地方人民政府对登记部门未作规定，当事人在土地管理部门或者房产管理部门办理了抵押物登记手续，人民法院可以确认其登记的效力。

第六十一条 抵押物登记记载的内容与抵押合同约定的内容不一致的，以登记记载的内容为准。

第六十二条 抵押物因附合、混合或者加工使抵押物的所有权为第三人所有的，抵押权的效力及于补偿金；抵押物所有人为附合物、混合物或者加工物的所有人的，抵押权的效力及于附合物、混合物或者加工物；第三人与抵押物所有人为附合物、混合物或者加工物的共有人的，抵押权的效力及于抵押人对共有物享有的份额。

第六十三条 抵押权设定前为抵押物的从物的，抵押权的效力及于抵押物的从物。但是，抵押物与其从物为两个以上的人分别所有时，抵押权的效力不及于抵押物的从物。

第六十四条 债务履行期届满，债务人不履行债务致使抵押物被人民法院依法扣押的，自扣押之日起抵押权人收取的由抵押物分离的天然孳息和法定孳息，按照下列顺序清偿：

（一）收取孳息的费用；

（二）主债权的利息；

（三）主债权。

第六十五条 抵押人将已出租的财产抵押的，抵押权实现后，租赁合同在有效期内对抵押物的受让人继续有效。

第六十六条 抵押人将已抵押的财产出租的，抵押权实现后，租赁合同对受让人不具有约束力。

抵押人将已抵押的财产出租时，如果抵押人未书面告知承租人该财产已抵押的，抵押人对出租抵押物造成承租人的损失承担赔偿责任；如果抵押人已书面告知承租人该财产已抵押的，抵押权实现造成承租人的损失，由承租人自己承担。

第六十七条 抵押权存续期间，抵押人转让抵押物未通知抵押权人或者未告知受让人的，如果抵押物已经登记的，抵押权人仍可以行使抵押权；取得抵押物所有权的受让人，可以代替债务人清偿其全部债务，使抵押权消灭。受让人清偿债务后可以向抵押人追偿。

如果抵押物未经登记的，抵押权不得对抗受让人，因此给抵押权人造成损失的，由抵押人承担赔偿责任。

第六十八条 抵押物依法被继承或者赠与的，抵押权不受影响。

第六十九条 债务人有多个普通债权人的，在清偿债务时，债务人与其中一个债权人恶意串通，将其全部或者部分财产抵押给该债权人，因此丧失了履行其他债务的能力，损害了其他债权人的合法权益，受损害的其他债权人可以请求人民法院撤销该抵押行为。

第七十条 抵押人的行为足以使抵押物价值减少的，抵押权人请求抵押人恢复原状或提供担保遭到拒绝时，抵押权人可以请求债务人履行债务，也可以请求提前行使抵押权。

第七十一条 主债权未受全部清偿的，抵押权人可以就抵押物的全部行使其抵押权。

抵押物被分割或者部分转让的，抵押权人可以就分割或者转让后的抵押物行使抵押权。

第七十二条 主债权被分割或者部分转让的，各债权人可以就其享有的债权份额行使抵押权。

主债务被分割或者部分转让的，抵押人仍以其抵押物担保数个债务人履行债务。但是，第三人提供抵押的，债权人许可债务人转让债务未经抵押人书面同意的，抵押人对未经其同意转让的债务，不再承担担保责任。

第七十三条 抵押物折价或者拍卖、变卖该抵押物的价款低于抵押权设定时约定价值的，应当按照抵押物实现的价值进行清偿。不足清偿的剩余部分，由债务人清偿。

第七十四条 抵押物折价或者拍卖、变卖所得的价款，当事人没有约定的，按下列顺序清偿：

（一）实现抵押权的费用；

（二）主债权的利息；

（三）主债权。

第七十五条 同一债权有两个以上抵押人的，债权人放弃债务人提供的抵押担保的，其他抵押人可以请求人民法院减轻或者免除其应当承担的担保责任。

同一债权有两个以上抵押人的，当事人对其提供的抵押财产所担保的债权份额或者顺序没有约定或者约定不明的，抵押权人可以就其中任一或者各个财产行使抵押权。

抵押人承担担保责任后，可以向债务人追偿，也可以要求其他抵押人清偿其应当承担的份额。

第七十六条 同一动产向两个以上债权人抵押的，当事人未办理抵押物登记，实现抵押权时，各抵押权人按照债权比例受偿。

第七十七条 同一财产向两个以上债权人抵押的，顺序在先的抵押权与该财产的所有权归属一人时，该财产的所有权人可以以其抵押权对抗顺序在后的抵押权。

第七十八条 同一财产向两个以上债权人抵押的，顺序在后的抵押权所担保的债权先到期的，抵押权人只能就抵押物价值超出顺序在先的抵押担保债权的部分受偿。

顺序在先的抵押权所担保的债权先到期的，抵押权实现后的剩余价款应予提存，留待清偿顺序在后的抵押担保债权。

第七十九条 同一财产法定登记的抵押权与质权并存时，抵押权人优先于质权人受偿。

同一财产抵押权与留置权并存时，留置权人优先于抵押权人受偿。

第八十条 在抵押物灭失、毁损或者被征用的情况下，抵押权人可以就该抵押物的保险金、赔偿金或者补偿金优先受偿。抵押物灭失、毁损或者被征用的情况下，抵押权所担保的债权未届清偿期的，抵押权人可以请求人民法院对保险金、赔偿金或补偿金等采取保全措施。

第八十一条 最高额抵押权所担保的债权范围，不包括抵押物因财产保全或者执行程序被查封后或债务人、抵押人破产后发生的债权。

第八十二条 当事人对最高额抵押合同的最高限额、最高额抵押期间进行变更，以其变更对抗顺序在后的抵押权人的，人民法院不予支持。

第八十三条 最高额抵押权所担保的不特定债权，在特定后，债权已届清偿期的，最高额抵押权人可以根据普通抵押权的规定行使其抵押权。

抵押权人实现最高额抵押权时，如果实际发生的债权余额高于最高限额的，以最高限额为限，超过部分不具有优先受偿的效力；如果实际发生的债权余额低于最高限额的，以实际发生的债权余额为限对抵押物优先受偿。

四、关于质押部分的解释

（一）动产质押

第八十四条 出质人以其不具有所有权但合法占有的动产出质的，不知出质人无处分权的质权人行使质权后，因此给动产所有人造成损失的，由出质人承担赔偿责任。

第八十五条 债务人或者第三人将其金钱以特户、封金、保证金等形式特定化后，移交债权人占有作为债权的担保，债务人不履行债务时，债权人可以以该金钱优先受偿。

第八十六条 债务人或者第三人未按质押合同约定的时间移交质物的，因此给质权人造成损失的，出质人应当根据其过错承担赔偿责任。

第八十七条 出质人代质权人占有质物的，质押合同不生效；质权人将质物返还于出质人后，以其质权对抗第三人的，人民法院不予支持。

因不可归责于质权人的事由而丧失对质物的占有，质权人可以向不当占有人请求停止侵害、恢复原状、返还质物。

第八十八条 出质人以间接占有的财产出质的，质押合同自书面通知送达占有人时视为移交。占有人收到出质通知后，仍接受出质人的指示处分出质财产的，该行为无效。

第八十九条 质押合同中对质押的财产约定不明，或者约定的出质财产与实际移交的财产不一致的，以实际交付占有的财产为准。

第九十条 质物有隐蔽瑕疵造成质权人其他财产损害的，应由出质人承担赔偿责任。但是，质权人在质物移交时明知质物有瑕疵而予以接受的除外。

第九十一条 动产质权的效力及于质物的从物。但是，从物未随同质物移交质权人占有的，质权的效力不及于从物。

第九十二条 按照担保法第六十九条的规定将质物提存的，质物提存费用由质权人负担；出质人提前清偿债权的，应当扣除未到期部分的利息。

第九十三条 质权人在质权存续期间，未经出质人同意，擅自使用、出租、处分质物，因此给出质人造成损失的，由质权人承担赔偿责任。

第九十四条 质权人在质权存续期间，为担保自己的债务，经出质人同意，以其所占有的质物为第三人设定质权的，应当在原质权所担保的债权范围之内，超过的部分不具有优先受偿的效力。转质权的效力优于原质权。

质权人在质权存续期间，未经出质人同意，为担保自己的债务，在其所占有的质物上为第三人设定质权的无效。质权人对因转质而发生的损害承担赔偿责任。

第九十五条 债务履行期届满质权人未受清偿的，质权人可以继续留置质物，并以质物的全部行使权利。出质人清偿所担保的债权后，质权人应当返还质物。

债务履行期届满，出质人请求质权人及时行使权利，而质权人怠于行使权利致使质物价格下跌的，由此造成的损失，质权人应当承担赔偿责任。

第九十六条 本解释第五十七条、第六十二条、第六十四条、第七十一条、第七十二条、第七十三条、第七十四条、第八十条之规定，适用于动产质押。

（二）权利质押

第九十七条 以公路桥梁、公路隧道或者公路渡口等不动产收益权出质的，按照担保法第七十五条第（四）项的规定处理。

第九十八条 以汇票、支票、本票出质，出质人与质权人没有背书记载“质押”字样，以票据出质对抗善意第三人的，人民法院不予支持。

第九十九条 以公司债券出质的，出质人与质权人没有背书记载“质押”字样，以债券出质对抗公司和第三人的，人民法院不予支持。

第一百条 以存款单出质的，签发银行核押后又受理挂失并造成存款流失的，应当承担民事责任。

第一百零一条 以票据、债券、存款单、仓单、提单出质的，质权人再转让或者质押的无效。

第一百零二条 以载明兑现或者提货日期的汇票、支票、本票、债券、存款单、仓单、提单出质的，其兑现或者提货日期后于债务履行期的，质权人只能在兑现或者提货日期届满时兑现款项或者提取货物。

第一百零三条 以股份有限公司的股份出质的，适用《中华人民共和国公司法》有关股份转让的规定。

以上市公司的股份出质的，质押合同自股份出质向证券登记机构办理出质登记之日起生效。

以非上市公司的股份出质的，质押合同自股份出质记载于股东名册之日起生效。

第一百零四条　以依法可以转让的股份、股票出质的，质权的效力及于股份、股票的法定孳息。

第一百零五条　以依法可以转让的商标专用权，专利权、著作权中的财产权出质的，出质人未经质权人同意而转让或者许可他人使用已出质权利的，应当认定为无效。因此给质权人或者第三人造成损失的，由出质人承担民事责任。

第一百零六条　质权人向出质人、出质债权的债务人行使质权时，出质人、出质债权的债务人拒绝的，质权人可以起诉出质人和出质债权的债务人，也可以单独起诉出质债权的债务人。

五、关于留置部分的解释

第一百零七条　当事人在合同中约定排除留置权，债务履行期届满，债权人行使留置权的，人民法院不予支持。

第一百零八条　债权人合法占有债务人交付的动产时，不知债务人无处分该动产的权利，债权人可以按照担保法第八十二条的规定行使留置权。

第一百零九条　债权人的债权已届清偿期，债权人对动产的占有与其债权的发生有牵连关系，债权人可以留置其所占有的动产。

第一百一十条　留置权人在债权未受全部清偿前，留置物为不可分物的，留置权人可以就其留置物的全部行使留置权。

第一百一十一条　债权人行使留置权与其承担的义务或者合同的特殊约定相抵触的，人民法院不予支持。

第一百一十二条　债权人的债权未届清偿期，其交付占有标的物的义务已届履行期的，不能行使留置权。但是，债权人能够证明债务人无支付能力的除外。

第一百一十三条　债权人未按担保法第八十七条规定的期限通知债务人履行义务，直接变价处分留置物的，应当对此造成的损失承担赔偿责任。债权人与债务人按照担保法第八十七条的规定在合同中约定宽限期的，债权人可以不经通知，直接行使留置权。

第一百一十四条　本解释第六十四条、第八十条、第八十七条、第九十一条、第九十三条的规定，适用于留置。

六、关于定金部分的解释

第一百一十五条　当事人约定以交付定金作为订立主合同担保的，给付定金的一方拒绝订立主合同的，无权要求返还定金；收受定金的一方拒绝订立合同的，应当双倍返还定金。

第一百一十六条 当事人约定以交付定金作为主合同成立或者生效要件的，给付定金的一方未支付定金，但主合同已经履行或者已经履行主要部分的，不影响主合同的成立或者生效。

第一百一十七条 定金交付后，交付定金的一方可以按照合同的约定以丧失定金为代价而解除主合同，收受定金的一方可以双倍返还定金为代价而解除主合同。对解除主合同后责任的处理，适用《中华人民共和国合同法》的规定。

第一百一十八条 当事人交付留置金、担保金、保证金、订约金、押金或者订金等，但没有约定定金性质的，当事人主张定金权利的，人民法院不予支持。

第一百一十九条 实际交付的定金数额多于或者少于约定数额，视为变更定金合同；收受定金一方提出异议并拒绝接受定金的，定金合同不生效。

第一百二十条 因当事人一方迟延履行或者其他违约行为，致使合同目的不能实现，可以适用定金罚则。但法律另有规定或者当事人另有约定的除外。

当事人一方不完全履行合同的，应当按照未履行部分所占合同约定内容的比例，适用定金罚则。

第一百二十一条 当事人约定的定金数额超过主合同标的额百分之二十的，超过的部分，人民法院不予支持。

第一百二十二条 因不可抗力、意外事件致使主合同不能履行的，不适用定金罚则。因合同关系以外第三人的过错，致使主合同不能履行的，适用定金罚则。受定金处罚的一方当事人，可以依法向第三人追偿。

七、关于其他问题的解释

第一百二十三条 同一债权上数个担保物权并存时，债权人放弃债务人提供的物的担保的，其他担保人在其放弃权利的范围内减轻或者免除担保责任。

第一百二十四条 企业法人的分支机构为他人提供保证的，人民法院在审理保证纠纷案件中可以将该企业法人作为共同被告参加诉讼。但是商业银行、保险公司的分支机构提供保证的除外。

第一百二十五条 一般保证的债权人向债务人和保证人一并提起诉讼的，人民法院可以将债务人和保证人列为共同被告参加诉讼。但是，应当在判决书中明确在对债务人财产依法强制执行后仍不能履行债务时，由保证人承担保证责任。

第一百二十六条 连带责任保证的债权人可以将债务人或者保证人作为被告提起诉讼，也可以将债务人和保证人作为共同被告提起诉讼。

第一百二十七条 债务人对债权人提起诉讼，债权人提起反诉的，保证人可以作为第三人参加诉讼。

第一百二十八条 债权人向人民法院请求行使担保物权时，债务人和担保人应当作为共同被告参加诉讼。

同一债权既有保证又有物的担保的，当事人发生纠纷提起诉讼的，债务人与保证人、抵押人或者出质人可以作为共同被告参加诉讼。

第一百二十九条 主合同和担保合同发生纠纷提起诉讼的，应当根据主合同确定案件管辖。担保人承担连带责任的担保合同发生纠纷，债权人向担保人主张权利的，应当由担保人住所地的法院管辖。

主合同和担保合同选择管辖的法院不一致的，应当根据主合同确定案件管辖。

第一百三十条 在主合同纠纷案件中，对担保合同未经审判，人民法院不应当依据对主合同当事人所作出的判决或者裁定，直接执行担保人的财产。

第一百三十一条 本解释所称“不能清偿”指对债务人的存款、现金、有价证券、成品、半成品、原材料、交通工具等可以执行的动产和其他方便执行的财产执行完毕后，债务仍未能得到清偿的状态。

第一百三十二条 在案件审理或者执行程序中，当事人提供财产担保的，人民法院应当对该财产的权属证书予以扣押，同时向有关部门发出协助执行通知书，要求其在规定的时间内不予办理担保财产的转移手续。

第一百三十三条 担保法施行以前发生的担保行为，适用担保行为发生时的法律法规和有关司法解释。

担保法施行以后因担保行为发生的纠纷案件，在本解释公布施行前已经终审，当事人申请再审或者按审判监督程序决定再审的，不适用本解释。

担保法施行以后因担保行为发生的纠纷案件，在本解释公布施行后尚在一审或二审阶段的，适用担保法和本解释。

第一百三十四条 最高人民法院在担保法施行以前作出的有关担保问题的司法解释，与担保法和本解释相抵触的，不再适用。

附录八

最高人民法院关于审理民间借贷案件适用法律若干问题的规定

法释〔2015〕18号

（最高人民法院审判委员会第1655次会议2015年6月23日通过）

为正确审理民间借贷纠纷案件，根据《中华人民共和国民法通则》《中华人民共和国物权法》《中华人民共和国担保法》《中华人民共和国合同法》《中华人民共和国民事诉讼法》《中华人民共和国刑事诉讼法》等相关法律之规定，结合审判实践，制定本规定。

第一条 本规定所称的民间借贷，是指自然人、法人、其他组织之间及其相互之间进行资金融通的行为。

经金融监管部门批准设立的从事贷款业务的金融机构及其分支机构，因发放贷款等相关金融业务引发的纠纷，不适用本规定。

第二条 出借人向人民法院起诉时，应当提供借据、收据、欠条等债权凭证以及其他能够证明借贷法律关系存在的证据。

当事人持有的借据、收据、欠条等债权凭证没有载明债权人，持有债权凭证的当事人提起民间借贷诉讼的，人民法院应予受理。被告对原告的债权人资格提出有事实依据的抗辩，人民法院经审理认为原告不具有债权人资格的，裁定驳回起诉。

第三条 借贷双方就合同履行地未约定或者约定不明确，事后未达成补充协议，按照合同有关条款或者交易习惯仍不能确定的，以接受货币一方所在地为合同履行地。

第四条 保证人为借款人提供连带责任保证，出借人仅起诉借款人的，人民法院可以不追加保证人为共同被告；出借人仅起诉保证人的，人民法院可以追加借款人为共同被告。

保证人为借款人提供一般保证，出借人仅起诉保证人的，人民法院应当追加借款人为共同被告；出借人仅起诉借款人的，人民法院可以不追加保证人为共同被告。

第五条 人民法院立案后，发现民间借贷行为本身涉嫌非法集资犯罪的，应当裁定驳回起诉，并将涉嫌非法集资犯罪的线索、材料移送公安或者检察机关。

公安或者检察机关不予立案，或者立案侦查后撤销案件，或者检察机关作出不起诉决定，或者经人民法院生效判决认定不构成非法集资犯罪，当事人又以同一事实向人民法院提起诉讼的，人民法院应予受理。

第六条 人民法院立案后，发现与民间借贷纠纷案件虽有关联但不是同一事实的涉嫌非法集资等犯罪的线索、材料的，人民法院应当继续审理民间借贷纠纷案件，并将涉嫌非法集资等犯罪的线索、材料移送公安或者检察机关。

第七条 民间借贷的基本案件事实必须以刑事案件审理结果为依据，而该刑事案件尚未审结的，人民法院应当裁定中止诉讼。

第八条 借款人涉嫌犯罪或者生效判决认定其有罪，出借人起诉请求担保人承担民事责任的，人民法院应予受理。

第九条 具有下列情形之一，可以视为具备合同法第二百一十条关于自然人之间借款合同的生效要件：

（一）以现金支付的，自借款人收到借款时；

（二）以银行转账、网上电子汇款或者通过网络贷款平台等形式支付的，自资金到达借款人账户时；

（三）以票据交付的，自借款人依法取得票据权利时；

（四）出借人将特定资金账户支配权授权给借款人的，自借款人取得对该账户实际支配权时；

（五）出借人以与借款人约定的其他方式提供借款并实际履行完成时。

第十条 除自然人之间的借款合同外，当事人主张民间借贷合同自合同成立时生效的，人民法院应予支持，但当事人另有约定或者法律、行政法规另有规定的除外。

第十一条 法人之间、其他组织之间以及它们相互之间为生产、经营需要订立的民间借贷合同，除存在合同法第五十二条、本规定第十四条规定的情形外，当事人主张民间借贷合同有效的，人民法院应予支持。

第十二条 法人或者其他组织在本单位内部通过借款形式向职工筹集资金，用于本单位生产、经营，且不存在合同法第五十二条、本规定第十四条规定的情形，当事人主张民间借贷合同有效的，人民法院应予支持。

第十三条 借款人或者出借人的借贷行为涉嫌犯罪，或者已经生效的判决认定构成犯罪，当事人提起民事诉讼的，民间借贷合同并不当然无效。人民法院应当根据合同法第五十二条、本规定第十四条之规定，认定民间借贷合同的效力。

担保人以借款人或者出借人的借贷行为涉嫌犯罪或者已经生效的判决认定构成犯罪为由，主张不承担民事责任的，人民法院应当依据民间借贷合同与担保合同的效力、当事人的过错程度，依法确定担保人的民事责任。

第十四条 具有下列情形之一，人民法院应当认定民间借贷合同无效：

（一）套取金融机构信贷资金又高利转贷给借款人，且借款人事先知道或者应当知道的；

（二）以向其他企业借贷或者向本单位职工集资取得的资金又转贷给借款人牟利，且借款人事先知道或者应当知道的；

（三）出借人事先知道或者应当知道借款人借款用于违法犯罪活动仍然提供借款的；

（四）违背社会公序良俗的；

（五）其他违反法律、行政法规效力性强制性规定的。

第十五条 原告以借据、收据、欠条等债权凭证为依据提起民间借贷诉讼，被告依据基础法律关系提出抗辩或者反诉，并提供证据证明债权纠纷非民间借贷行为引起的，人民法院应当依据查明的案件事实，按照基础法律关系审理。

当事人通过调解、和解或者清算达成的债权债务协议，不适用前款规定。

第十六条 原告仅依据借据、收据、欠条等债权凭证提起民间借贷诉讼，被告抗辩已经偿还借款，被告应当对其主张提供证据证明。被告提供相应证据证明其主张后，原告仍应就借贷关系的成立承担举证证明责任。

被告抗辩借贷行为尚未实际发生并能作出合理说明，人民法院应当结合借贷金额、款项交付、当事人的经济能力、当地或者当事人之间的交易方式、交易习惯、当事人财产变动情况以及证人证言等事实和因素，综合判断查证借贷事实是否发生。

第十七条 原告仅依据金融机构的转账凭证提起民间借贷诉讼，被告抗辩转账系偿还双方之前借款或其他债务，被告应当对其主张提供证据证明。被告提供相应证据证明其主张后，原告仍应就借贷关系的成立承担举证证明责任。

第十八条 根据《关于适用〈中华人民共和国民事诉讼法〉的解释》第一百七十四条第二款之规定，负有举证证明责任的原告无正当理由拒不到庭，经审查现有证据无法确认借贷行为、借贷金额、支付方式等案件主要事实，人民法院对其主张的事实不予认定。

第十九条 人民法院审理民间借贷纠纷案件时发现有下列情形，应当严格审查借贷发生的原因、时间、地点、款项来源、交付方式、款项流向以及借贷双方的关系、经济状况等事实，综合判断是否属于虚假民事诉讼：

（一）出借人明显不具备出借能力；

（二）出借人起诉所依据的事实和理由明显不符合常理；

（三）出借人不能提交债权凭证或者提交的债权凭证存在伪造的可能；

（四）当事人双方在一定期间内多次参加民间借贷诉讼；

（五）当事人一方或者双方无正当理由拒不到庭参加诉讼，委托代理人对借贷事实陈述不清或者陈述前后矛盾；

（六）当事人双方对借贷事实的发生没有任何争议或者诉辩明显不符合常理；

（七）借款人的配偶或合伙人、案外人的其他债权人提出有事实依据的异议；

（八）当事人在其他纠纷中存在低价转让财产的情形；

（九）当事人不正当放弃权利；

（十）其他可能存在虚假民间借贷诉讼的情形。

第二十条 经查明属于虚假民间借贷诉讼，原告申请撤诉的，人民法院不予准许，并应当根据民事诉讼法第一百一十二条之规定，判决驳回其请求。

诉讼参与人或者其他人恶意制造、参与虚假诉讼，人民法院应当依照民事诉讼法第一百一十一条、第一百一十二条和第一百一十三条之规定，依法予以罚款、拘留；构成犯罪的，应当移送有管辖权的司法机关追究刑事责任。

单位恶意制造、参与虚假诉讼的，人民法院应当对该单位进行罚款，并可以对其主要负责人或者直接责任人员予以罚款、拘留；构成犯罪的，应当移送有管辖权的司法机关追究刑事责任。

第二十一条 他人在借据、收据、欠条等债权凭证或者借款合同上签字或者盖章，但未表明其保证人身份或者承担保证责任，或者通过其他事实不能推定其为保证人，出借人请求其承担保证责任的，人民法院不予支持。

第二十二条 借贷双方通过网络贷款平台形成借贷关系，网络贷款平台的提供者仅提供媒介服务，当事人请求其承担担保责任的，人民法院不予支持。

网络贷款平台的提供者通过网页、广告或者其他媒介明示或者有其他证据证明其为借贷提供担保，出借人请求网络贷款平台的提供者承担担保责任的，人民法院应予支持。

第二十三条 企业法定代表人或负责人以企业名义与出借人签订民间借贷合同，出借人、企业或者其股东能够证明所借款项用于企业法定代表人或负责人个人使用，出借人请求将企业法定代表人或负责人列为共同被告或者第三人的，人民法院应予准许。

企业法定代表人或负责人以个人名义与出借人签订民间借贷合同，所借款项用于企业生产经营，出借人请求企业与个人共同承担责任的，人民法院应予支持。

第二十四条 当事人以签订买卖合同作为民间借贷合同的担保，借款到期后借款人不能还款，出借人请求履行买卖合同的，人民法院应当按照民间借贷法律关系审理，并向当事人释明变更诉讼请求。当事人拒绝变更的，人民法院裁定驳回起诉。

按照民间借贷法律关系审理作出的判决生效后，借款人不履行生效判决确定的金钱债务，出借人可以申请拍卖买卖合同标的物，以偿还债务。就拍卖所得的价款与应偿还借款本息之间的差额，借款人或者出借人有权主张返还或补偿。

第二十五条 借贷双方没有约定利息，出借人主张支付借期内利息的，人民法院不予支持。

自然人之间借贷对利息约定不明，出借人主张支付利息的，人民法院不予支持。除自然人之间借贷的外，借贷双方对借贷利息约定不明，出借人主张利息的，人民法院应当结合民间借贷合同的内容，并根据当地或者当事人的交易方式、交易习惯、市场利率等因素确定利息

第二十六条 借贷双方约定的利率未超过年利率 24%，出借人请求借款人按照约定的利率支付利息的，人民法院应予支持。

借贷双方约定的利率超过年利率 36%，超过部分的利息约定无效。借款人请求出借人返还已支付的超过年利率 36% 部分的利息的，人民法院应予支持。

第二十七条 借据、收据、欠条等债权凭证载明的借款金额，一般认定为本金。预先在本金中扣除利息的，人民法院应当将实际出借的金额认定为本金。

第二十八条 借贷双方对前期借款本息结算后将利息计入后期借款本金并重新出具债权凭证，如果前期利率没有超过年利率 24%，重新出具的债权凭证载明的金额可认定为后期借款本金；超过部分的利息不能计入后期借款本金。约定的利率超过年利率 24%，当事人主张超过部分的利息不能计入后期借款本金的，人民法院应予支持。

按前款计算，借款人在借款期间届满后应当支付的本息之和，不能超过最初借款本金与以最初借款本金为基数，以年利率 24% 计算的整个借款期间的利息之和。出借人请求借款人支付超过部分的，人民法院不予支持。

第二十九条 借贷双方对逾期利率有约定的，从其约定，但以不超过年利率 24% 为限。

未约定逾期利率或者约定不明的，人民法院可以区分不同情况处理：

（一）既未约定借期内的利率，也未约定逾期利率，出借人主张借款人自逾期还款之日起按照年利率 6% 支付资金占用期间利息的，人民法院应予支持；

（二）约定了借期内的利率但未约定逾期利率，出借人主张借款人自逾期还款之日起按照借期内的利率支付资金占用期间利息的，人民法院应予支持。

第三十条 出借人与借款人既约定了逾期利率，又约定了违约金或者其他费用，出借人可以选择主张逾期利息、违约金或者其他费用，也可以一并主张，但总计超过年利率 24% 的部分，人民法院不予支持。

第三十一条　没有约定利息但借款人自愿支付，或者超过约定的利率自愿支付利息或违约金，且没有损害国家、集体和第三人利益，借款人又以不当得利为由要求出借人返还的，人民法院不予支持，但借款人要求返还超过年利率36% 部分的利息除外。

第三十二条　借款人可以提前偿还借款，但当事人另有约定的除外。

借款人提前偿还借款并主张按照实际借款期间计算利息的，人民法院应予支持。

第三十三条　本规定公布施行后，最高人民法院于 1991 年 8 月 13 日发布的《关于人民法院审理借贷案件的若干意见》同时废止；最高人民法院以前发布的司法解释与本规定不一致的，不再适用。